FASHION DESIGN DIRECTORY

Marnie Fogg

国际时装设计品牌录

[英] 玛尼·弗格 著

甄寒 江舒 译

東華大學出版社·上海

图书在版编目（CIP）数据

国际时装设计品牌录 /（英）玛尼・弗格著；甄寒，江舒译. -- 上海：东华大学出版社，2018.1

原书名：Fashion Design Directory

ISBN 978-7-5669-1360-9

Ⅰ. ①国… Ⅱ. ①玛… ②甄… ③江… Ⅲ. ①服装设计－品牌－介绍－世界 Ⅳ. ①F768.3

中国版本图书馆CIP数据核字(2018)第011192号

国际时装设计品牌录

Guoji Shizhuang Sheji Pinpailu

著　者：［英］玛尼・弗格

译　者：甄 寒 江 舒

出　版：东华大学出版社

（上海市延安西路1882号　邮政编码：200051）

出版社网址：dhupress.dhu.edu.cn

天猫旗舰店：http://dhdx.tmall.com

营销中心：021-62193056　62373056　62379558

印　刷：上海利丰雅高印刷有限公司

开　本：889 mm × 1194 mm　1/16

印　张：21.75

字　数：766千字

版　次：2018年1月第1版

印　次：2018年1月第1次印刷

书　号：ISBN 978-7-5669-1360-9

定　价：168.00元

目录

序

本书涵盖了125个国际知名品牌卓越不凡、新颖多样的时装设计作品和成就，也包括这些颇具代表性和影响力的品牌的历史，例如巴黎世家、香奈儿，以及一些当代品牌。随着新兴人才的引进，高级时装定制店虽然不断地更新换代，但在21世纪却继续引领时代潮流。时装的本质在于改变。当我在2003年推出自己的品牌时，色彩和图案还处于时尚的外围，而现在，它们却成了时尚主流。

时尚的变化是由很多因素引起的，比如新科技的出现。然而对于我和其他很多设计师而言，创作过程植根于艺术——有些东西只能靠手工完成。能否将它与制造和销售的需求相结合，是对当代设计师提出的挑战。本书中涉及的这些品牌无一不是从成立之初一直到正式建立业务，都在时装界取得了成功。本书讲述了诸多国际时尚品牌迄今为止具有重要历史意义和最具代表性的服饰风貌，也全面地展示了这个全球性重要行业的主要特征和重要人物。

乔纳森·桑德斯（Jonathan Saunders），于伦敦

时装简史

如果将时装设计师置于文化和历史的背景中，那么首先需要定义“时装”的概念。自19世纪查尔斯·弗莱德里克·沃斯（1826—1895）将制衣从手工艺发展为商业起，巴黎便一直处于时尚的中心。沃斯使顾客们不再像以前那样在家口头吩咐裁缝们制作衣服，而是要她们前往设计师那里，从一系列设计中选出自己喜欢的款式，然后量体裁衣，制作出符合她们身段的完美衣服。高级定制时装（Haute Couture，字面意思为“高品质的缝制”），指的就是这个定制的过程。沃斯在一系列的派对和活动中，让时装模特们演绎了新的成品，因此，他也是模特时装秀的先驱。

合格的高级时装，其整个制作过程必须由在法国高级时装协会注册的11家巴黎高级定制时装屋中的任何一家来完成。而这些时装屋的工作坊必须雇用至少20人，每年必须展示至少75件新的设计作品。高级时装无论是面料还是内衬都必须精致；并且从第一块面料到最后一块完成，每一个接缝都要完美校准，以符合顾客的身材。

T台上呈现的高级时装传递给人们一种极致的时尚观，而这是大众生产商的成衣所无法复制的。法国时装联合会与高级成衣和设计师协会，又在高级定制之外列出了92个国际设计公司，以此彰显高级时装与大众服装的区别。制衣人的传统手艺推动了高级时装本身，因此，其名誉归为工作坊或工作室。在设计师设计好作品后，接下来的工作就由刺绣师、羽毛工人、珠饰工、编织工、图案设计师和工人、缝制工、纺织工，以及皮革工等来完成。其娴熟的手艺

► 奢华的荷叶边礼服展示了这个美好时代的S型紧身胸衣风格。

▲ 1911年，保罗·波烈的这条裙裤给当时社会带来了前卫风。

绝非大众市场所能企及。

巴黎女装设计师保罗·波烈（1879—1944）用缤纷的异国情调代替了20世纪前10年流行的荷叶边和蕾丝。受俄罗斯芭蕾舞团夸张艳丽的色彩和魅力的影响，波烈在其极富影响力的“Directoire”系列作品中，运用了装饰华丽的面料和镶满宝石的头巾，也摆脱了紧身胸衣的束缚。极具东方色彩的芭蕾舞剧——尤其是在加吉列夫导演的《天方夜谭》（1910）中，莱昂·巴克斯特设计的服装和布景从根本上改变了西方世界的审美观。几乎在一夜之间，紧身胸衣消失了，直线型服装取代了女性们之前性感的着装。然而，女性们很快又被波烈的“霍步裙”（又名蹒跚裙）约束起来，穿上它走路只能迈出很小的步子。

加布里埃尔·可可·香奈儿（1883—1971）的天才创造力，将女性从20世纪早期的时装约束中解放出来，并带来了现代时装。通过英国“男孩”卡佩尔（Capel），香奈儿找到了对运动服的热情。在他的帮助下，香奈儿开了一家制衣店，并推出了自己的简约风格服装，颠覆了当时的时尚理念。她在1914年宣称自己“出席了奢侈品的葬礼”，这无疑是暗示了一个美好时代的结束以及新世纪的真正开始。香奈儿采用以前仅用于男士内衣的单面针织面料，设计出的三件开衫式套装——包括对襟衣、套衫和及膝裙，成为了女性衣橱中必不可少的品类。其简洁大方的线条，是对盛行的体育活动及战后身体崇拜的呼应。随着这个时期室内活动的减少，服饰上冗长的配饰也不再需要了。

第一次世界大战结束后，人们生活的各个方面都发生了翻天覆地的变化，也抛弃了战前无诚信的态度、等级制度以及偏见。文化革命宣言出现了，艺术影响着时装，前卫成为了时装主流。19世纪后期至20世纪前期，应用艺术蓬勃发展。在此期间，1903—1932年的维也纳工作室对表面图案设计影响巨大。工作室根植于艺术和手工艺运动，从生产特殊装饰织物发展为逐渐引进时装面料。1907年丝网印刷工艺的发明更进一步促进了其发展，也为市场提供了大量的时装面料。印花图案与波西米亚长裙有着千丝万缕的联系，深受20世纪早期前卫艺术家、自由思想家和作家的喜爱，同时也体现了艺术、性解放和自由。长袍来源广泛，例如伦敦商店利伯提。它的出现替代了主流时装，无论是20世纪20年代的伦敦布卢姆斯伯里集团，还是20世纪60年代的嬉皮时装，它一直都是时装史上亘古不变的主题。

随着裙摆减短、领口降低，腰线也完全消失了，于是在20世纪20年代中期，出现了“男孩风貌”时装。现代主义极简风格的出现发起了一场拒绝装饰物的运动。这在香奈儿1926年的“小黑裙”上体现得淋漓尽致，也体现在巴黎时装设计师让·巴杜（1880—1936）和珍妮·浪凡（1847—1946）的流线型设计上。20世纪20年代极简单的服装给女性带来更大的自由运动，但是，为遮盖衬裙下的胸部，女性们还是戴着平胸式或压胸式文胸。衬衫连衣裙是直线低腰式的长裙，从肩膀上垂下来。裙子的长度也随着时代的发展日益变短，到了1927年，已经到了膝盖以上。从网球场和滑雪场下来的黝黑又健美的身体，也接受了这种近似裸露的风格。现代运动体现了对完美形式的追求，这不仅包括精简型的各类产品，例如汽车、建筑，也反映在女性的服饰上。于是，衬衫连衣裙以其宽松流动型的线条吸引了当时不拘传统的时髦少女——那些“臭名昭著”的早熟的年轻女子，她们藐视当时的传统着装和传统行为，她们化妆、抽烟，还用胭脂擦膝盖，后来，她们成为了迈克尔·阿伦的小说《绿帽子》（1924）中女主角埃利斯·斯托姆的原型。

中性化风格加上更大的自由运动导致了一些伟大的巴黎时装设计师的没落，例如男爵克里斯托夫·唐·德雷科尔和雅克·杜塞（1853—1929），甚至连波烈也发现自己已经赶不上时代审美观的步伐了。时装从当初的服务于少数的富裕阶层，到现在已

▼1928年，舞台明星阿黛尔·阿斯泰尔身着简单素净的“小黑裙”。

◄ 1926年，自由奔放的芝加哥时髦少女在屋顶边上跳“火鸡舞”。

经发展成为一个行业。巴杜在意识到其潜在的商业价值之后，于1925年前往纽约，聘请了6名女子回到巴黎，成为他的模特。这个广为人知的行为使高级时装定制引起了美国有时尚意识的精英们的关注。

这一时期的装饰反映了装饰艺术风格的造型，梯形、阳光图案和“之”字形都被应用于刺绣、珠饰和缝饰中。装饰艺术于20世纪初发源于欧洲，直到1925年巴黎举办现代工业和装饰艺术国际博览会后才广为流行起来。同时也融合了众多趋势：非洲、埃及和墨西哥等地区的艺术，“速度时代”的流线型科技，还包括现代化航空以及汽车的日益普及。1922年图坦卡蒙墓的发掘，为这个时代的设计师增加了更多的元素。新闻媒体对此进行了广泛的报道，包括考古发掘的新闻图片资料，还有霍华德·卡特窥探坟墓时宣称能看到“奇妙东西”的言论，这都预示着人们对埃及所有事物的兴趣和痴迷。从圣甲虫、蛇、金字塔，到象形文字、狮身人面像，这种痴迷一直持续到20世纪30年代。

机器时代带来了新的创造性材料。这些都无可避免地从建筑或产品设计中渗透到时装中来。塑料是20世纪最重要的科技发展之一，它改变了物体的生产、设计，以及使用方式。其主要特性是能在有压力和加热的情况下，可以被塑造成不同的形状。革命性的注塑成型过程被用于手袋、纽扣和胸针的生产中。

1929年，巴杜降低了裙边并提升了腰线，这在外观上是一次突然而又巨大的改变，可可·香奈儿紧随其后。于是，过去那些“明亮又年轻的事物”从眼前消失了，一起消失的还有迷人的短裙以及时髦女孩们反复无常的喜好。美国设计师开始效仿，只剩下之前的一些好莱坞电影里，那些女主人公还穿着老式的小裙子。不过，下降的不只有裙摆，还有道琼斯指数。华尔街经济的崩溃，以及欧洲政治的不确定性，使得文化生活各个方面都紧缩起来，时装行业也包括在内。财富在一夜之间消失了，在这段漫

▲ 1925年，喜剧演员范妮·布赖斯穿着装饰有现代艺术风格图案的礼服。

▲1930年，夏帕瑞丽的蜡光缎低胸礼服展示了迷人的女性魅力。

►1946年，克莱尔·麦卡德尔设计的夏季裙装是美国运动装的先驱。

长而萧条的艰难时期里，过去青春动感的风格让位于突出女性曲线的剪裁。艾尔莎·夏帕瑞丽（1890—1973）不仅倡导严格量身定制套装，她还从达达主义获得灵感，创造出了错视画派蝴蝶纽扣毛衣。她设计的服装不仅是对穿着者的挑战，也结合了前卫和新颖。艾尔莎·夏帕瑞丽出生于富裕的知识分子家庭，是当时众多诗人、哲学家和艺术家的密友，包括萨尔瓦多·达利，曼·雷和毕加索。1929年，夏帕瑞丽推出了她的第一场时装秀。

在股市崩盘期间，好莱坞却经历了一个“黄金时代”。电影屏幕上表现了对现实的逃避，也展现了一些魅力十足的明星，如卡罗尔·隆巴德和梅·韦斯特，她们身上的那些袒肩露背的晚礼服，得益于革命性的裁剪工艺，勾勒出了美好的身材线条。巴黎女时装设计师玛德琳·薇欧奈（1876—1975）舍弃了之前打板制样的裁缝传统，巧妙地直接将面料或垂挂或缠绕在身体上，根据面料的纹理进行斜裁。服装设计师吉尔伯特·艾德里安（1903—1959）将“斜裁”技术应用在了电影《晚宴》（1933）的服装设计中，他为金发美女珍·哈露设计的斜裁露背礼服将巴黎高级时装引入大众市场，也把闺房中的白色丝绸和绸缎带入主流时装。艾德里安从20世纪20年代中期到1941年，任美国米高梅电影制片公司首席设计师，随后他离开了电影业，在洛杉矶开设了自己的时装经销店，出售高级成衣及定制衣。他运用几何图案的梭织面料来制作西装及简单大方的晚礼服，从而进一步促使好莱坞取代巴黎成为时装界的权威。

20世纪30年代末预示着新一波的浪漫主义即将诞生。宫廷服装师诺曼·哈特内尔（1901—1979）1938年为英国女王伊丽莎白二世出访巴黎时设计的带硬衬裙子，以及之后其在多部电影（如《乱世佳人》，1939）中的服装设计，都表现出了女性时装的回归。然而，第二次世界大战的爆发对时尚服饰产生了深远的影响，欧洲和美国的女兵招募政策使军装成为人们熟悉的“街景”，甚至连平民的日装也保留了军装的实用功能。短款合身的西装外套以及方形肩线和窄翻领，很好地勾勒出了倒三角身材，搭配刚刚过膝的窄裙，裙子后面还打了一个褶，以便行动。英国贸易委员会于1942年颁布了公民服装令——禁止在服装上使用任何多余的细节，美国战时生产委员会也颁布了类似的第85条例。

美国时装界的发展较之法国，有着很大的不同。美国时装界没有传统的工作室，再加上20世纪40年代纳粹党占领巴黎，使巴黎时装发展停滞不前。于是，美国时装发展出了自己的风格，即“美国运动装”。美国本土一批极具创造力的天才设计师们推动了这一风格的发展，例如克莱尔·麦卡德尔（1905—1958）和诺曼·诺莱尔（1900—1972），他们俩人都曾为时装企业家哈蒂·卡内基（1889—1956）工作过，而哈蒂·卡内基同时也是“观众休闲运动服”的创始者。观众休闲运动服与运动员的服装不同，这些实用性的服装采用了新式面料，剪裁工艺也颇具创新，于是逐渐取代了高级成衣，走在了时尚的最前沿，这种方法也被战后欧洲时装企业争相模仿。尽管吕西安·勒隆（1889—1958）在1937年至1946年期间仍然出任巴黎服装工会主席，但巴黎高级定制时装现仍处于“休眠”状态。而美国设计师抓住了这个机会，填补了高端时装的空白。专注于简单保守、优雅大方和极其昂贵的服装，梅因布彻（Mainbocher，名字从Main Rousseau Bocher简化而来， 1891—1976）作为第一位美国设计师，于1930年在巴黎开了一家制衣店，第二次世界大战爆发后回到美国。美国设计师查尔斯·詹姆斯（Charles James，1906—1978）在时装界占有重要地位。1945年，他在纽约开始了自己的时装之路，他的设计同样奢华，称得上是时髦服装，更称得上是艺术作品。他那复杂而又设计精良的服装，与美国运动服精神截然相反，1953年的四片三叶草叶子礼服最具代表性，采用了乳白色丝硬缎并使用刚硬的支撑部件。

▼ 1946年，艾德里安为电影演员琼·克劳馥设计的服装剪裁利落而独特。

▲ 1948年，迪奥的全裙式日装，是二战后“新风貌”系列的非正式版本。

战后，虽然世界归于和平，但食物和衣物仍然限量供给。然而，巴黎时装设计师克里斯汀·迪奥（1905—1957），在纺织巨头马塞尔·布萨克的财力支持下，于1947年在他的首次个人展会上推出了“花冠”系列时装，一鸣惊人。《时尚芭莎》总编卡梅尔·丝诺称之为“新风貌”，意指带给女性一种全新的面貌。此系列不仅被时尚媒体争相报道，也在更广泛的层面上被认为颇具新闻价值。迪奥多次改变了时尚风向，使得各类媒体持续关注，也坚定了其时尚权威的形象。在他的自传（1957）中，迪奥写道，“在当今世界上，高级时装是最后的奇妙宝库之一……高级时装不需要面向每一个人：只要人们感受到它存在于这个世界上即可。”

作为对战后限量供应的反抗，迪奥的“新风貌”展现了一种怀旧女人味，以及对回归奢华的庆祝。长及小腿的宽阔裙摆由硬挺的衬裙支撑起来，“腰带”“束腰”也标志着沙漏型身材的回归。迪奥更是将以往填充在肩膀上的衬垫移到了臀部。服装的内部设计夸张地勾勒出女性身材。然而，一些批评者认为，这样的设计代表着保守而理想化的女性风格，更适合休闲生活，而不是工作。

“新风貌”在时装界产生了巨大的影响，使得巴黎再次成为时尚中心。而在美国，新风貌表现为甜美风，最有名的当属服装设计师伊迪丝·赫德（1897—1981）为伊丽莎白·泰勒设计的服装，以及海伦·罗斯（1904—1985）为格蕾丝·凯利所作的设计。心形胸衣、紧身衣和伞裙成为一种时尚主流，几乎所有重要的舞会上都会出现这样的服饰，而棉质衬衫式连衣裙则成为了日装。

随着时代的发展，对身材轮廓的勾勒变得不那么极端，服装也不再是只为了勾勒出身材。1954年，香奈儿重返法国，东山再起。她并不欣赏迪奥本人，为反对迪奥，香奈儿推出了战前大受欢迎的套装，也再一次展现了轻松简洁的审美理念。套装简单的结构和形状使得制造商们很容易复制，尽管细节和面料不如定制时装，但也为消费者带来了经济实惠的优雅。1957年，女装设计师克里斯托伯·巴伦夏加（1895—1972）推出布袋裙，成为未来10年简洁风的先行者。1958年，衬衫式连衣裙将女性们从压抑的紧身衣中进一步解放出来。20世纪50年代推崇大家闺秀风范的高级时装风格，但随着20世纪60年代年轻文化的出现，逐渐被推翻。第一个激动人心的变化是在1955年，玛莉·奎恩特（1934—）在伦敦著名的英王大道开设了她的第一家“巴萨”百货店。当时的大多数青年们出生于战后生育高峰期（1946—1947），他们渴望加入到社会革命中来。而正是玛莉·奎恩特为这年轻一代带来了新鲜和活力：服装缩短了，半统袜和背心裙出现了，超大的橄榄球衬衫当做裙子穿，还将芥末色、紫色和姜黄色搭配在一起。

当时，以马龙·白兰度、詹姆斯·迪恩为代表的好莱坞影星在《飞车党》（1953）和《无因的反抗》（1955）等影片中重新阐释了男子的阳刚之气。这些银幕上的偶像们换下了他们父亲穿过的双排扣西装，穿上白色T恤、皮夹克和牛仔裤。19世纪由李维·斯特劳斯发明的牛仔裤，起初被当做耐用的农村工作服使用，这个时候也成为了青春叛逆的年轻人、不合群的青少年，以及之后的嬉皮士的象征。

沙漏型女性曲线的时代结束了，而只有被当时流行的英国期刊*Petticoat* 称之为“幸福的女孩和疯狂的洋娃娃”，穿上了20世纪60年代的紧身又现代感极强的服装。与迪奥“新风貌”的甲壳形象不同的是，这些服装没有使身体压迫成不自然的形状。20世纪60年代，随着裙摆越来越高，衬衫式连衣裙也进一步向前发展。高腰线突显了臀部的水平线条，通常借助于一根宽扣皮带，插入一组有时为透明的不同面料也很常见。

▼ 1967年，“假小子”模特们穿着迷你裙和及膝靴，前面还印有玛莉·奎恩特的雏菊标志。

◄ 20世纪60年代的时代偶像崔姬身着迷你直筒连衣裙。

裸露元素越来越被大众所接受。享有美国最激进设计师声誉的鲁地·简雷齐（1922—1985）将身体从服装的束缚中解放了出来。1967年，他受到灵感的启发，尝试了不着内衣的游泳衣，由模特界缪斯女神佩吉·莫菲特展示。鲁地·简雷齐还大力倡导“无性别装”的理念，比如拖地土耳其式长衫和喇叭裤。

裤袜取代了长袜和吊带，也提升了衣裙的长度。于是，20世纪50年代，女性胸衣的束缚也得到了新解放——尖尖的胸罩和束腰带展示了现代感，而非诱惑。这些全新的风貌甚至通过“Young Ideas”版块主编马利特·艾伦出现在英国《时尚》杂志当时以淑女风为主的页面上。青少年寻找的东西不仅仅关乎裙子长度，还有包括时装民主化在内的新的社会秩序。在各主要城市周边，一间又一间时装店如雨后春笋般出现，开始从朋友们中间发展顾客，伦敦出现了一种现象：顾客们不再去邦德街购物，而涌向了国王路和卡尔纳比街上的时装店。20世纪60年代的青年运动以及街上的时装风格不仅改变了时装的层次结构，也挑战了高级时装体系。当然，当时众多巴黎时装设计师，皮尔·卡丹（1922—）、安德烈·库雷热（1923—）、伊曼纽尔·温加罗（1933—）和帕高·拉巴纳（1934—）等人，也通过推出极具未来主义感的时装来积极响应，其灵感来自太空第一人——俄罗斯的尤里·加加林，而且采用了当时最新的高科技合成运动面料。卡丹作为先锋，于1964年率先推出了“太空时代”时装秀，其中包括颜色鲜艳的华达呢战袍：袖口很深，上衣露腰，里面搭配瘦版棱纹针织套衫和裤袜；库雷热也发布了他的“月亮女孩”系列：不再过分关注整个身体曲线的超短连衣裙长及大腿，头戴宇航员头盔，还有掩盖头部轮廓的无边帽、特大号的白色太阳镜，以及露出脚趾且长及小腿肚的中筒靴。

时装设计师引进成衣的决定进一步削弱了高级时装。伊夫·圣·洛朗（1936—2008），这位曾为迪奥工作过的设计

▲▲ 1968年，反传统偶像鲁地·简雷齐设计的泳装。

▲ 1969年，皮尔·卡丹将建筑风格和时尚结合在一起。

▼1974年，罗伊·候司顿设计的睡衣风套装带波尔卡圆点，简洁大方，典型的城市风。

师，于1962年开设了自己的“左岸”成衣品牌店，代表了他与众不同又前卫的左岸风格。很快，欧洲时装界就迅速适应了美国大规模生产的商业模式，到20世纪60年代中期，成衣已经成为该行业的一个主要组成部分。它们统一按照标准尺寸生产，消费者可以直接在百货店或设计师的专卖店购买。定制时装的连吸引力下降了，1967年巴伦夏加退休以及1971年香奈儿的逝去进一步加剧了这种情况。

在此期间，巴黎高级定制时装也承受着来自意大利设计师的压力。当时，米兰已经取代罗马成为意大利时尚中心，也是世界上第四个时尚之都，与巴黎、伦敦和纽约并称。1945—1965年是意大利的重建时期，当时，这个国家正在开始发展足以影响世界的设计行业。一些标志性品牌如芬迪、古驰和普拉达等，也是在这个时期成名的。在战后这个充满再生性和创造性的时期，美国的经济援助鼓励了这些家族企业的发展，进一步增强了他们的设计和制造活力。意大利因以纺织品的品质佳而著名，包括丝绸印花公司，如科莫湖边上的蒙塔诺，以及针织时装公司，如克里琪亚和米索尼。乔治·阿玛尼（1934—）于1975年开创了他的品牌，解构了男式西装，也将意大利男装品牌推向国际时尚的最前沿，同时也引领意大利女装行业追求（并在适当的时候实现）同样的声望。

20世纪70年代混合了多种风格，怀旧风、20世纪40年代的再次重现、新浪漫主义风、迪斯科热和朋克风，所有这些在20世纪70年代末形成了一种独特的审美：美国运动装的当代版本——为现代女性设计的实用主义时装，集中体现在女帽制造商的现代主义风格，以及后来的设计师罗伊·候司顿（1932—1990）。20世纪70年代中期是候司顿事业的巅峰时期，他宣扬极简主义，将奢华面料运用在简朴服装尤其是衬衫连衣裙的制作中。他的直接继承人，美国设计师卡尔文·克莱恩（1942—），在灰褐色、米黄色、象牙色和灰色等中性色调中延续了这种舒适及耐磨的传统，其独特卖点在于设计师能使一切成为可能。

尽管美国成衣设计师，如克莱恩和黛安·冯芙丝汀宝（1946—）继续生产出讨人喜欢又实用的时装，意大利品牌范思哲却在为“漂亮女性”制造服装，这类顾客体现撩人的张扬魅力。同时，阿瑟丁·阿拉亚（1940—）用绷带式礼服塑造身材，英国的薇薇安·威斯特伍德（1941—）1981年的“海盗”时装系列在一定程度上借鉴了18世纪的剪裁技术及非洲印花，展示了拼接的图案和结构。20世纪80年代之前，只有小部分人感兴趣的时尚成为了大多数人萦绕于心头的事物。在这个可支配收入丰沛的时代，每个主要的城市里都兴起许多由建筑师设计的零售商店，受到年轻的都市白领“雅皮士”的青睐。

随着几十年来的朋克、权力着装、极简主义以及前卫时装的发展，高级定制时装也随着人们年龄老去，还被认为是不再关乎时尚和过时的。直到1983年，德国人卡尔·拉格菲尔德（1938—）应邀成为香奈儿高级时装屋艺术总监后，这种情况才有所改变。他为该品牌带来了新的活力，也吸引了一批年轻又前卫的顾客，最为突出的贡献是香奈儿2.55经典菱格纹链条包和著名的两件式斜纹软呢套装。

时装公司已经从定制服装供应商发展成为品牌产品批量生产的供应商（虽然水平有所提高），并回应着全球企业大亨在时装界的渐多统治。1987年，酩悦·轩尼诗和路易·威登合并成立了LVMH集团——世界上最大的奢侈品集团，也汇聚了香槟、烈酒和奢侈品皮具等部门，其中一些甚至成立于两个多世纪以前。这一合并又形成了目前的时装及配饰行业的两个跨国大集团。

第一个当属法国LVMH集团，旗下时装品牌包括塞琳、唐娜·卡兰、芬迪、纪梵希、罗意威、马克·雅可布和璞琪，以及爱马仕的股份。其竞争对手古驰集团在奢饰品界也重回了霸主

▲ 漂亮女孩：1983年，健美的舞台和银幕演员波姬·小丝身穿范思哲礼服。

地位，旗下品牌有亚历山大·麦昆、巴黎世家、宝缇嘉、斯特拉·麦卡特尼和伊夫·圣·洛朗。

没有哪一个单一趋势能涵盖同一时间整个时尚界的故事，但是在各式各样的风格中，某位设计师或某个趋势可能会在时尚媒体报道中一时占尽风头，它可能代表着一个转折点、一种反应，甚至是一个打破常规的时刻，正如垃圾摇滚标志着浮夸的20世纪80年代的结束。垃圾摇滚起源于西雅图青年文化，主要乐队有涅磐和珍珠果酱乐队，垃圾摇滚者的装扮是典型的街头风，包括超大格子花纹法兰绒衬衫，磨旧牛仔裤以及复古的碎花棉布服装，脚上搭配笨重的靴子。垃圾摇滚虽然流行时间不长，商业上也并不算成功，但却被美国设计师马克·雅可布（1963—）运用到时装品牌派瑞·艾磊仕中，安娜·苏（1964—）也在1991年的设计中运用到垃圾摇滚元素。这也助长了对新现实主义时尚的追求和欲望，这一切都由摄影师科琳·德和尤尔根·泰勒记录下来，时装超模凯特·莫斯也因此开始了她的职业生涯及其富有影响力的偶像风格。这种被称为“Heroine chic”的时尚，不可避免地屈从于理想时尚的需要，代表人物为古驰的汤姆·福特（1961—），古驰是20世纪90年代最让人觊觎的品牌。在此期间，约翰·加利亚诺（1960—）先后在纪梵希和克里斯汀·迪奥品牌任职，高级时装在他的带领下获得了新的意义，也为之后时装业雇佣更年轻、更新锐的设计师振兴他们的品牌铺平了道路。

高级时装的客户群包括俄罗斯寡头政治家的妻子们，以及其他国家的超级新富豪太太们，虽然销售数量在不断增加，却仍然亏本。这些品牌的价值在于每年两次精彩的时装秀以及随之而来的全球媒体的广泛关注和其他魅力。这些支撑了真正的利润来源：品牌化妆品系列及配饰，特别是作为“必需品”的手袋。奢侈时装屋不再只提供定制的时装，也供应大规模生产的各种产

▼ 20世纪90年代，性感的黑色蕾丝礼服，低胸领、超短裙，展示了品牌古驰当时的大胆性感风。

品，通过消费者们购买的一条围巾、一支口红或一瓶香水也能够达到广泛宣传品牌意识的目的。这些产品对品牌的商业有效性来说至关重要，许可协议带来了丰厚的利润。

自19世纪大规模生产开始，就有了产品品牌。正是这种市场体系，用商标、标识和包装让人们对产品产生关注，进而取代那些无名商品；而在时装业，也正是这种体系，开始囊括了易于识别的审美中更难让人捉摸不透的一面。品牌是时装进入市场的推手，这也使得它成为了一种行之有效且人人渴望拥有的身份象征。它带来了战略家们精心策划的特质，用来吸引那些追求及时辨识度以及非凡优良标志的消费者。

20世纪80年代，经济全球化使得品牌成为一种有形资产。奢侈时装屋如古驰和普拉达，以及设计师保罗·史密斯（1946—）和唐娜·卡兰（1948—）迫切地将自己的品牌拓展到配饰、香水、化妆品，以及包括家具、布艺家饰品、涂料和织物在内的各种生活产品的设计和开发。品牌的持续成功，一个至关重要的因素在于保护其免受其他不利因素的干扰。不明智的许可协议可能在刚开始的时候可行，最终却可能破坏品牌的声誉，皮尔·卡丹就是这样一个例子。在20世纪60年代和70年代初，皮尔·卡丹站在时尚前端。然而，随着一系列的全球许可协议，设计师们没有直接控制的商品越来越多地出现在市场上，导致品牌贬值。而随后的设计和制造质量的退步也进一步损害了这个大品牌的独特品质。现在各品牌意识到了这个问题，也因此展开了名为“纵向一体化”的改革进程——接管生产过程，从而更好地驾驭其全球形象，维护产品质量。

时装设计不断受到了前卫设计师作品的挑战。自20世纪60年代以来，英国艺术学校通过平面艺术、造型艺术以及表演艺术的跨学科教育，将时装、街头文化和音乐结合在一起。伦敦中央圣马丁艺术与设计学院培养出了众多优秀的设计师，例如亚历山

▲ 2005年，香奈儿珍珠和白色山茶花
▲ 出现在贺曼公司出品的香水广告中。

▲ 2007年，即时识别的LV标志出现在路易·威登广告中。

◄ 2006年，亚历山大·麦昆演绎的凌乱脆弱之美。

大·麦昆（1969—2010）、候塞因·卡拉扬（1970—）、约翰·加利亚诺、马修·威廉姆森（1971—）和斯特拉·麦卡特尼（1971—）。因此，在其毕业生时装秀上，世界各地那些急于招募新人才的媒体和时尚代表人也都会来参加。在这个饱和的全球市场中，包括古驰在内的公司不得不继续扩大业务，招募新人才是确保品牌质量的主要方式。

激进时装绝对是向先入为主的观念发起挑战，这在日本品牌川久保玲（1942—）的“像男孩一样”女装发布会中演绎得最为明显，另外两名日本设计师三宅一生（1938—）、山本耀司（1943—）也与她一道崛起于20世纪70年代。1983年的巴黎时装秀上，这些服装第一次使用了试验性的裁剪工艺和仿旧磨损的面料，在当时这样一个习惯了过度奢华和诱人时装的时代，无疑是对时装的概念提出了质疑。这些被美国记者称之为“广岛时尚”的服装一直都处于主流时尚的边缘，直到20世纪80年代后期以及20世纪90年代流行的极简化和色彩简洁化，情况才有所改变。

创新是一个非常神秘的过程，它的源泉可能来自于设计师们脑海中那些纯粹的想法，也可能是外部力量推动的结果，总之是一个稍纵即逝的影象：展览中的一幅画或以前的一套裙子，更不用提过去几十年里那些被引用无数次的素材。投资者们不断尝试利用曾经没落的时装屋以及品牌过去的成功而乐此不疲。候司顿、奥西·克拉克（1942—1996），甚至是不朽的薇欧奈对时装的商业化发展都产生了重大影响。

而设计师的艺术则是将这些转瞬即逝之物转变成时尚，超越一切的时尚，从而让人们不管出于何种复杂又相互矛盾的原因，依然想要穿这些服装：因为这能让他们觉得自己很漂亮、引人注意、不同寻常、富裕华贵，或与他人相同或不同。因此，对于时装界来说，最为重要的就是把握时机。作为时装界的老牌公关以及拉克鲁瓦时装屋的共同创始人，让-雅克·皮亚曾对时装设计师说过：“时装就像是一根香蕉。当它是绿色的时候，还没有熟透；当它成黑色了，就是已经熟过了。太早比太晚糟糕。技巧就在于把握合适的时机。”不仅需要合适的时机，也需要合适的服装以及穿着合适的人。时装销售是很受期待的，有多少销量预估压在了好莱坞明星造型师和明星的身上？利用名人来穿戴时装，省去做宣传的百万美元。有时候，设计师和“缪斯”之间的关系是可以改变的。设计师可能会过于紧密地联系某一种特质，以至于公众们在演员或模特已不时新的情况下，还继续用固定的模式来看待这个品牌。

像让·保罗·高提耶（1952—）这类的设计师被称为“创造家”，而不是时装设计师，他们的设计和高级定制时装即便在3月和9月的成衣秀中展示，也一样有影响力，一样昂贵。在经济衰退时期，被称之为“当代服装”的时装业还是有市场的，设计师服装的价格更为平易近人，例如品牌亚历山大·王和塔库恩。

自20世纪20年代，体育锻炼的重要性日益彰显，时装与运动密切结合在一起。让·巴杜推出一系列网球风格的服装，瑞恩·拉克斯特于1927年在T恤左胸上放上了鳄鱼的标志——这是品牌的一个早期例子。20世纪80年代是前所未有的经济繁荣时期，体育也商业化了。全球性品牌以及其他知名大品牌，例如阿迪达斯和耐克，开始在运动服市场使用与时装相同的先进营销策略。城市运动装的出现，是对性能和实用性设计的尊重，同时也考虑了高街品牌独家经营权的有利条件。随着斯特拉·麦卡特尼加盟阿迪达斯，侯塞因·卡拉扬加盟彪马，功能性运动服成为了主流时装的组成部分。

随着当代时装业对新科技的利用，营销策略和销售方式已经变得越来越激进。网络服装日记会每两个月向特定观众宣传产品。时装从来没有像现在这样被广泛记录。由于信息不再需要通

▲ 2010年，蒂塔·万提斯身着让·保罗·高提耶的紧身胸衣。

◀ 2008年，山本耀司以其独特的审美，从根本上重新定义了西方服饰风格。

过纸质媒体传播，时尚博主变得和时尚杂志编辑一样有影响力。顾客可以通过“3D实时直播”在T台现场直接购买下一季的时装设计，这个过程被称作“从T台到现实”，由英国品牌巴宝莉在2010年时装展上开创。这种直接抓住核心顾客的办法，从根本上改变了现有的购买和生产体系，给顾客提供了直接购买的途径，也直接截获了顾客的喜好。时装秀结束后，精选出来的顾客将被邀请到世界各地30家左右的门店，通过iPad率先体验全新时装系列，也可通过巴宝莉专门程序直接下订单。这种即时性反馈促进了品牌在商业上的成功，也使公司能够立刻知晓哪些可以投入生产，哪些可以放弃。

如今，时装的季节性特征没有以往明显，而需求却比以往增多了。每年的时装秀也不再只有两季。秀前系列，有时也被称为度假系列，比起T台秀场，包含了更多的商业元素。进入商店的服装只私下针对喜欢的顾客以及小部分的摄影师和买家。这些系列往往会缩小秋季和春季的差距，同时也为主要的时装提供了试水和试验的机会，使品牌免于财政风险。虽然没有T台时装秀的新闻报道，这些“中间”系列却争取到了买家们越来越多的财政预算。

全球范围内的即时传播，导致人们很难区分出：一季的奇迹，两年的媒体新宠儿，“下一件大事”以及产生深远影响的设计师。21世纪见证了越来越多的“设计师流动”的现象。当全球知名品牌跨过国际文化壁垒，设计师们多种设计源泉的有效性也就增加了，无论是与生俱来的，还是后天培养的。国际联盟的成长显而易见。自2000年以来，已经出现许多成功的跨国设计先例：山本耀司和阿迪达斯，优衣库和吉尔·桑达，马里奥·施瓦博和候司顿。在媒体、交通以及生产全球化的驱动下，时尚之都的设计师交流加强，尤其是那些经过国际知名、人才辈出的学校培训出来的年轻有为的设计师。这也进一步表现了时装这一共通语言的发展。

高级时装再一次登上了现代时尚的顶峰，T台上所展示的作品影响着当下趋势以及成衣市场。巴黎世家的设计师尼古拉·盖斯奇埃尔（1971—）和浪凡，设计师卢卡斯·奥森德瑞弗（1970—）是引起改变的推动力，前者重新定义了当代线条，而后者则改变了人们对时装的思考方式。设计师的事业高度往往依靠商业适应力，即创造性的应变能力以及个人眼光和特定市场的契合能力。这是决不可低估的一门艺术、一门手艺和一项技能。

本书提供了从20世纪到现在众多国际公认的时装品牌和设计师。按字母顺序排列，借助服装设计作品讲述每个品牌的历史，包括富有影响力的风格和重要的时装系列，以及他们的品牌发展历程中最具标志性的时刻。

▼ 2010年，伦敦时装周上，巴宝莉“珀松”时装秀采用了实时直播。

菲利林 3.1

3.1 PHILLIP LIM

www.31philliplim.com

含蓄、现代都市感、女性化的菲利林3.1每年都会推出5个服装系列。这些服装穿着方便而且不事张扬，有些细节出乎意料，如手工缝制的翻领或嵌花装饰，通常是顶级时装才会使用的。

华裔设计师林能平（1973—）出生于泰国，后随父母移居美国，在加州长大。他的母亲是位裁缝，在母亲的影响下，林能平也这样称呼自己。同时，这种天性在他那些裁剪娴熟的完美服装上体现得淋漓尽致。进入加州州立大学后，林能平放弃了自己的专业，转向时装界。最初，他在比弗利山庄的巴尼斯百货公司工作。在那里，他接触到卡塔杨·阿德利。他在该公司从实习生做起，后来成为了设计助理。2000年，在阿德利把生意迁至纽约后，林能平与朋友共同创立了他的第一个时装品牌“Development”，并在洛杉矶一直呆到2004年。2005年，他和商业伙伴周绚文推出了女装品牌。由于俩人那年都刚好31岁，他们便把品牌命名为“Phillip Lim 3.1”。

2007年，Phillip Lim 3.1把业务拓展到了男装市场。他们提供吸收了海军制服元素的高品质基础款服装，例如水手短外套。林能平设计的服装价格合理，但同时也重视质量与款式。2007年，他在美国时装设计师协会颁奖典礼上获得了“施华洛世奇最佳女装设计师新人”奖。同年，他的第一家专卖店也于纽约SOHO区开业。随后，洛杉矶、首尔和东京也先后有了Phillip Lim 3.1时装店。

◀ 出自2009年时装秀，精心搭配的暖粉色女式套装。

2008

高雅端庄的时装秀，剪裁简洁，面料奢华。

在裹裙的臀部位置塑造出不规则的风琴褶（也被用于及膝连衣裙的领口），上身搭配水平压褶雪纺上衣。在2008秋/冬系列中，林能平还展示了从领口处便开始褶皱的女式宽松白衬衫，他也因这种风格而出名。他还用黑色流苏代替了领带，搭配黑色长裤。肌理丰富的提花织锦加上宝蓝色、银色色调，为低调的剪裁增添了光彩。

2007

突破性进展：开辟男装系列。

林能平将儿童围兜的结构与他最钟爱的彼得·潘领型结合在一起，再配以玻璃纱面料，给人以优雅的感觉。然而，本次时装秀大受欢迎的却是他和珂亦·苏万娜盖特合作设计的作品：一件简单的、装饰手工缝制的玫瑰花的七分袖白色T恤裙。这件作品巩固了林能平在纽约时尚界新人中的地位。

2011

林能平延续了克莱尔·麦卡德尔引领的美国成衣传统：方便穿着、装饰极少。

收腰、窄袖、装饰极少的夹克，里面搭配同样素雅的T恤，腰间随意系一条棕褐色皮革腰带，下身是裁剪合身的短裤。奢华的公主缎面料大大地提高了品质感，使它异乎于寻常服装。黑色连身裙端庄、简洁，唯一的装饰是棕褐色皮革领。这一系列其他的服装还包括：黑色缎面上衣，搭配剪裁合身的长裤；层次鲜明的条纹衬衫、精致的针织衫和围裙风格的黑色短裙。整个系列以棕褐色和灰褐色为基调，重点突出萨克逊蓝。晚礼服中包含裸色直筒连衣裙，纵向装饰一排排立体珠片，透明的衣袖上绣有精美的黑色刺绣。

艾克妮

ACNE

www.acnestudios.com

酷感十足的瑞典品牌艾克妮在推崇简洁风的同时坚定地维护自己反时尚、反季节性的理念。艾克妮成立于1996年，最初是一家创意顾问公司，为时尚、娱乐及科技行业打造品牌。那时，它的全称是“Ambition to Create Novel Expressions”，ACNE则是该全称的首字母缩写。1997年，其创始人之一乔尼·约翰逊（1969—）突发奇想，将他们原创设计的一百条红色缝迹的原色牛仔裤当作礼物送给身边的朋友，没想到大受青睐。于是，艾克妮开始进入时尚界。由于“Acne”这个词也可以理解为一种皮肤病——痤疮，导致供应商最初有一些犹豫，如英国精品百货哈罗德、纽约巴尼斯精品店，甚至要求在品牌上印上音调。1998年，设计师安·索菲·贝克加入艾克妮女装设计团队。后来她离开艾克妮，去了伦敦。今天的艾克妮女装由弗里达·巴德领衔设计。最初约翰逊负责负责男装设计，但后来被中央圣马丁艺术与设计学院毕业的克里斯托弗·朗德曼所取代。

艾克妮的电影分公司由导演雷德利·斯科特在洛杉矶运营。同时，他们也涉及其他行业，如艾克妮数字、艾克妮创意以及艾克妮杂志（该公司引以为豪的超大时尚杂志）。这些分公司都归位于斯德哥尔摩市中心的总部管辖。艾克妮女装及男装在45个国家和地区的650家店铺中出售。其中，他们还拥有10家专卖店，其中两家分别位于纽约SOHO区和巴黎皇家宫殿花园。另外，位于伦敦多佛街的旗舰店出售牛仔裤、成衣、珠宝、家具，以及浪凡与艾克妮合作的系列产品。

◀ 2011/2012 秋冬时装秀，艾克妮打破传统的服装概念，展示了差异性面料的混搭效果。

2007

该系列统一采用了暗淡的色调：黑色、深褐色和深灰色。

该季时装系列主打的是中性风格的宽松服装，如开襟式衬衫连衣裙套穿在T恤外。其他的款式包括紧身衣、鞋和手袋，全部是黑色。本系列还包括：宽大的缎面派克大衣内搭装有拉链的鸡尾酒礼服；深褐色斜纹软呢大衣内搭紧身毛衫。无论是连衣裙还是毛衫，均为黑色，除了用于塑造褶皱细节和开口的微闪光金属拉链。

2010

极简的艾克妮和优雅的浪凡合作的第二季牛仔系列。

精细的牛仔面料选自日本的传统靛蓝棉布，由艾克妮的弗里达·巴德和浪凡的阿尔伯·艾尔巴茨设计。花饰和波浪褶会让人想到巴黎的传统服饰，而饰钉和双排明线褶边具有前卫的工装风格。颜色是牛仔蓝、黑色和灰色，裙摆长至大腿中部，凸显了身材曲线。晚礼服中还嵌入了大量金属铆钉作为装饰。

2009

20世纪80年代风格的复兴，不论是连身裤还是破洞牛仔布、T恤连衣裙还是超大号外套。

20世纪80年代风格的陀螺裙搭配斯泰森毡帽和绿色袜子。除此之外，线条简单的直筒连衣裙、布袋装、大号卫衣纷纷回归，并在色彩上做了变化——黑色、银灰色、桃红色、天蓝色和亮蓝色，还配有捆绑式的袜套。透明与不透明相间的黑色紧身衣，与拼接牛仔和薄纱哈伦裤产生同样的视觉效果。单色面料结合褶皱、罗纹饰边以及纹理变化等细节，突显了重金属项链或磨旧的高顶宽边呢帽。

阿尼亚斯贝

AGNÈS B.

www.agnesb.com

阿尼亚斯贝很好地结合了典型法式浪漫主义风格和现代都市风格中的平面艺术。该品牌设计师阿尼亚斯·特鲁布莱（1941—）出生于凡尔赛。20世纪60年代，当她还在巴黎跳蚤市场工作时，就被著名的法国时装杂志*ELLE*发掘。1973年，她开创了自己的品牌阿尼亚斯贝，引用自她第一任丈夫克里斯坦·布尔古瓦的名字。在此之前，她曾与多罗蒂·比斯、V de V 和皮埃尔·达乐比合作。2年后，她在巴黎的Rue du Jour 开了第一家专卖店。这家店从一开始便成了艺术交流之地，她也成了乔纳斯·梅卡斯、小野洋子、吉尔伯特与乔治、路易斯·布尔乔亚的长期合作者。1984年，这位设计师还在Rue du Jour 3号建立了一个艺术画廊，后来又创办了电影制作公司“爱的激流”，制作独立电影。

阿尼亚斯贝的灵感来自黑白电影、历史服装以及法式风情。珍珠揿扣开衫和橄榄球衬衫面料制成的长款条纹T恤是她的代表作。每年，她都会重新演绎这些经典，和她那些独具特质、图案端庄的礼服或是她最喜欢的红色礼服一起展示。

自从1984年与设计师日库铃木合作以来，阿尼亚斯贝在日本广受欢迎。她那标志性的感叹号标识极具辨识度，并出现在精工手表（1989）、行李箱和限量版Smart汽车上。她的揿扣开衫塑造了现代法式风，作为对她这一贡献的认可，1996年蓬皮杜艺术中心为她举办了展览。2000年，她获得了法国荣誉军团骑士勋章。

◄ 2010/2011秋冬，闺房风格的多层荷叶边蕾丝鸡尾酒礼服搭配超短裤。

1988 裁剪精良的紧身连衣裙和休闲夹克的搭配组合——“强大气场”邂逅“修身合体”。

橙色的紧身胸衣式连衣裙外搭夸张肩部造型的外套，反映出那个时代突出身材曲线的特点。挽起的袖口和门襟边缘的滚边也凸显了品牌的精致细节。阿尼亚斯贝于1981在纽约SOHO区开设了第一家美国精品店。在那里，她展示了品牌的全部产品线——女装、男装，以及童装。1987年，她推出了一款香水（LE b.），随后又推出了一系列护肤品、化妆品及孕妇用品。

2007 针织衫、20世纪60年代风格的撞色格纹连衣裙和低调优雅的利落套装组成了这个系列。

淡蓝色七分袖开衫搭配马德拉斯布纹及膝裙，展示了典型的法式风情。该系列其他款式还包括红色开衫搭配多层褶边礼服；绉边圆领的暗红色中袖针织连衣裙；头戴海军帽，身穿丝带装饰的白色刺绣胸衣外搭精致的海军风夹克，下穿荷叶边短裙。另外，有高腰线、贵格领（Quaker collar），且袖口带白色钩花的灰色针织连衣裙，大方端庄，与前面的风格形成对比。

2011 该系列主要为单色印花和条纹的简单款服装，简约不繁琐，成为人们衣橱中的必备单品。

本次时装秀没有在巴黎时装周的日程中，而是选择私人展示。秀上展出了这套制作严谨的错列粗条纹裙装。除此之外，本系列还包括：带格纹衬里的棕褐色绒面双排扣外套，内搭淡紫色轻薄针织连衣裙；印有红色或黑色单色印花的及膝紧身裙；有白色波尔卡圆点点缀的黑色雪纺结合青春活力的廓型；简练的精致套装，上身搭配短款T恤；还有用粉红色毛巾布制成的水手外套，令人称奇。

阿尔伯·艾尔巴茨

ALBER ELBAZ

作为少数致力于法国传统高级定制服的设计师之一，阿尔伯·艾尔巴茨（1961—）不仅有着精湛的技术和非凡的眼光，还设计并生产出了精致迷人的服装。他出生于摩洛哥，在以色列长大，又在纽约住了10年。在纽约的时候，他曾做过杰弗里·比尼（20世纪最受人尊敬的时装设计师之一，他的设计低调奢华、大方优雅）的助理。7年后，也就是1996年，阿尔伯·艾尔巴茨移居巴黎，成为巴黎老牌时装屋品牌姬龙雪的设计总监。1998年，他为伊夫·圣·洛朗（见第320页）做过一段时间的女装高级成衣设计总监。可惜仅做了三个系列，该品牌就被古驰集团收购，而阿尔伯·艾尔巴茨也被汤姆·福特替代。

现如今世界最炙手可热、商业上最为成功的品牌之一——浪凡，在2001年时濒临没落。同年，中国台湾发行业巨头王肖岚女士收购了浪凡，并任命阿尔伯·艾尔巴茨担任艺术总监。阿尔伯·艾尔巴茨运用了所有技术和技能，设计出女神长裙、轻便的风衣（如今已成为浪凡的标志性服装），以及豪华面料制成的荷叶边礼服。在他的领衔下，这个小公司的知名度和影响力快速提升，而他也得以进一步负责该品牌的所有设计细节。他在购物袋上印上了保罗·艾里波于1907年创作的珍妮·浪凡和她的女儿玛格丽特的插画。妮可·基德曼、凯特·莫斯和索菲亚·科波拉都是艾尔巴茨的忠实粉丝。

◀ 出自2010年，具有折纸形夸张肩部结构的浪凡羊绒大衣。

2000

阿尔伯·艾尔巴茨在伊夫·圣·洛朗的第三次也是最后一次时装秀。

衬衫用柔软的手套皮革制成，在领口处收紧并打结，衬衫下摆塞进过膝铅笔裙里。这一系列设计精致，尤其是颈部的设计拉长了整体身材比例，也展示出现代优雅风格。同时还参考了品牌的经典作品，将伊夫·圣·洛朗著名的“吸烟装”重新设计成宽松的克龙比式大衣；将严肃的暗门襟大衣与飘逸的雪纺长袖连衣裙搭配在一起，腰间系上细腰带，勾勒出腰身。

1997

法国奢侈服装品牌姬龙雪时装秀。

整体风貌：A型中长款双排扣夹克，下身搭配粗花呢喇叭裙，颈部有大号蝴蝶结装饰，头戴高圆顶帽子，帽檐上配有花饰，手拿相同软呢面料的无带手包。此系列还包括了两件式套装，收腰式短夹克搭配铅笔裙或阔腿裤；以及奶油色套装，搭配黑色的及踝长裙。

2007

作为浪凡的创意总监，阿尔伯·艾尔巴茨运用实用的时髦面料，推出未来主义系列，重现了20世纪80年代的风格。

降落伞式的丝绸鸡尾酒礼服巧妙地引用了20世纪80年代的风格，裙摆下端呈马勃菌状，前领口高至脖颈处，后领却低至腰部。该系列其他款式还包括浅灰色多口袋蜡光绸连身服；肩部夸张、臀部收紧的奶黄色双排扣外套；未来感的套装：高领束腰上衣搭配奶黄色窄裤；带拉链和贴袋的立裁式露背连衣裙展示了实用主义。晚装系列中，无肩带紧身胸衣上装饰有百褶雪纺花边，下摆呈毛边状，颜色为紫红色、黑色或金色；还有整件由花边构成的抹胸式鸡尾酒礼服。

阿尔伯特·菲尔蒂

ALBERTA FERRETTI

www.albertaferretti.com

作为女人味的代名词，阿尔伯特·菲尔蒂（1950—）设计出精美的串珠雪纺礼服，象征浪漫、空灵与别致。阿尔伯特·菲尔蒂出生在卡托利卡的亚得里亚海岸。18岁的时候，她在家乡开设了第一家服装精品店，并于1974年推出了自己的品牌。1980年，她和她的哥哥马西莫一起成立了奢侈品公司“Aeffe”，为让·保罗·高提耶（见第164页）、莫斯奇诺（见第222页）、纳西索·罗德里格斯（见第228页）生产并销售服装。1981年，菲尔蒂在米兰举办了自己的第一场时装秀，1984年又推出了副线——“菲尔蒂牛仔裤哲学”，即后来的“阿尔伯特·菲尔蒂哲学”。

1998年，这位设计师在波道夫·古德曼百货内开设了一家专卖店，专门出售她的代表作品以及“阿尔伯特·菲尔蒂哲学”系列产品。随后，她又在纽约SOHO区为“哲学”系列专门开设了一个独立店面，以较低的价格专门为年轻女性服务。和大多数设计师不同的是，阿尔伯特·菲尔蒂先是为她的二线产品开店，随后才在曼哈顿西百老汇为自己的主线品牌开设了一家旗舰店。

该品牌成功的力量源自于这位设计师独特而专注的精神。菲尔蒂设计的服装不在于展示成熟的魅力，也不是前卫的运动风，而是她最擅长的分层和褶皱雪纺晚礼服、公主风外套和优雅的少女针织衫。2001年，该品牌开设了内衣和沙滩装产品线，2010年又增加了婚纱礼服产品线。

◀ 出自2010年时装秀，灵感来自于20世纪20年代不拘传统的摩登女，以斜裁的缎面真丝面料为特点。

2003 雪纺和钩花的搭配产生了良好的效果，成为本次时装秀的主要组成部分。

粉蓝色车缝褶雪纺裙的肩部和腹部都有钩花细节。系列中还运用暗青色、巧克力色、卡其色演绎了带有垂褶、褶饰、百褶、塔克细节的雪纺迷你连衣裙；受20世纪60年代灵感启发的浪漫主义钩花连衣裙；两侧刺绣的露腰宽松针织裤搭配短款雪纺上衣；大圆领女背心或短至大腿根部的黑色无肩带连衣裙，外覆层叠的透明雪纺。

2001 中性色调，女人味十足的雪纺和丝绸时装系列。

芭蕾舞服式围裹的开衫搭配开扣式裙子，再加上橙色半透明三角布的装饰，显得富有青春活力。除此之外，橙色还运用在性感的及膝裙和简单的A字裙上。菲尔蒂还喜欢用长春花蓝、巧克力棕，以及极具代表性的裸色雪纺。斜裁的缎面真丝应用不断变化，有些用于衣领和袖子，还有用在低于膝盖以下的部位。

2007 装饰巧妙、印花柔和的公主风风衣和羽毛装饰晚装系列。

灰色的雪纺裙，褶皱以臀部为中心组成同心圆形状，手感轻薄。裙子是典型的浪漫风，剪裁也极尽淑女风，廓型简洁大方。本系列中，无论是鸡尾酒礼服、日常装，还是全扣式连衣裙和高腰公主外套，都用到了金属丝缎，很有20世纪60年代的感觉。除此之外，其余外套为落肩袖，袖口的车缝褶使得袖子蓬起成钟形，这个特点贯穿于整个系列之中。本系列还包括豌豆绿和紫色马海毛制成的过膝紧身连衣裙和大裙摆风衣外套。羽毛装饰被运用在鸡尾酒礼服和晚礼服中，营造出轻盈的通透感。

亚历山大·麦昆

ALEXANDER McQUEEN

www.alexandermcqueen.com

偶像级的时装设计师亚历山大·麦昆（1969—2010）在自己事业最高峰时悲剧性地结束了自己的生命。他的设计突破传统，透过明显而夸张的文化理念，重塑了身体形态和身材之美。他那阴柔的想象力，通过广受赞誉的剪裁与造型技巧，给予了他的作品不张扬，却精致而实用的特征。

亚历山大·麦昆16岁时便离开学校，成为了萨维尔巷裁缝服装店“安德森与谢泼德”的学徒；随后进入了吉凡克斯时装公司；紧接着，他加入知名戏剧服装品牌“安吉与博曼”，并在那里学习传统的经典裁剪技术。在考入中央圣马丁艺术与设计学院攻读时装设计艺术专业之前，他还先后为日本设计师立野浩二和意大利设计师罗密欧·纪礼工作过一段时间。在他的毕业设计时装秀上，英国版《时尚》杂志的著名造型设计师、帽子女王伊莎贝拉·布罗被他折服，当场买下了他的整个毕业设计系列。1996年，麦昆取代约翰·加利亚诺成为了纪梵希的首席设计师。2000年，古驰集团收购了麦昆自有品牌的多数股权，但仍然保留了他创意总监的职位。

无数的奖项见证了麦昆的成就。1996年、1997年、2001年和2003年，他一共4次获得“英国年度最佳设计师”奖，获得了美国时装设计师协会的“年度最佳国际设计师”奖。现如今，该品牌的设计由麦昆的得意门生萨拉·伯顿继承。2011年伯顿为威廉王子的新娘凯瑟琳·米德尔顿设计了婚纱礼服。

◄ 2010/2011秋/冬时装秀上，麦昆的遗作借鉴了拜占庭艺术和宗教风格。

1995

“高地强暴”主题运用了当时最为流行的英国皇家斯图尔特格呢。

头发蓬乱的模特们身着苏格兰格子呢，像是被粗暴地脱去了衣服——据说这是对英格兰征服苏格兰的隐喻控诉，因此，“高地强暴”系列虽然成功却也饱受争议。格子呢做成了紧身胸衣、喇叭形或铅笔形裙子，长至腿肚。低腰裤搭配带格子呢高领的雪纺短上衣。

1998

本次时装秀主题广泛，出现了绷带元素。

本次时装秀的特色是镂空皮革紧身礼服，透视、镂空、定制或金属铸造的动物骨骼在本系列中展现得淋漓尽致；同时也表现了该系列精湛的剪裁技术，翻领一直垂挂至腰际，交切面料上刚硬的几何图案也配合了阴影的纹理。

1996

“包屁者”超低腰牛仔裤——设计师麦昆大胆的设计风格使得这一裤装款型成为全球性的流行趋势，同时也表现了他在设计上的创新性和权威性。

麦昆的超低腰裤可以追溯到1992年，但直到1996 春夏的“饥饿”系列时装秀，该系列才在时装界取得更大的成功。他在这些服装上绘上红色、黑色、深蓝色、白色和银灰色等充满异国情调的色彩，还用锋利的剪刀裁剪成各种款式。整套服装系列中用到了软缎、织锦缎、蕾丝、皮革、金属薄纱和亚麻布等材质，也装饰有羽毛、流苏。金属薄纱包裹的椭圆形头骨面具，搭配精致透明、德沃尔羽毛印花的上衣。明暗色彩对比下张牙舞爪的雪豹，以及印有捕兽者雾网的礼服，表现了“掠食威胁”的主题。

1999

准外科手术中绷带的比喻——缰绳、腰带、网箱和笼头，亚历山大·麦昆推出了一系列正式的服装。

工装外套、糖果条纹缎面七分裤、斜裁裹身裙都采用白色亚麻布精心制作而成，织物成分中也用到了暗流工艺。高档的纱罗帆布上印有粗缎纹花卉图案；轻薄的睡衣外套上装饰有光滑的白色提花织物绣成的孔雀图案；裙子和上衣上也有宽松自然的针织酒椰棕图案。定制的女式裙套装采用英国优质细亚麻布面料，给人耳目一新的感觉。女式衬衫上装饰有不对称的荷叶边形状的蕾丝花边，再加上鞍马带装饰，形成了强烈对比。除此之外，西班牙蕾丝花边扇也被用在了紧身胸衣上或是穿孔和分段的金发木制成的坚硬裙撑上。两台机器对着雪白的秋千裙喷墨，而穿着礼服的模特则被固定在转盘上，伸手欲挡却毫无抵抗之力，活像一只受惊的天鹅，直到演出结束后才逃脱。

2003

本次时装秀讲述了在与阿芝特克人、海盗和征服者的对抗中，“太阳之王”头戴羽毛帽，精神振奋。

在古驰集团的商业投资影响下，麦昆越来越强调设计的实穿性，无论是多褶皱的彩虹色晚礼服，还是内搭皮革紧身胸衣的波浪形女衬衫。鹿皮和棕褐色皮革用在了淡褐色蕾丝和垂褶雪纺上，皮带和宽腰带配饰上更有硬币和钥匙装饰。一排排有盖纽扣极具复古意味，而带有松散褶皱的针织和织锦也展示了颓废的复古风。本系列中，骷髅图案丝巾是必备单品，而收裥和分层的蕾丝袖口也起到了锦上添花的作用。斗篷和透视礼服上搭配黑色蕾丝披巾，还装饰有皮革、念珠和乌鸦的羽毛。连身服垂至腰际，上衣带有褶饰花边，除此之外，颜色鲜艳的缎面海滩装也有很多羽饰，令人眼前一亮。

2009

春 / 夏时装秀的主题是“物竞天择，适者生存”，歌颂了原始动物、蔬菜和矿物质。

背后系扣的棕褐色鳄鱼皮紧身女上衣，内搭波浪形素缎印花连衣裙。本系列连衣裙或香烟裤装前方的中间部位装饰有木粒、骨骼，以及千变万化的水晶图案。有的裙子在纱层之间装饰有压花，还有的则镶有立体玫瑰花蕾。瘦腿裤搭配镶嵌有多色拉链的燕尾服西装，上面的蝴蝶图案让人联想起蝴蝶的粉色外衣。圆圈形状和渐变色的流苏让鸡尾酒礼服更加具有灵动感。紧身胸衣由激光切割的马具皮革制成，实用耐穿，腰部还印有丰富精美的花卉图案。最后，多面五彩水晶装饰在了沙漏型礼服和紧身衣上，表达了对矿物的赞美。

2010

实时互联网直播，盛况空前。

麦昆展示了未来主义时装，也带来了世界末日大片般的戏剧性效果和生产性价值。

亚历山大·王

ALEXANDER WANG

www.alexanderwang.com

典型纽约风格的设计师亚历山大·王（1984—）为消费者带来了一个价格可承受的设计师品牌。亚历山大·王是出生于旧金山的华裔，18岁时搬去纽约并开始尝试服装设计。之后，他进入著名的帕森斯设计学院攻读设计专业，大学二年级时就在*Teen Vogue*少女时尚杂志实习。2007年，王成立了自己的品牌。他的标志性风格MOD（Model off Duty）反映了都市低调而冷酷的运动风，也带来了随意洒脱的精神风貌。比起普通T恤，亚历山大·王的T恤在细节设计上有了一些变化，例如超大的领口和袖口以及精心缝制的小贴袋设计。最近，他又在平纹针织布下垂的层次上增加了强大的裁剪元素，以此达到更为复杂而精致的效果。

设计师亚历山大·王是卡其裤和白T恤的典型拥护者，同时也是美国时装设计师协会和*Vogue*时尚基金获得者，这些让他成为了与GAP合作设计的不二人选。而亚历山大·王的加入，也为GAP品牌增加了新兴的美国元素。2010年，继“T”系列时装秀之后，王推出了他的第一个完整的男装系列，其中的基础款包括拉链连帽毛衣、无袖衫，以及经典衬衫。

2008年，王获得美国时装设计师协会和*Vogue*时尚基金；2009年获得“施华洛世奇女装年度设计师”称号；2010年成为“施华洛世奇年度配饰设计师”得主。

◄ 2010年的轻便装取材自男式西装，领口处为内衣蕾丝边，还搭配有舞蹈保暖服。

2009

在其休闲时装系列中，亚历山大·王将日装连衣裙元素加入到功能性运动服中。

2009春/夏系列时装发布上，为了让观众们联想到迈阿密南海滩炎热的天气，亚历山大·王在模特们身上洒上水滴，还用到了人造水珠装饰，以达到更为逼真的效果。该系列不仅使用了华丽的面料，也使用了简单中性色的细亚麻布、淡褐色和泥灰色平纹单面针织布以及纯黑色网眼布和皮革。连衣裙和泳装参考了露脐装的打结款式。健身房、街头服装等这些看似漫不经心的混搭元素，更进一步升华了本次时装秀的假日活动主题。

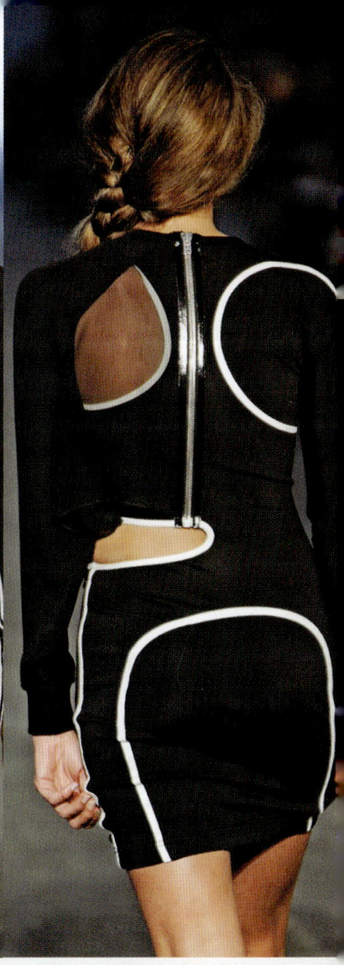

2008

短款夹克，内搭露出下摆的衬衫，下身搭配短裤——再次重现了1984年的风格。

亚历山大·王用短款夹克搭配衬衫和短裤，展示了他理论缪斯——MOD风格，再现了20世纪80年代中期后朋克风格的宽松舒适的夏装。除此之外，他还重新诠释了短款做旧牛仔服、低腰衬衫式连衣裙、骑车装，以及《迈阿密风云》中手风琴式袖的夹克，配饰也并不复杂，如按扣、可随意选择的黑袜等。

2010

亚历山大·王的运动日装展示了美国中卫“作战服”的硬朗曲线。

混合隐喻是亚历山大·王作品中最常用到的手法。他睿智详细地分析了人们衣橱中已有的风格，以便于设计出人们能够接受并喜欢的服饰，这在本次春/夏服装系列经典的美国足球风中表现无疑。这40套服装从现代及复古校园足球服中探寻了细节和面料的重新配比。卡其色斜纹布、羊毛内里材料、缝合花边的棕褐色皮革，与运动网眼布和内衣平纹单面针织布形成了鲜明的对比。通过引入非运动服装面料，亚历山大·王将人们的重心从休闲日装转移到更为华丽考究的晚装上。

安娜·苏

ANNA SUI

www.annasui.com

安娜·苏（1964—）刚开始进入时尚界的时候，朋克风依然盛行于纽约，而复古服饰作为设计师设计灵感的重要来源，也重返时尚界。安娜·苏正是在融合朋克的摇滚魅力以及旧式元素的浪漫怀旧风格的基础上，创造出颇具现代感的波西米亚风格。2006年，据《财富》杂志统计，安娜·苏时尚帝国的总价值已超过4亿美元。

苏出生于美国密歇根州底特律市。自年幼起，她便梦想成为一名时装设计师，于是，她从为自己制作服装开始做起。后来，苏在纽约帕森斯设计学院攻读学位。在那里，她认识了时尚摄影师史蒂文·迈泽尔。毕业后，苏曾就职于多家运动服装公司，也设计一些服装供梅西和布鲁明戴尔等纽约商店零售。在模特朋友纳奥米·坎贝尔和琳达·丽斯塔的鼓励下，她于1991年推出了自己的首场时装秀，随后又在纽约城SOHO区开设了自己的第一家专卖店。

2004年，这位设计师推出了自己时装品牌的更具年轻活力的产品线，名为“多利女孩”。2009年初，安娜·苏儿童系列“迷你安娜·苏”首次亮相。在2009/2010秋／冬时装发布会上，安娜·苏的鞋品也崭露头角。2009年安娜·苏荣获“美国时装设计师杰弗里比尼终身成就”奖。同年，她与塔吉特合作设计新款，设计灵感来自于当时风靡全球的电视节目《绯闻女孩》。

◀ 2011春/夏系列中的浅灰蓝色超长裙，以蕾丝镶边装饰，别具一格。

1992 第一次时装秀，安娜·苏用复古面料演绎了复古风。

大方格棉布斜裁成的紧身上衣，搭配及至大腿中部的郁金香形短裙；带抹胸的开襟衬衫，搭配过膝短裙，这样的服饰搭配显得甜美中不失性感，更是复古时尚与后朋克风的完美融合。配件也颇有特色，例如尖顶草帽、粗项链等。

2008 色彩千变万化，肌理和图案也点缀得华丽非凡。

其灵感来自装饰派艺术，天鹅绒裁剪的夹克套在四分之三长的束腰衣上，领子是印有20世纪20年代风格图案的大软盘领。雪纺束腰衣也印有花卉图案，下面搭配佩兹利纹样的性感短裙。整个系列颜色和肌理层次丰富、排列有序，吸收了文艺复兴时期的服饰风格和20世纪20年代的时髦少女风。

2001 宽横条纹的彩色毛衣连衣裙、窗玻璃状的格子衣，与染色羊皮的颜色搭配起来，让人可以很快从娴静转向另类。

苹果绿和卡其色的宽横条纹针织裙，外搭卡其色的漆皮外套，紫色羊皮衬里翻过来形成翻领。类似的条纹风格也被用于带圆滚边口袋的黑白简易两件式套装中。整个时装系列都应用了不同比例的窗玻璃状条纹，服装主要是两件式或三件式套装和套裙，基本都是橙色和棕色，并印有颇具风格的花卉图案。小山羊皮夹克和外套有时会搭配精心染色的羊皮衬里。受20世纪60年代甜美风的启发，其灵感转向粉色、淡黄绿色和杏色，下摆和领口装饰有花边，与胸花相呼应。配饰也很个性，例如做为颈饰的双层毛毡花。

安蒂克·巴蒂克

ANTIK BATIK

www.antikbatik.fr

意大利籍设计师加布里埃拉·科蒂斯（1965—）对波西米亚风非常敏感，其灵感来自于她那优雅的祖母以及她自己对俄罗斯前卫绘画艺术的独特品味。1992年，科蒂斯开创了安蒂克·巴蒂克品牌。20世纪80年代初，科蒂斯18岁时，离开了都灵的家，前往巴黎学习法语语言和文学，后来也曾游历过中国西藏、印尼巴厘岛、印度和秘鲁。回到巴黎的时候，她带回了一堆缠腰式长裙（纱笼）、凉鞋和围巾，向身边的熟人兜售。她也引入了一些特殊面料制作的服装，甚至还在上面设计了各种装饰。随后，她又将范围扩大到各式服装中。

刚开始，她与旅伴克里斯托弗·索瓦合作，做起了服装批发生意。1999年，科蒂斯和索瓦合伙在巴黎开了第一家安蒂克·巴蒂克精品店，就此，安蒂克·巴蒂克的波希米亚折衷主义诞生了。现如今，安蒂克·巴蒂克已发展成为全球著名品牌，并通过众多零售商销往各地，尽管如此，该品牌却始终保留着传统的手工制作工艺，继续与科蒂斯在世界各地培养的民间工作坊密切合作。她在印度、印尼巴厘岛和秘鲁雇佣了数百名技艺娴熟的手工工人，制作出既有左岸般精致时髦又有祖传般典雅的服饰。

安蒂克·巴蒂克系列服装细节精致、图案丰富、色彩绚丽，能够满足不同文化的需求，这些都让该品牌充满生命力，也拥有了一批令人羡慕的客户群，如卡梅隆·迪亚兹、希拉里·达芙、爱娃·赫兹高娃、凡妮莎·帕拉迪丝与卡拉·布鲁尼· 萨科齐。

◄ 2010年奢华嬉皮风，厚缎低裆裤和带图案的薄纱上衣。

2009 宽腰带装饰的轻薄夏季面料。

凹纹腰带突显了这件开扣式露肩连衣裙。这种循环的标点符号图案也用在了紧身衣、蝙蝠袖棉针织衫或是荷叶边印花雪纺无肩带裙上。高腰式育克土耳其式长衫和摩洛哥雪纺宽长袍等精美的服装上有着很多羽毛形状的印花。

2010 从遥远的安第斯山脉到城市复古装饰，展示了全球范围内文化的交融。

科蒂斯与摄影师蒂埃里·勒古合作，让其在秘鲁拍摄制作了一组该品牌服饰的图片，以此来突显其产品的原创性，也进一步确定了其产品的手工制作工艺以及她长期以来对产品原料的支持。科蒂斯把这些照片卖给了巴黎的一家画廊，用来资助秘鲁洪灾援救工作。奥拓普莱诺刺绣的形式与颜色在此系列中虽然影响不算太大，但已表现得很是明显。其他款式借鉴了20世纪20年代那些闪闪发亮的串珠刺绣，或是索尼娅·德劳内的野兽派色彩。该系列最后部分非常奢华，带图案的蒙古羔羊披肩和黑色皮裤，都展示了同等程度的女性风和摇滚风。

2009 运用了深色调，同时也保留了兼收并蓄的作坊式手工生产的感觉。

皮草边装饰的马甲背心演绎了自我放纵的风格，黑色羊绒毛衣、皮短裙和高跟凉鞋的搭配也进一步加强了这种风格。本次秋／冬系列的细节设计带有方向性引导：深V荷叶边及膝套头毛衣的高领设计将人们的注意力吸引到头部；同样，黑色宽袖的库尔塔束腰外衣，也在平行条纹上装饰了可吸引注意力的小金属片。

安东尼奥·贝拉尔迪

ANTONIO BERARDI

www.antonioberardi.com

品牌安东尼奥·贝拉尔迪结合了意大利和英国的传统和工艺，设计出了一系列有吸引力的产品。不少名人陶醉于其混合传统风格，对该品牌青睐有加。该品牌设计师安东尼奥·贝拉尔迪（1968—）出生于英国，由于父母是意大利西西里岛人，在他设计的时装系列中，贝拉尔迪很好地吸收了地中海风格的精髓。在就读于中央圣马丁艺术与设计学院期间，成为了约翰·加利亚诺的助理，跟随他一起工作。1994年，安东尼奥·贝拉尔迪的毕业秀吸引了英国高端时装店的众多买家，紧接着在下一季，他正式推出了自己的第一个专业服装系列。

作为20世纪90年代类似亚历山大·麦昆和侯塞因·卡拉扬的反传统设计师之一，贝拉尔迪趋向于设计精心剪裁的颇具女人味的服装，而不是制造轰动效应。1999年，他从米兰搬到了伦敦，并在下一年被Exte任命为首席设计师，开始制作自己的同名服装系列。参加过几年米兰和巴黎时装秀之后，贝拉尔迪于2009年9月重返伦敦时装秀。

贝拉尔迪非常明智地选用了创新性的材料，在及膝沙漏款式服装的变化处理方面更是得心应手。同时，贝拉尔迪也是完全自主的国际设计师之一。

◀ 贝拉尔迪的2009春/夏时装秀中轻薄透明、和服袖款式的连衣裙，内搭定制内衣。

1997 秋/冬时装秀上展示的黑白"巫毒教"系列服装。

领口处下垂的血色羽毛为这套干练的定制礼服增加了邪恶的感觉。除此之外，本系列中的火红色皮革也为开衩至大腿的紧身连衣裙和紧身裤装增添了时尚感。透明雪纺晚礼服的腰间做了立体剪裁，还装饰有刺绣花朵和皇冠般的烛台。

2009 胸衣式红毯礼服。

大胆修身的紧身裙上，镶嵌有错视画派的黑色蕾丝，这套服装深受电影女演员格温妮丝·帕特洛的喜欢，也被英国版的《时尚芭莎》编辑露西·约曼斯选为"年度礼服"。这套礼服裙在该系列中尤为突出，将性感的内衣外穿风格和精心缝制工艺结合在一起，该系列还包括紫红色半透明的光滑缎面礼服。

2005 借鉴了17世纪骑士的军装和复古细节，并在单色调的基础上做了大量剪裁。

收腰尖肩上衣，内搭双褶皱高立领衬衫，下身搭配马裤风钉珠女直筒裤——现代版的半正式晚礼服。在本系列的其他服装中，下降的肩缝一直延伸至带多层花边的袖子上，同时衣领上也装饰有多层垂饰，给人军装的感觉。轮状皱领延续了历史风格，褶边淡色印花连身裙让人想起诗人罗伯特·赫里克的"有一种美好的不修边幅"。长而窄的裤子搭配瘦版夹克，内搭衬衫的一侧衣领上缝有大号蝴蝶结，另一侧则有夸张的滚边翻领，典型的20世纪70年代的花花公子风格。裙子上的设计经常使用四等分图案，还在左上角使用了不同的面料。

阿玛尼

ARMANI

www.armani.com

乔治·阿玛尼（1934—）不追随潮流，坚持日复一日地发展自己的现代极简主义风格。20世纪80年代，这位意大利籍设计师挑战了传统的英式裁剪技术，从而彻底改变了男装。他去除了上衣中死板的衬里和贴边，扩宽并降低了肩线，给当时的男式正装带来了宽松随意的新感觉。他还重新定义了时尚女性的概念，运用非结构化的剪裁和柔和质地的面料，灰褐色、米色和海军色的色调，悬挂或包裹在身上。此外，他也采用自然褶皱的夏季亚麻布制成了阿玛尼轻薄运动夹克衫、宽松抽绳长裤和褶裥短裙。

阿玛尼最先从事医药方面的工作，后转行进入时装界。他先是在米兰一家百货公司做男装买手。20世纪60年代进入切瑞蒂集团工作。1975年，阿玛尼建立了自己的品牌，如今已成为本企业的唯一股东，身价大约70亿美元。旗下国际知名产品线包括乔治·阿玛尼、安普里奥·阿玛尼、阿玛尼牛仔和阿玛尼休闲。经常出现在红地毯上的是阿玛尼高级定制时装，新晋高级时装系列。其面料精致奢华，纯手工精心制作，专为名人定制，如珍妮弗·洛佩兹、克里斯汀·斯科特·托马斯和约旦王后拉尼娅。阿玛尼的品牌还包括阿玛尼家具、家居用品、太阳镜和香水。最近他又涉足连锁酒店，其中一家在迪拜，另一家在米兰。

◀ 2009 春/夏系列展示了阿玛尼著名的现代非结构化意大利男装剪裁。

1980

理查·基尔在《美国舞男》（1980）中身着阿玛尼设计的服装。

这部黑白电影成功地展示了阿玛尼服饰柔软舒适的剪裁和低调的魅力，也为其男装赢得了全球性的赞誉。电影反映了那个时代丰富的物质和众多的选择，以及自恋的健身文化和身体崇拜与遏制不住的消费主义的结合。基尔漫不经心地摆弄着他那些阿玛尼服饰的那一刻，成为了该电影很有名的一个画面。窄领衬衫搭配印花图案的领带，是最完美不过的了。

2002

阿玛尼继续使用柔软而奢华的面料和简洁的风格。

长裤前部的褶皱形成了宽布腰带的款式，宽松的裤腿垂至脚踝处，上身搭配合身的斜纹针织上衣，肩上披着柔软的皮革或绉纹呢制成的夹克外套。本系列服饰肩线线脚工整，剪裁细节精细，印花图案与服装纹理搭配完美，颜色主要为深蓝色和黑色、贝克红色、冰蓝色和灰褐色。同样低调的黑白横条纹或斜纹晚装装饰有小金属片。

2010

本系列阿玛尼高级定制时装的灵感来自于月亮，缝制出如珍珠般光泽的礼服。

高级定制晚礼服腰间饰有不对称的褶边，淡蓝色。该系列颜色单一，银锦缎制成的泡泡袖无领夹克衫，很有未来主义前卫色彩，前方中央的滚边一直延伸至肩膀，有种科幻小说中枝叶的感觉。本系列上衣纽扣为大号月亮状。单肩女神式紧身衣由闪闪发亮的蚀刻绸缎制成。

阿施施

ASHISH

www.ashish.co.uk

阿施施与其20世纪70年代及80年代的前辈——高田贤三、关西和克里琪亚一样，在服装设计上追求装饰性，他设计的各式手工亮片已经垄断了21世纪的装扮市场。阿施施·古普塔（1973—），出生、成长于新德里，他在伦敦有一间工作室，在印度也拥有生产车间和工匠，主要负责手工艺制作。2000年，从中央圣马丁艺术与设计学院获得硕士学位后，他便开始为私人客户和朋友制作他那标志性的绣花服装；次年，他从伦敦买手店布朗斯百货那里接到了第一批零售订单；3年后，又在伦敦时装周期间推出了自己的首次时装秀。

一季又一季，阿施施的亮片主题也在不断地变化，但始终都带有丰富而明亮的色彩。他的作品从微生物彩色图像和非洲面料，到耐克的Swoosh（意为“嗖的一声”，就是Nike品牌对勾的标志形象）和迪斯尼卡通人物，再到粗花呢和融入金属片图案的孟菲斯风格抽象画，阿施施始终都保持着对手工绘画的热情。到目前为止，阿施施已经获得了3次“新生代设计师”奖，并与英国高街零售商Topshop合作过6次服装系列的设计。

在之后的T台时装秀中，阿施施增加了男装、牛仔元素及配件，风格也日渐成熟，成为新兴高端品牌，他继续使用亮片，但并不夸张，以此来留住那些忠实于他品牌的名人，例如麦当娜、玛丽娜·迪曼蒂斯、M.I.A、帕洛玛·菲丝、莎拉·杰西卡·帕克和多莉·艾莫丝。

◄ 出自2011年春/夏系列，豹纹、亮片和羽毛头饰展现了非凡的视觉效果。

2005

简单的服装上运用了色彩鲜艳的装饰，面料花纹繁复。

稀疏图案的灵感来自于非洲及和服风格，产生的混乱感通过服装的实用款式而得到中和，如经典的风衣和连体运动装。此外，扎染面料的紧身衣上印有复杂的亮片印花，更是对显而易见的可穿性的挑战。金色鞋的搭配为本系列增添了生活乐趣。

2010

超大号的粗花呢外套与针织帽，和内穿的饰有奢华亮片的刺绣服装相得益彰。

在本系列中，颇具代表性的几何图案刺绣结合男性化的花呢面料和粗针织品，体现了设计师对多元文化进行探索的设计手法。错视画派的板球毛衣针织衫，通过手工制作达到了闪亮的效果，与大十字针法、基里姆地毯主题，以及巴尔杰洛怪物图案产生对比效果。这表明视觉冲击力的实现并不需要在整件衣服上布满亮片，阿施施的时装系列在远离红毯灯光之后可以作为单品使用。

2010

本系列超脱自然、兼收并蓄，代表作是这件侧缝打结的紧身裙。

回顾20世纪80年代的紧身绷带礼服，阿施施在本次春/夏系列中增加了纱笼、短裤、半长裤和T恤。这些服装在阿施施手中，似乎变成了可作图的画布。火烈鸟巢和芙蓉花环，再加上轻松幽默的文字和霸气的广告口号，很容易吸引人们的注意。这些系列服饰借鉴了漫画和流行艺术，包括旅游地图、明信片和游客照片。为了防止视觉误会，阿施施还在包括牛仔机车夹克在内的几件服装中，加入了令人吃惊的锥形钉饰。

阿瑟丁·阿拉亚

AZZEDINE ALAÏA

出生于突尼斯的设计师阿瑟丁·阿拉亚（1940—）曾被20世纪80年代的时尚媒体誉为“超紧身之王”，将弹力引入主流时尚，他起了非常重要的作用。1985年，阿拉亚推出了自己的标志性款式——饰边礼服，这套服装紧贴身体，就好像“第二层肌肤”。他设计的服装看起来似乎是遵循身体曲线的，但其实有着自己的造型，而且服装表面没有任何多余的装饰。

阿瑟丁·阿拉亚曾在突尼斯美术学院学习雕塑，在20世纪50年代移居法国。他曾是克里斯汀·迪奥的短期学徒，也曾在姬龙雪时装屋待过2季，在那里他的剪裁技术日臻成熟。1980年，阿拉亚推出自己的第一个“身体意识”紧身衣系列，并一直私底下为个体客户制作服装，直到20世纪80年代中期。1987年，他推出了长袖低圆领礼服，搭配黑色不透明紧身裤，引发了长久的时尚风潮。湿滑后梳的时髦发型、红唇，这样的性感装扮展现了那个时代的魅力。

阿拉亚喜欢尝试不同的面料，例如，具有天鹅绒特性的纤维胶绳绒纱线生产出的面料不仅具有梭织面料的密度，还能保持柔软性。1994年，他采用“Houpette”面料制作了裙装，这是一种极其塑型的弹性面料。1995年，他在服装中采用“Relax”面料，这种面料含浸碳纤维，具有抗压性，对电磁波有排斥作用。

◄ 1991/1992秋/冬高级时装，极具女性风的豹纹印花针织裙。

1986

模特、女演员格蕾丝·琼斯身着阿拉亚的代表作饰边礼服。

莱卡弹力连衣裙采用十字形的卷边缝合，拉长了腿部线条，凸显了胸部和臀部，也展示了健美的身材。1985年，阿拉亚被法国文化部誉为“年度最佳设计师”。1986年，他继续推出紧身的美人鱼礼服，该礼服采用人造针织面料制成，曲形缝中设计有螺旋形拉链。

2007

突显腰部是本系列的重点，紧身胸衣腰带和褶裥面料也展示了女性化的三角状廓型。

高腰短裙搭配剪裁合宜的外套，展示出棱角分明的身材，A字百褶短裙在腹部处收紧，达到紧身胸衣的效果。外套背部也有同样的丰满效果，前方巧妙地采用公主线缝制。同款灰色西装只在细节上有所不同：裙腰和外袖接缝处有流苏装饰。该系列中其他的裙装则采用穿孔带垫布边的毡制羊毛制成，花边宽领，还有硬挺的荷叶边。除此之外，白色短裙也采用了泡泡皱边，上身搭配单面针织紧身衣或带褶皱的针织开衫，下身搭配短裙。

2003

春/夏高级时装采用模塑皮革和雪纺面料，并有流苏装饰。

链环装饰和无缝成型的皮革材质勾勒出身材曲线，褶裥和塔克薄纱裙更进一步凸显了沙漏型身材。该系列的日装款式中，合身的黑色皮衣搭配带流苏的皮短裙；下摆装饰有不对称流苏的上衣更为整个羊毛瘦腿裤装增添了活力。鳄鱼皮印花无纽开襟短上衣，前方交叉系结，类似芭蕾舞开衫，搭配长及小腿中部的芭蕾舞裙。

巴黎世家

BALENCIAGA

www.balenciaga.com

1937—1967年的30年间，克里斯托伯·巴伦夏加（1895—1972）被尊称为“设计师中的设计师”。他的时装屋——巴黎世家，也是世界上最受尊敬的时装屋之一，拥有一批高雅而忠诚的顾客群。1968年，巴伦夏加在大家毫无心理准备的情况下，将时装屋关闭，以至于很多顾客无法接受，有的甚至还跑去时装屋门口哀悼。最初，克里斯托伯·巴伦夏加只是在西班牙圣塞瓦斯蒂安开设了一间小工作坊，1937年才在乔治五世大街上成立了自己的时装屋。二战后，巴伦夏加形成了自己独特的个人风格，他在剪裁和缝制上进行了激进的尝试，并参考了一些艺术家的风格，如弗朗西斯科·戈雅，以及弗朗西斯科·德苏尔瓦兰。

巴黎世家夸张的风格被简洁的建筑质感所中和：衣领裁剪得远离脖颈，袖子缩短至七八分长，面料质地厚实，造型感强，凸显身材的曲线，整体线条干净、简洁，没有任何不必要的接缝。20世纪50年代，他放宽了女性服装的肩部线条，拿掉了腰线，设计出一种新的服装款式，即著名的“布袋裙”。

1972年，巴伦夏加去世，自那以后，巴黎世家时装屋就一直处于停滞状态；1986年，雅克·博加特公司收购了该公司股权；1992年，约瑟夫·托马斯文接替米歇尔·戈马，成为该时装屋设计师；1997年，尼古拉·盖斯奇埃尔成为巴黎世家首席设计师；2001年，古驰集团收购了巴黎世家，同年，盖斯奇埃尔受摩托车启发，推出铆钉和流苏装饰的手提包。一经推出，立即成为最畅销的单品，并在当时掀起一股痴迷配饰的风潮。

◄ 出自2008春/夏时装秀，华丽锦缎制成的盔甲式礼服裙。

1938 巴伦夏加在该系列中借鉴了其祖国的民族风。

腰间褶皱连衣裙庄重严肃，外搭装饰有蝴蝶结的披风，类似斗牛士披肩。巴伦夏加在他一生的时装设计师生涯中，演绎了众多历史风格，例如，著名的公主长袍，其灵感来自于巴洛克艺术家迭戈·委拉斯开兹为玛丽亚·玛格丽塔公主所画的一幅肖像画。

1951 巴伦夏加摈弃了沙漏型服饰，转向更为简洁的风格。

巴伦夏加与勒萨热刺绣工坊合作，推出一款黑白竖条纹露肩礼服，礼服上装饰有非常精致的掐丝刺绣。在不断发展与改进面料的过程中，巴伦夏加与瑞士亚伯拉罕纺织屋合作，发明了透明丝织物，并将这款面料广泛用于之后的服饰设计中。二战后，在巴伦夏加的带领下，巴黎世家发展成为与迪奥和香奈儿享有同等声誉的国际著名奢侈品品牌。

1959 巴伦夏加的代表作——悬臂式礼服，该裙子前面被裁短，后面则拖至地面。

受西班牙弗拉门戈礼服的线条和运动潜质的启发，巴伦夏加设计出这件颜色明亮的粉红色悬臂式鸡尾酒礼服。裙子的上半部分裁剪贴身，下摆带大荷叶边装饰，内衬为粉色羽毛。悬臂式剪裁因其贴身合适而大获好评，穿上它既能显瘦，也能凸显身材。20世纪50年代，鸡尾酒会属于正式的娱乐活动，到50年代后期，晚上8点前不能露胳膊的规矩也被取缔，于是，很多无袖和露肩服饰应运而生。图中这件绿色礼服为纪梵希设计。

1995 这款服装由艺术总监约瑟夫·托马斯文（1991—1997在位）设计。

出生于比利时的托马斯文，设计风格极具现代主义，这件拖地紫色绉纱长裙就是他的代表作品。裙子从肩线处开始褶皱，顺着身体垂下，形成瀑布般的褶边，腰间搭配一根腰带。

1998 尼古拉·盖斯奇埃尔倡导极简化裁剪，将几何织物和皮革面料立体剪裁悬垂在身上。

本次时装秀主要采用了柔软的黑色皮革面料，强调剪裁，将脖子在内的整个上半身都围裹起来，一侧肩膀上还有褶饰。本系列的其他服饰中，露肩上衣和宽身束腰上衣运用了方形等基本的几何形状，窄肩带，面料为羊毛、绒面革和皮革。波浪形拖地长裙，没有明显的褶皱，却有一种僧侣修行的感觉，皮头巾的装饰更加突显了这一点。羊毛绉布大衣的拴扣设计隐蔽，细节巧妙，从腰间的宽腰带处平滑地垂至脚踝处。黑色套装端庄大方，上衣夹克敞开，露出一截窄裙。

2006 巴黎世家外套和夹克的特点：不贴颈衣领、八分袖、大号宽松。

方格粗花呢茧型外衣的设计灵感来自于20世纪50年代，蝙蝠袖和不贴颈衣领处的外缝线不仅能够突显脸部，也能拉长脖子，巴伦夏加在其设计中很喜欢使用这种风格。圆顶帽和松糕鞋的搭配能起到拉长身高的效果。窗玻璃状方格上衣也采用了同样的风格，搭配箱型褶裥的迷你裙。在本系列的其他服装款式中，塔夫绸开襟明纽女式长服从肩膀上垂下来，外搭披肩；合身的无袖上衣，高腰处装饰有皮质蝴蝶结，搭配瘦版低腰裤；斜裁镶嵌装饰的方格礼服。这些服饰都能使头重脚轻的轮廓变得长、瘦、窄；或是简单的白色紧身裙，颈部搭配一条粉红色围巾。

2010 采用独特的纹理和面料，十足的现代风。

黏合羊毛针织面料与乳胶漆混合使用，形成了各式各样的图案：圆点状、破折号状、蜂窝状；颜色淡雅柔和、层次分明，薄荷绿色、群青色和橙色，搭配灰色非常协调。这款服饰展示了未来主义风格的茧型轮廓，上下半身分开，腰间围成装饰短裙的款式，暗红色窄裤下摆也有群青色卷边，与上半身衣服上的青绿色相配。本次春／夏系列中，迷你裙由精细的针织面料制成，上面印有精致的星形图案，与毛衣形成了对比。

2011 当时风靡一时的摇滚风：荧光色蕾丝和黑色皮革。

秋冬系列的宽松未来主义甲壳型大衣，面料为经过裂纹处理的皮革，印有红黑相间的千鸟格纹图案，插肩袖，彼得潘领上带有铆钉装饰。本系列中，千鸟格纹也用在柔软的粗花呢上，或是整件闪光饰片连衣裙上。嵌料饰条装饰的上衣，或荧光色印花无袖花边衬衫，搭配前开襟不对称短裙或裤子。

巴尔曼

BALMAIN

www.balmain.com

作为时装界最为昂贵的品牌之一，法国时装屋巴尔曼以其售价1000英镑的牛仔裤而被人们熟知。在克里斯托弗·狄卡宁极富创造力的领衔设计下，巴尔曼的品牌影响力不断上升，广受顾客欢迎，以至于“Balmania”成为新词汇。不仅如此，巴尔曼的经典代表作总是能同时吸引顾客和时尚媒体的兴趣。

1945年，皮埃尔·亚历山大·克劳迪亚斯·巴尔曼（1914—1982）成立了巴尔曼时装屋，并与克里斯汀·迪奥、巴伦夏加和纪梵希一起，成为了战后法国高级时装业复兴的中坚力量。20世纪50年代，巴尔曼设计出简洁且优雅的服饰，专注于夹克与裙装的组合搭配，尤其是为欧洲皇室和好莱坞明星（例如艾娃·加德纳和凯瑟琳·赫本等）设计的垂褶晚装。巴尔曼去世后，他的助手丹麦设计师埃里克·莫滕森上任，一直为该品牌效力，直到1990年丹麦设计师马尔吉特·勃兰特接替他的职位。2年后，奥斯卡·德拉伦塔加入巴尔曼。2003年，就在新任设计师劳伦特·梅西耶上任不久，巴尔曼时装屋陷入了财政危机，被迫申请破产。

2005年，巴尔曼在投资的刺激下重新复活，克里斯托弗·狄卡宁接替了帕科·拉巴纳，成为该品牌的设计师。巴尔曼董事、法国商人阿兰·伊夫林认为，巴尔曼在商业和口碑上的成功完全归功于狄卡宁的创造性才能。而法籍设计师奥利弗·鲁斯汀成为创意总监之后，巴尔曼的品牌更是跨入了一个新时代。

◀ 2009年，超短迷你连衣裙上黑色皮革镶边，并装饰有施华洛世奇水晶。

1954 皮埃尔·巴尔曼决心为女性的日常生活设计服装，因此，他既创作了用于隆重社交场合的奢华礼服，也为社交名流设计了裁剪低调的精致日装。

奢华的露肩舞会晚礼服，去骨紧身衣，下半身是层次分明的裙子，裙子正前方垂直装饰有一排黑色细窄缎带制成的蝴蝶结。这件礼服意味着巴尔曼也加入了20世纪50年代这个时期奢华的“新风貌”风格，当时的典型造型是肩部向前拱起，形成类似于“发夹”的廓型。而巴尔曼设计的华丽晚礼服显然是追随了当时修身的时尚风格：低领、长筒手套，再加上完美的妆容和珍贵的珠宝配饰，穿着它出席各种正式场合再合适不过了。那一时期，正是巴尔曼在高级定制时装行业蓬勃发展的黄金时期。到1956年，在著名的女董事吉内特·斯帕尼尔的赞助下，巴尔曼已拥有600名员工和12个高级定制时装工作室。巴尔曼并不一味地追求创新，而是坚定地追随主流时尚，他设计的服装时髦、高雅且耐穿。

1961 巴尔曼的设计不仅展现了巴黎的魅力，也助其达到了事业最高峰。图为约翰·弗伦奇在特洛卡德罗广场，以艾菲尔铁塔为背景，拍摄的一张巴尔曼晚礼服照片。

该图片摄于法国的标志性建筑前，再现了20世纪50年代的沙漏型身材。这件带褶皱的晚礼服勾勒出胸部的心形造型，腰间系有黑色宽丝绒带。模特极具性感诱惑的姿势不仅符合当时更为开放的社会风气，也让身材曲线在礼服的包裹下更好地突显出来，头发凌乱蓬松，颈部用天鹅绒丝带代替了高级珠宝首饰。20世纪60年代，成衣市场和年轻时尚的发展，影响并使得高级定制时装体系得以重新调整。然而，巴尔曼却与当时使用突破传统、极具未来主义风格材料的温加罗和库雷热不同，他继续为保守的社会名流和欧洲皇室提供奢华的传统工艺服装。

1993 1993奥斯卡·德拉伦塔设计的秋/冬高级时装。

作为第一位进入法国高级时装屋的美国设计师，德拉伦塔在当时垃圾摇滚风进入成衣风格的背景下，依然继续坚持该品牌简洁精致的传统特质，以满足老顾客的期待。多尼戈尔花呢套装，包括长及小腿的铅笔裙和带贴袋和宽翻领的双排纽外套。

2006 2006巴尔曼时装屋在克里斯托弗·狄卡宁的领衔下，发展到了一个新的高度。

白色塔夫绸连衣裙上覆盖质地完全相反的黑色蕾丝，从手肘部分开始，黑色蕾丝变成了灯笼袖。裁剪合宜的锦缎礼服、金属装饰的裤装搭配带肩饰的简单针织T恤，都体现了低调时尚的奢侈品风格。带黑色镂空花边的无纽短上衣强调了肩部线条，可搭配背心和窄裤。

2003 奥斯卡·德拉伦塔在其设计的春/夏高级时装中，运用自己最擅长的褶裥饰边，让人联想到威尼斯狂欢节以及戴着皮埃罗面膜和兜帽的性感女人。

硬质塔夫绸面料制成的连体服裁剪巧妙，V型领口形成了轮状皱领，衣袖很短，腰间配有蜜粉色绸缎扭结而成的腰带。颈部后方也有轮状透明皱饰，形成圆形领，与长及腰间的黑色丝绸上衣尺寸相宜，背部裸露。如果搭配前面不打褶皱的带侧紧固带的淡紫色长裤，以及扭结的紫色腰带，则更是完美。在其他服装款式中，黑色无纽短上衣上饰有红色双皱褶，黑色裤子剪裁合身，前方中央的接缝更能勾勒出腿部曲线。粉红色绸缎制成的褶饰上衣，搭配米色窄裙。米色裤装上装饰有黑色斜皱饰，从背部到下腰形成倒U形。

2009 世界上最为独特的摇滚女孩风。

该品牌将时装的价格提升到一个新的高度，这些漂白破洞的紧身牛仔裤定价为1000英镑。军装风格的外套内搭T恤，上面装饰有施华洛世奇水晶纺锤形纽扣和肩饰，这款设计引得大众市场争相模仿。加宽、圆润翘檐状的肩型也出现在本系列那些裁剪合宜的外套以及长及大腿中部的紧身连衣裙上。

2010 夸张的肩膀，军装细节和超酷的鞋。

本款礼服为超低V领，带有金属亮片装饰，裙子下摆开衩直到臀部，腰间用三扣皮带固定。

2011 21世纪初是象征着朋克和摇滚时尚的颠覆时代。

短裤上镶满了铆钉和安全别针，搭配故意染色、褴褛风格的背心和破洞紧身衣。

百索 & 布鲁克

BASSO & BROOKE

www.bassoandbrooke.com

作为第一个支持并充分利用了数字印染技术的品牌，百索＆布鲁克不断地为顾客带来万花筒般的图案和色彩组合。2005年，巴西籍设计师布鲁诺·百索（1978—）和英国克里斯托弗·布鲁克（1974—）在伦敦时装周上首次发布了他们的时装系列。百索先是在巴西做了3年的广告艺术总监，随后前往伦敦学习影视人类学，2周后，他在那里遇到了布鲁克。布鲁克本科在金士顿大学修读时装专业，毕业后在中央圣马丁艺术设计学院继续攻读硕士学位。巴索是图案设计大师，而布鲁克则负责将这些图案运用于服装上。2004年，他们获得著名的伦敦“Fashion Fringe”大奖。该奖项的设立是为了发掘和推广像他们这样有前途的新晋设计师。

多年来，百索＆布鲁克运用复杂的开创性技术发展了本品牌，比如在亮片上印花，以达到3D般闪亮的效果。也会在外观和设计都很简单的服装上，印有大量的拼贴图像，从而创造出丰富的肌理和色彩。2005年，百索＆布鲁克将数码印花技术创造性地运用于一件饰有施华洛水晶的服装上，而大获成功，这件服装也被大都会艺术博物馆收藏。2009年5月，米歇尔·奥巴马在白宫非正式“诗歌、音乐和吟诵之夜”晚会上，身着百索·布鲁克2009春/夏时装系列中的礼服。

◀ 出自2010春/夏系列，紧身连衣裙上饰有亚洲风的彩色数字拼接图案。

2005 高雅礼服上印有极具性感和颠覆性的图案。

本次百索 & 布鲁克的胶囊秀将20世纪80年代的服装风格重新阐释得更为前卫、时尚，该品牌也因此获得了“Fashion Fringe”大奖以及10万英镑的奖金。两位设计师在设计过程中分工合作，百索设计出重重叠叠、层次合理的图案并进行数码印花，布鲁克则负责礼服和外套外观的设计。如今，数码印花仍然是两人的标志性工艺。

2010 杰夫·昆斯的新波普艺术风格再度流行，条纹外套式裙装的翻领下方印有漩涡形花纹，内搭胸罩式内衣。

布鲁克的设计与长及大腿中部的高腰礼服类似（臀部上有一点点褶皱），他就像是在为自己的搭档准备一张大画布，以方便百索施展数码印花技术。这套服装独具创新之处在于内搭胸罩内衣，使得整套服装层次分明。这些闪亮的基于新波普艺术风格的图案预示着下一季将进入更高的境界。整套服装上的漩涡印花和生动的彩虹色体现了百索印染图案高度的锋刃派写实主义，也赋予其作品生命力。他将图案主要运用于轻薄面料基底上，款式紧身，中和了图案的繁复感。

2009 裁剪考究的裤装，宽腰带装饰，整套服装上全部使用了数码印花技术，印有大量印花。

本次春/夏“高科技浪漫主义”时装系列，灵感来自于日本传统服饰的风格和图案。通过主要的配饰，展示了日本艺伎文化。也引用了高跟木屐凉鞋、宽腰带和传统发饰，并在上面进行更多的印花。本次系列综合运用了深红色、青绿色、紫色和黄色色调下的硬边花朵图案，直接借鉴了江户时代画家葛饰北斋的风格以及日本漫画中的暗色调。

BCBG麦克斯阿兹利亚

BCBG MAXAZRIA

www.bcbgmaxazriagroup.com

色彩鲜艳带褶饰的鸡尾酒礼服、迷嬉装和日装是BCBG品牌的主要作品，也是红毯女星们的最爱。该品牌的名字取自巴黎俚语“Bon Chic, Bon Genre”，意为“好风格、好姿态”。1989年，巴黎设计师麦克斯·阿兹利亚（1949—）创立了BCBG品牌，从此，他以加州为中心，建立起涵盖众多服装、配饰和香水的时尚帝国，并快速发展起来。1996年纽约时装秀的成功，进一步巩固了阿兹利亚的平价时装设计师地位。2004年，他首次推出了麦克斯阿兹利亚系列，优雅的晚礼服上，垂褶和褶裥的装饰很好地展示了好莱坞魅力。2006年纽约时装秀，阿兹利亚与妻子卢博夫合作设计并推出了第一个成衣系列。

同时，阿兹利亚也是BCBG 麦克斯阿兹利亚集团的董事长兼首席执行官，并于1998年收购了以绷带礼服著名的法国时装屋荷芙·妮格。2008年，他重新推出该品牌，并在第33届达拉斯年度时尚颁奖典礼上获得“杰出时尚大奖”。同年，他又推出了现代年轻的副线品牌BCBGENERATION。阿兹利亚在其设计生涯中，还获得了其他很多奖项，例如“加利福尼亚年度设计师”（1995）、“亚特兰大年度设计师”（1996）、“时尚表现奖”（1997）、“好莱坞生活突破奖”（2004），以及洛杉矶时尚大典颁发的“富国银行世纪时尚成就奖”（2007）。

◄ 出自2009春/夏系列，本系列的重点是立体裁剪以及鲜艳颜色的大胆使用。

2000 秋／冬成衣系列剪裁精致，主要材质为色彩柔和淡雅的花呢、棕褐色皮革、毛皮以及金属装饰的蛇皮。

西装外套的金属感螺纹花呢材质增添了现代都市魅力，贴袋和领带也有明线装饰细节。金色皮靴和金银锦缎制成的裤装更为本系列注入了更多闪亮的魅力。及膝晚礼服和西装外套由拼缝面料制成，有装饰缝线线迹。外套为粉色格纹或是由苹果绿粗花呢制成，搭配爬行动物皮制成的金属装饰的裙子。褐色皮革面料制成裤子、丝带和卷边下摆装饰的无袖连衣裙，或是制成长及小腿中部的短裙。晚装系列包括粉色的雪纺连衣裙，外搭奢华的白色蒙古羊毛超长大衣，或是饰满水钻刺绣的透明裸色雪纺上衣。

2011 本系列时装秀与主流时尚风格迥异。

舒适的活褶裙由裸色真丝缎制成，上衣是飘逸的雪纺，搭配有薄纱围巾，细节精致、低调含蓄，展示出轻柔婉约的魅力。在其他服装款式中，轻薄的斜领宽松上衣，内搭粉红色及踝缎纹吊带裙或是开衩撩人的白色泳衣，还有梯型乔其纱礼服。

2006 BCBG麦克斯阿兹利亚在本次春／夏系列中，采用了柔和淡雅的颜色，如淡紫色、浅灰褐、绿色。

淡绿色及踝晚礼服，系带绕颈，胸部的褶饰丝绸做成了花环形状。除此之外，印有抽象叶子图案的娃娃装上衣，散发出青春的气息，搭配臀部系有蝴蝶结的褶皱短裤，或是半定制的夹克外套。乔其纱面料制成的服装上，装饰有竖条褶皱，并搭配宝石装饰的腰带。宽松的露肩礼服色彩柔和，印有宽横条纹。

贝拉·弗洛伊德

BELLA FREUD

www.bellafreud.co.uk

2003年，凯特·莫斯身着印有“Ginsberg is God”（金斯伯格是神）字样的黑色羊绒套衫，这件衣服从此一炮而红，成为时尚必备单品。2007年，英国设计师贝拉·弗洛伊德（1961—）再次推出这款设计。这位设计师在其1990年推出的针织系列中，保留了前品牌所有的特质和风格。弗洛伊德出生于欧洲著名的大家族，她的曾祖父西格蒙德·弗洛伊德是著名的心理学大师，父亲则是著名画家吕西安·弗洛伊德，正是他帮助女儿设计出了自己的品牌标识。1977年，弗洛伊德16岁时，她来到薇薇安·威斯特伍德的“世界末日”（后来改名Seditionaries）店铺工作，从此，她开始了与英国前卫时尚的不解之缘。

后来，弗洛伊德前往罗马服装设计学院攻读时装专业，随后又在马里奥蒂研究所学习缝制。1980—1983年期间，她回到英国，继续在薇薇安·威斯特伍德手下学习，随后推出了自己的同名针织定制系列，该系列裁剪经典又新奇，引用了校服和军装风格。1991年10月，她首次在伦敦设计师展览上推出自己的设计作品，并大获成功。同月，她在英国时尚大奖颁奖礼上被提名为“年度最具创新青年时装设计师”。2000年，在该公司被投标重新定位为现代品牌之际，弗洛伊德成为了耶格公司的时装设计师。

她设计的针织服装继续展示戏谑的朋克风，同时混合了香奈儿式的巴黎时尚，借鉴了文学素材。2010年，弗洛伊德与苏西·比克合作推出了一个系列。

◀ 1996年，斗篷育克格子花呢宽身束腰上衣，很好地展现了棱角形状，下身搭配克夫长裤。

1997

弗洛伊德举办了一场新奇怪异但也符合当时文化和传统的服装盛会。

该系列针织服将一些特别的服饰元素随机拼接在一起，轻松幽默又独特怪异，装饰有黑白两色的绒球、小花边，下摆处带有蝴蝶结。除此之外，本系列还有白色水手服和西班牙骑车服。盖有英国国旗的独眼狗出现在嵌花针织衫上，还有骷髅头、十字骨图案。另外还有传统的织锦缎旗袍、极其开放式的贴身针织连衣裤，仿貂皮镶边的贵气斗篷搭配印花裤子。

2007

在弗洛伊德重新推出的服装系列中，采用了已停业的品牌——Biba（芭芭拉·胡兰妮奇的上一个品牌）的标志性图案。

星星图案的热裤、亮片装饰的高腰背心、绿色天鹅绒的报童帽子，再搭配印有Biba品牌标志的T恤衫。本次时装秀主打复古风，例如带褶饰的紧身胸衣，搭配布圈耳扣合件的褶皱缎面外套——Biba的标志性特征，以及同样风格的横条纹T恤式连衣裙。长及小腿中部的喇叭裙为20世纪70年代中期的风格，印花连衣裙也颇具复古魅力。此系列的很多服装上都装饰有雏菊印花：白色雏菊印花出现在衬衫式A字连衣裙上，而黑色雏菊则出现在及踝背心裙上。

2011

“英国男孩”春季针织系列采用了大卫·鲍伊的风格。

继2003年完美简单的“金斯伯格”套衫大获成功之后，这件印有“Star Man”（外星人）字样的长版针织套衫又一次赢得了大众的肯定，下身搭配20世纪70年代风格的条纹袜。这个系列的5套服装中，最主要的是简单款针织衫，上面印有的基本图案，例如波普艺术雷击、口语化文字以及神秘的劝告，都展现了20世纪70年代的风格，也会出现在传统的黑色圆领毛衣或纽扣式开襟羊毛衫上。

保拉·阿克苏

BORA AKSU

www.boraaksu.com

土耳其籍设计师保拉·阿克苏（1969—）的标志性设计手法是运用各种肌理的面料，结合传统纺织工艺的手工装饰元素。阿克苏获得中央圣马丁艺术与设计学院的学士和硕士学位，并在2002年的硕士生毕业大秀上崭露头角，赢得了Topshop颁发的“新生代设计师”奖，这为他在2003年推出同名品牌奠定了良好的基础。之后，他又与别的公司和品牌开展过几次令人瞩目的合作，例如匡威、现代舞团凯茜马斯顿项目，以及曾为电影《特洛伊》《亚历山大》和《亚瑟王》制作道具的Artisan Armour公司。舞蹈服对阿克苏来说是一个重大的挑战，因为这些服装不仅要求实用，还要能够增强舞蹈表演的效果。

阿克苏的2005春/夏“生命之水”系列，借鉴了20世纪70年代的魅力风格，并得到歌手多莉·艾莫丝的喜爱，她将整个系列买下，作为自己“养蜂人”世界巡回演唱会的舞蹈服。阿克苏的审美观建立在工艺的基础之上，这使得他成为了法国慈善环保服装品牌“People Tree”合作的不二人选。合作中，他设计出小型时装系列，以此来提高人们对公平贸易与伦理道德的认识。People Tree由萨菲亚·明尼创立，他重视培训发展中国家的生产商，利用本地传统工艺，生产出具有商业价值的服装。更重要的是，该品牌采用环保面料和染料，尽量减少对环境的污染。

保拉·阿克苏品牌店遍布全球15个国家，众多明星如弗洛伦斯·韦尔奇，皮克茜·洛特，帕洛玛·菲丝和蕾哈娜都是他的忠实粉丝。

◄ 2011年，“蚂蚁&紧身胸衣”系列融合了盔甲般的细节和褶裥。

2005 果冻色雪纺上衣和侧面打结的头巾重新演绎了20世纪70年代的风格。

多莉·艾莫丝身着侧拉链高腰热裤，上身搭配钩编上衣和嬉皮式头巾。手工单肩包，外层桃红色，内衬为薄荷绿，也可搭配针织短裤和厚绉纱面料的橙色垂褶上衣。其他款式中飘逸不对称的橙色和柠檬色雪纺应用于高腰连衣裙上，其中一件为短喇叭袖和钥匙孔开扣，另一件的灵感则来自于20世纪70年代美国设计师侯司顿的立体裁剪，阔腿裤为高腰款式。

2004 春/夏系列中采用中性色拼贴图案。

裤子前方为匀型，大腿上带有纽扣装饰悬垂口袋，腰间搭配牛皮宽腰带，整个裤装就好像牛仔的皮套裤一样。同时，上身搭配不对称拉链的无袖夹克衫。本系列的其他款式中，无袖夹克衫由缠绕在身上的带子构成，带有去骨缎面的条纹紧身衣风格。漂亮的流苏卷边糖粉色条纹连衣裙，外搭瀑布式外套。

2008 秋/冬系列中，宽松连衣裙系列细节精致而复杂：褶裥、瀑布般的饰边、蕾丝、荷叶边。

斗篷外套袖口宽松飘逸，领口和颈部有织纹状饰面的漆皮，套在层次丰富的短裙和镶有黑色珠宝的紧身衣外面，散发出哥特式魅力。整个系列从服装的领口处到下摆，都装饰有瀑布般的雪纺饰边，也为轻如空气的雪纺连衣裙增加了分量。黑色小礼服上的环状饰边形成波浪状的短裙。该系列的色彩除黑色之外，还有Biba风格的其他颜色：暗紫红色、灰粉红色、姜黄色和卡其色。真丝护胸和带子搭配在一起，形成了轻柔飘逸的轮廓，颈部和臀部盘绕着圆形软流苏，由一排纽扣扣合的垂饰边系结。

宝缇嘉

BOTTEGA VENETA

www.bottegaveneta.com

奢侈品品牌宝缇嘉（Bottega Veneta，在意大利文中是“威尼斯工作坊”的意思）现今在创意总监托马斯·迈尔的带领下，以其低调的优雅和精湛的技艺享誉世界。1966年，米歇尔·塔代伊和兰佐·珍吉阿若在意大利东北部威尼托区创建了该品牌。作为对当时狂迷品牌标识的回应，宝缇嘉以“你的称号已足以说明身份”为口号，表明该品牌不需要浮夸装饰，足以表明穿着者的外在身份。宝缇嘉手袋，用一种名叫“Intrecciato”的独特皮革条手工编织而成，上面没有可识别的标识花样，堪称“看不见的奢侈”代表作。

如同许多经典老牌都会遭遇的困境，随着时过境迁，宝缇嘉的声势日渐下滑。到20世纪90年代，它不得不放弃以往低调的风格，试图追随当时的潮流风格，却未获成功。为拯救该品牌，1998年，英国设计师贾尔斯·迪肯和时尚造型师凯蒂·格兰德加入该品牌，再次树立起更为独特的时尚风格。2001年，该公司被古驰集团收购后，汤姆·福特让迪肯与自己共同设计古驰女装，而启用托马斯·迈尔担任宝缇嘉创意总监。迈尔有着索尼亚·里基尔和爱马仕的工作经历，他将宝缇嘉原来的风格复苏。2005年，宝缇嘉推出了第一场女装成衣秀。2006年，又推出了男装成衣秀。该品牌产品还涵盖高级珠宝、眼镜、香水、配饰、箱包和家具。

◄ 出自2010春/夏系列，托马斯·迈尔设计的奢华运动风，折纸风格立体裁剪，简洁精细的细节处理。

2000 贾尔斯·迪肯运用了Intrecciato编织工艺。

迪肯的这套两件式套装，采用了该品牌通常用于手袋的独特编制技术，略具颠覆性，但也具有高度的时尚美感。合身的窄翻领一粒扣外套，搭配罗纹针织铅笔裙。宽边软帽和露指手套更为本系列增加了现代感。

2011 托马斯·迈尔利用黑色、浅灰褐色，还有淡褐色塑造低调优雅的服饰风格。

双色礼服，搭配缎纹贴袋，丝滑的绸缎从帝国高腰线上如瀑布般垂至地面。春/夏系列的日装包括黑色的梯型宽松式及膝礼服，搭配宽松版的真丝裤装。裁剪至膝盖的连衣裤，带有流苏毛边、臀部接缝处也装饰有宽松的横袋，展示了前卫时尚的魅力。

2005 托马斯·迈尔设计的本次男女秋/冬系列，由色调丰富的丝绒制成，并装饰有平粗花呢、皮革和红色狐狸皮。

橘红色夹克衫搭配阔腿裤，脚踝处打褶收紧——本系列同样的动感元素也出现在了双排扣公主线外套、剪裁精致的黑色风衣，米色或豆绿色的皮革连衣裙、流线型的平纹针织连衣裙，或是豆绿色和橘色的围裹式上衣中。本系列的“Cabat”编织手袋，形状如同一个方方正正的篮子，由超软的羊皮纯手工穿梭编织而成，包的内袋有一个带编号的饰板，没有品牌标识。这款手袋的广告宣传异常低调，但仍然是该品牌的标志性单品。该手袋产于意大利维罗纳市，皮革的柔韧性经过了严格的测试。其编织工艺仍然是商业秘密，只知道使用了传统工艺：皮革裁剪师先将刀具在石棒上磨得锋利，然后再将皮革裁剪出手袋的形状。

巴宝莉

BURBERRY

www.burberry.com

自从2001年担任巴宝莉创意总监以来，英国设计师克里斯托弗·贝利（1971—）已经将英国最古老的服装制造商之一——巴宝莉发展为国际上最为著名的时装品牌。进入21世纪，贝利已经获得了令很多英国品牌垂涎不已的成就。这个传统品牌的复兴，不仅保留了典型的英国风，更代表了现代时尚。

这位出生于约克郡的设计师，1994年从伦敦皇家艺术学院毕业后，先后跟随唐娜·卡兰和古驰的汤姆·福特工作，直到后来被当时的行政总裁罗斯·玛丽·布拉沃看中，担任巴宝莉的创意总监。贝利负责该公司的整体形象，包括所有广告宣传、公司艺术指导、店面设计与陈列，以及巴宝莉所有时装秀和产品线。作为创意总监，他每年负责监管约60个不同的男装和女装服饰系列设计，包括Prorsum（珀松）系列，Brit系列，London（伦敦）系列和Sports（运动）系列，还包括童装、牛仔、内衣、香水、化妆品、家居用品，以及所有的配件（包、鞋、眼镜和饰品）。另外，他还负责精品店的设计，119家零售店，253家特许经销商，47家奥特莱斯品牌折扣店，以及全球81家专营店。

2004年，贝利被封为伦敦皇家艺术学院的荣誉院士。2009年，他被英国时尚大奖授予“年度设计师”称号，同时也被列入英国女皇寿辰授勋名单，获得了员佐勋章，以表彰他对英国时尚界所做的贡献。

◀ 出自2010年，风衣被重新演绎，长度缩短至大腿中部，肩部用褶饰代替了肩章。

1970 通过在高端杂志上的一系列广告宣传，巴宝莉再次复兴，并深受更为年轻时尚的顾客青睐。

1924年，被称为干草格纹或巴宝莉经典格纹的黑色、浅驼色和红色图案，最初被用作风衣的衬里。衬里的主要功能是用来确保外面的华达呢面料为巴宝莉专利品质。直到1967年，巴宝莉格纹，也就是如今的注册商标，才被广泛独立应用于大衣之外的配饰中，如雨伞、围巾、箱包等。这件经典风衣在市场上售价很高，也在很多高端时尚杂志上刊登广告，如《女王》杂志，很多名人在上面为其宣传。接下来的几十年里，巴宝莉重新设计过好几次格纹图案，以便区分那些盗用其格纹图案作为商标的品牌，尤其在品牌意识加强的20世纪90年代。

1930 自出现以来，风衣搭配合适的帽子，成为了人们衣橱中必不可少的服饰品类，“巴宝莉”也成为了风衣的代名词。

该品牌的创建者托马斯·巴宝莉（1835—1926）曾为面料商当过学徒。1856年，他在汉普夏郡的贝辛斯托克开办了自己的布店，出售户外服装，巴宝莉品牌就此建立起来。1880年，巴宝莉发明了一种结实耐用，防水又透气的面料——华达呢，并于1888年申请了专利。1914年，英国战争办公室委以其重任，为军官改良外衣，以适应当时的战争条件，于是，风衣就此诞生了。这款经典的时尚风衣在款式上仍然有着军装的细节特点，包括肩章（用来固定折叠帽），袖子上带有防止水流进胳膊的带子，以及可放置大量物品的口袋。双排扣可以增加保暖性能，也可以为身上的主要部位增加一层面料，用来防水。风衣还带有夹棉衬里，可在气温升高时随时拆卸。

2003

克里斯托弗·贝利第一次推出珀松女装系列，包括嵌花图案的针织衫，搭配平纹针织窄裤，以及印花打底裤、撞色大衣。

嵌花图案、硬币大小的圆点图案、长高领款式，以及经典的单色V领毛衣是本系列的基础款，另外还包括其他实用型的单品，以及褶皱和打结的雪纺款式，表明了设计师下一步的设计方向。除了平纹针织窄裤和膝上直筒裙，这款前方带大贴袋的翠绿缎裙也参考了经典的风衣风格。整个系列都采用了绿色色系，无论是淡绿色雪纺，还是柔和的卡其色针织衫。明黄色大衣套在宝蓝色或紫色的雪纺连身裙外面，形成色彩对比，也为整体的暗色系增加了亮点。

2006

本次系列的金属主题包括极富光泽的绸缎，闪闪发光的亮片和铜片被运用在高腰线礼服和大扣子外衣上。

为了表达对20世纪60年代初时尚风格的敬意，本次时装系列采用了短裙摆，青春活力的娃娃装，胸部下面还绑有丝带蝴蝶结。裹身裙和外套上有超大软盘领。未来主义色彩的罗锦缎、丝硬缎和金线锦缎，被制成了郁金香型超短裙，有的还带有翻边袖。双排扣衬衫式连衣裙，肩膀上带有防风雨前门襟。为了让外观看起来更显柔和，针织蕾丝上衣搭配了性感短裙和瘦版的亮片开襟衫，颜色都为棕色和黄色色调，例如杏色、黄灰色 、焦糖色、米色。其他双排或单排扣男装或经典米色风衣也用到了这些颜色。

2008

秋天般丰富的色彩，奢华的面料肌理，外观极具层次感。

“屠夫男孩”帽子、围巾和手套借鉴了北英格兰艺术家的劳伦斯·斯蒂芬·洛瑞的风格，而传统面料（如约克郡编织羊毛和多尼戈尔斑纹花呢）的使用更进一步突显了其特点。这些面料被制成超薄合身的夹克或传统粗呢大衣，内搭佩兹利印花衬衫和微喇长裤，颜色都为深色系：巧克力棕色、赤褐色和青铜色。

2010

裁剪大气的飞行员夹克，内搭褶皱雪纺，形成对比。

本系列将硬朗和柔情很好地结合在了一起：精致的蕾丝礼服上饰有耐用的拉链；飞行员夹克上的柔软羊皮也做了些许变化，有的长度及膝，有皮带和带扣；带有金色纽扣的军装风格战斗服夹克，搭配勾勒出身材曲线的褶皱真丝雪纺。贝利的代表作多用柔和的绿色和棕色色系，而天鹅绒、皮草、雪纺和缎面等质感面料的运用，使其更添活力。

麦洛尼·博克尔

BY MALENE BIRGER

www.bymalenebirger.com

作为为数不多的丹麦品牌之一，麦洛尼·博克尔已发展成为全球知名品牌，其作品极具女人味，涵盖各种细节精致的礼服以及装饰巧妙的单品。该品牌背后的推动力量，正是设计师麦洛尼·博克尔，她于1989年毕业于哥本哈根的丹麦设计学院，先是在服装公司卡里·格瑞为杰克波特品牌效力，随后在1992—1997年期间，出任瑞典公司马可波罗女装首席设计师。回到丹麦后，博克尔成立了自己的第一家公司Day Birger et Mikkelsen，之后，她离开了该公司，成为各大时尚品牌的自由设计师。

2003年，在丹麦时装公司IC Companys A/S的投资下，麦洛尼·博克尔在哥本哈根成立了自己的品牌，并持有49%的股份。2006年，她在哥本哈根的中心地段开了一家旗舰店。另外，在位于哥本哈根城市主要商业区的依路姆百货商场里，她也拥有自己的时装店。博克尔获得过很多奖项，如2004年由*Scanorama*杂志颁发的“斯堪的纳维亚设计大奖”，以及2008年挪威服装杂志授予的“年度最佳品牌”称号。

作为丹麦联合国儿童基金会的大使，博克尔每年会4次设计T恤和一系列购物袋，并将所获利润捐献给联合国儿童基金会。麦洛尼·博克尔品牌服装在全球超过950家商店中销售，在迪拜和科威特市也有特许专卖店。

◀ 出自2010春/夏系列 ，横或斜的黑白宽条纹组合。

2005 春/夏系列中，宽松随意的单品巩固了该品牌的地位。

系带领短牛仔骑士夹克，搭配印花棉布短裤，典型的20世纪50年代风格。该系列还包括长及大腿的浅绿色镂空长衫，戴有彩色串珠装饰，内搭橘红色条纹雪纺衬衫，腰部周围花边装饰，碎褶袖。柠檬色雪纺裙，上半身为紧身胸衣款式，高腰，衣领处缀满珠宝，延伸至肩部。

2011 哥本哈根时装秀：中性色的奢华运动装作品。

宽松的长裤，腰间打褶并系有大蝴蝶结，搭配绉缎制成的垂褶领宽松上衣。本系列还包括狩猎夹克、带绒球的亚麻长衫、铅笔裙和轻便工作服，而布雷顿条纹T恤，上宽下窄的长裤和垂褶连衣裙款式的加入，也带来了运动色彩。亮片装饰也为T恤和背心增添了几许魅力。

2008 人造豹纹皮草制成的定制大衣和夹克上饰有其品牌代表性的亮片装饰，与裹身裙装和铅笔裙形成对比。

腰间的三扣方形腰带为这款豹纹连帽斗篷增加了硬朗的质感。本系列的其他款式中，豹纹还运用于裹身裙上，可外搭男友式羊毛开衫和过膝靴；也可应用于简单带皮扣的单排扣及膝大衣上。长流苏针织围巾、包和铅笔裙使用了翠绿色、紫色和苦柠檬色等明亮的色彩，搭配原本暗淡的色彩，更显突出。不透明的裤袜、过膝袜和过肘手套都采用灰色或黑色。宽肩窄下摆的郁金香型上衣，搭配金属线装饰的针织套裤。黑色缎面晚礼服也使用了金属线装饰，搭配方形珠宝饰品。抹胸舞会礼服在腰部褶裥部位装饰粉色羽毛。

卡尔文·克莱恩

CALVIN KLEIN

www.calvinklein.com

该品牌以极简风格闻名世界，主要颜色为白色、灰色、米色、海军色和黑色，内敛而低调。然而矛盾的是，也正是该品牌设计师——卡尔文·克莱恩（1942—），在其系列产品中推出了性感主义，如牛仔裤、内衣、香水等。

克莱恩于20世纪60年代初就读于著名的美国纽约时装学院，并于1968年推出了自己的同名品牌，最初主推大衣。到1971年嬉皮时代末期，考虑到新兴职业女性们的真正需要，克莱恩转而设计方便人们日常更换的服饰，例如奢华面料制成的裤子、褶皱裙和丝绸衬衫。

1980年，作为第一个推出原创牛仔装系列的品牌，CK邀请年轻女演员波姬·小丝为代言人，她在电视广告上说："想知道我在克莱恩牛仔裤里穿着什么吗?什么都没有！"这些极具挑逗性的话语，立即刺激销量提升，远远领先于其竞争对手。随后在1982年，布鲁斯·韦伯塑造了只穿着CK内裤的同性恋形象，表现出20世纪80年代对健美身材的追求。在这10年间，克莱恩避开了当时的时尚着装，转而推出了简单大方却又不失精致完美的服装系列，包括他的代表作——无袖吊带裙，以及简单的黑色平纹针织上衣。

2002年，CK将经营权正式出售给菲力士集团。该品牌奢华性感、极简主义的设计重任则交至极具创造力的女装设计总监弗朗西斯科·科斯塔。

◄ 2011年，简单清纯的礼服，颜色主要为中性色。

1999 **中性色的简单剪裁，成为都市职业女性钟爱的奢侈品。**

两件式裤装搭配简单的白T恤，为职业女性带来了典型的都市风，柔和的剪裁与那个年代的强势肩线形成鲜明的对比。CK继承了低调美国风先驱们的传统——克莱尔·麦卡德尔和候司顿，从而追求都市精英们钟爱的美国式简洁风。针对大众市场的内衣、香水和运动服饰为品牌提供了财力保障。

1980 **波姬·小丝身着刻有CK字母标志的蓝色设计师牛仔裤，该平面广告由理查德·埃夫登拍摄。**

这些牛仔裤的典型标志为带铜铆钉的环缝后口袋和拉链。蓝色牛仔裤最初是法国尼姆市的工作服（尼姆市在法语中是“Nimes”，因此，牛仔裤“Denim” 就是由“De Nimes”演变而来），由耐磨的靛蓝染色棉制成，并由李维斯·特劳斯生产制作，再加上铆钉装饰，更为耐穿。作为首个设计师牛仔裤品牌，CK深受反正统人物如詹姆斯·迪恩的喜爱，也符合20世纪60年代的嬉皮文化，到70年代末，CK已发展成为高级时装。设计师牛仔裤专为女性身材设计，而在这之前都是采用通用裁剪和制造。如今，牛仔裤款式设计多样，带有各种标志，并采用不同的水洗工艺，成为了时装的主要品类之一。

2008 **弗朗西斯科·科斯塔极具代表的极简柔和造型。**

整个系列几乎都是长及脚踝的半裙或连衣裙，丝绸制成的斜裁露肩连衣裙，腰间缝有简单的腰线或系有腰带，展现了纤长苗条的身材。除此之外，斜肩夹克完全没有任何造型线或装饰，搭配高腰窄裤和柔软的白色衬衫。珍珠灰真丝衬衫塞进阔腿裤中。

卡罗琳娜·埃莱拉

CAROLINA HERRERA

www.carolinaherrera.com

卡罗琳娜·埃莱拉（1939—）独特的品牌风格，使其一直荣登美国最佳穿着女性排行榜。她1939年出生于委内瑞拉，全名是玛丽亚·卡罗琳·约瑟芬娜·帕卡宁思·尼诺。13岁时，在贝棱希阿戈，她和崇尚时尚的祖母一起出席了人生中第一次时装秀——巴黎世家。作为20世纪70年代的纽约社交名媛，她晚上总爱和朋友比安卡·贾格尔和安迪·沃霍尔一起，待在Studio 54俱乐部。1980年，在朋友兼时尚编辑戴安娜·弗里兰的鼓励下，她成立了卡罗琳娜·埃莱拉同名公司，制作出面料豪华的优雅服饰，展现低调的现代都市魅力。

1984年，该品牌第一家时装旗舰店在纽约麦迪逊大道开业。1987年，埃莱拉又推出了新娘装系列。2000年，她在麦迪逊大道开设了自己的旗舰店，随后又在美国推出了价位更能被接受的服装系列，并于2002年推出了CH Carolina Herrera系列，该系列涵盖了香水、男装、手袋和鞋子。1988年，这位设计师的同名香水问世，随后又于1991年推出了卡罗琳娜·埃莱拉男装系列。2008年，她在英国推出了CH Carolina Herrera服装系列，该系列产品扩大到男式成衣、童装，以及家居饰品。该公司归普伊格所有。埃莱拉曾经荣获纽约国际中心颁发的卓越设计奖和西班牙艺术功绩勋章。1997年，她还获得西班牙索菲亚女王学院颁发的金奖。

◀ 出自2010年，耐用硬质提花面料制成的单肩裹身长裙。

1988

尖肩套装成为20世纪80年代权力套装的代表服饰。

中性色粗花呢阔腿裤搭配长款夹克。本系列其他服饰风格也都干净整洁，例如棕色帽子、麂皮高跟鞋和手套。外套立领上方的白色耳环闪闪发光，再搭配一个随意的同色系条纹皮草包。

2010

茧型大衣、灰鼠毛皮和飘逸的雪纺衫展示了优雅的魅力。

面料上覆盖有层层叠叠、柔软的鳍状灰色透明硬纱，礼服的折边和下摆处点缀着鱼尾状串珠。日装包括阔腿裤，束带夹克，外面再搭配低调的狐毛领大衣。无袖连衣裙的设计细节有：对角缝或是活力四射的印花图案。

2005

秋/冬系列，精致优雅的礼服剪裁端庄，由柔软的花呢制成。日装和宝石色绸缎晚装上都采用皮草装饰。

奢华的横条纹灰鼠毛皮，下身搭配带金线的花呢短裙，前后都有暗褶，整套服饰为“有钱的时髦妇人（不必担心生活，只和圈内人午餐）”穿着的高端时装。这款短裙也可用淡雅色调的平纹粗花呢制成，搭配端庄合身的外套。衬衫裙、阔腿裤，搭配印花雪纺衫，或是严实的上衣，适合会议装扮。晚装可长可短；无袖及膝礼服有的带有荷叶边，有的下摆褶皱装饰，还有精致时尚的印花。长及脚踝的栗棕色钟型裙由丝塔夫绸缎制成，上身搭配带滚边的白色衬衫，颇具埃莱拉及其个人风格。拖地围领紫色缎面长袍也很受红毯明星的喜爱，短裙的臀部一侧非常饱满。

赛琳

CÉLINE

www.celine.com

在经过多年不确定的时装风格之后，英国设计师菲比·菲罗成功地将法国品牌赛琳重新定位为一个深受顾客喜爱的时尚主导品牌。2008年，在她复出就职之后，着手提升品牌形象，并实施更为严格的控制。这使得赛琳关闭了除美国的一家之外的所有店面，减少了独家零售商，撤回了中国的生产线，也重拾了该品牌的特色和声誉。

1945年，女设计师赛琳·薇琵娜在巴黎开设了第一家赛琳店铺，以售卖高级男童皮鞋起家，随后又扩展到女装市场。在美国设计师迈克·高仕极富创造力的引领下，赛琳经历了一段短暂的盈利时期。2004年，在高仕离开后，前巴宝莉设计师罗伯托·麦尼切蒂 和伊娃娜·欧马奇科上任，然而，该品牌的设计却重点不突出，表现不佳。2008年9月，该品牌所在的LVMH集团，经过和菲比·菲罗几个月的洽谈，宣布这位前蔻依领导人成为新的创意总监，并着手负责2009秋 / 冬系列。

出生于巴黎的菲罗，1996年毕业于中央圣马丁艺术与设计学院。她先是加入蔻依，担任其创意总监斯特拉·麦卡特尼的助手。2001年，斯特拉·麦卡特尼离开品牌，菲罗顺理成章地接过创意总监一职，继续为蔻依效力。她用了5年的时间，成功将蔻依打造成为著名时尚品牌。2006 年，菲罗却公开宣布自己要全身退出，因为这位事业有成的女人希望回归家庭，花更多的时间陪伴家人和迎接自己孩子的诞生。菲罗的上任将赛琳转变成全球著名的时装品牌。这位设计师崇尚用豪华面料制成极简却又女人味十足的服饰。

◄ 菲比·菲罗2010年的首次时装秀，展示了受运动风影响的极简主义。

1998

美国设计师迈克·高仕推出首次时装秀。

迈克·高仕的这条长及小腿中部的铅笔裙，臀部有竖口袋，前方拉链便于穿脱，典型的优雅风。同色的厚毛衣，带有深罗纹高翻领和同样罗纹的下摆，外搭中长款的开衫，开衫衣领上装饰有红色狐狸皮草，整个两件式套装设计经典，奢华而讲究。

2005

罗伯托·麦尼切蒂受20世纪60年代的极简装饰启发，推出两次成衣秀。

宝蓝色勺领真丝针织上衣，双色拼接袖，背部带纽扣装饰和水滴形挖空图案，松散地垂在背部。下身搭配点缀有施华洛世奇水晶的A字裙。该系列主要颜色为棕色和紫色，并搭配有柑橘黄色、青绿色和草莓红色，主要面料为平纹针织布和塔夫绸。除此之外，球状紧身裙和短裙上印有单色印花，偶尔也会印有多层几何印花以及断断续续的水平或垂直条纹；简单的针织上衣领口周围带有孔眼装饰；高腰宽褶及膝裙或过膝宽松男式裤，可搭配深浅不一的粉红色平纹针织外套。

2008

伊娃娜·欧马奇科将高级定制时装与运动风融合在一起。

橘红色高腰连衣裙腰间的纵横交错带让裙子下摆显得非常丰满，也勾勒出整个系列都在着力表现的三角形廓型，而双层宽裙摆不仅进一步强调了这一点，也使得裙子变得硬挺。其他款式中，百褶裙搭配瘦版V领开襟衫及露肩风衣。垂褶晚礼服从平坦的银色衣领处披散下来。

香奈儿

CHANEL

www.chanel.com

加布里埃·可可·香奈儿（1883—1971）是20世纪最有影响力的设计师之一，她的设计简洁低调，彻底改变了女性的生活，也使得时装走向民主。其设计理念起源于实用的运动装和休闲服，简洁优雅。在其伴侣卡佩尔"男孩"的帮助下，香奈儿在多维尔开了一家小小的衣店，开始制作现成的服装。1928年，她的高级时装店在康朋街开张。受英国贵族情人——威斯敏斯特公爵的运动着装影响，香奈儿采用针织面料，设计出三件式开衫套装。这款设计很快就流行起来，成为20世纪20年代和30年代女性的代表性日装。

第二次世界大战的爆发使得香奈儿经历过一段沉寂的岁月。1954年，香奈儿时装店重新开张，并推出了裁剪简单、轻松易穿的两件式套装，与当时正流行的设计师克里斯汀·迪奥丰胸细腰肥臀型女装完全相反。在香奈儿看来，迪奥的设计完全是紧身胸衣的死灰复燃，时装行业的倒退。因此，香奈儿继续推出自己的设计，直到1971年去世。1983年，应香奈儿老板杰拉德和阿兰·韦特海默的邀请，卡尔·拉格菲尔德成为该品牌艺术总监。他的加入不仅重振了该时装店，也吸引了一批又一批的年轻顾客。卡尔·拉格菲尔德在香奈儿经典单品中加入颠覆性元素：放大了2.55经典菱格纹链条包上的香奈儿标识，通过多种多样的面料、尺寸和装饰对经典套装进行改进。这个巴黎时装屋再次成为全球公认的奢侈品品牌，为全球顾客提供各类高级定制时装、成衣、手袋、香水，以及化妆品。

◄ 出自2011成衣系列，凸纹斯宾塞外套，胸部和袖口带花边装饰，下身搭配陀螺型裙。

1956

加布里埃·可可·香奈儿推出经典的两件式开衫套装，并在巴黎丽兹酒店的套房中拍照。

1954年，随着自己时装店的重新开张，香奈儿推出了经典的两件式羊毛套装，成为20世纪中叶别致易穿的代表作，因为在这之前，时装主要突显沙漏型身材。舒适的对襟外套，搭配微喇A型及膝裙，为现代女性带来了优雅的套装，也表现了她们对现代生活的追求。外套裁剪简单而合体，高袖窿，窄袖孔。只有水平口袋、袖口、下摆和外套边上带有少量装饰。香奈儿还在外套和裙子的边缘处做了处理，以确保平整。另外，香奈儿也彻底改变了珠宝配饰，用假的装饰性首饰取代真正的珠宝，并与珠宝设计师佛杜拉合作设计出装饰性首饰。

1926

小黑裙展现了含蓄的魅力，成为永恒的经典。

设计简单、百搭易穿成就了这款经典的小黑裙，也成为时装史中永恒的经典。美国的《时尚》杂志用最好卖的美国汽车的名字来称呼它，叫它“福特裙”，而黑色其实是诠释优雅的词汇，这款小黑裙也使得优雅进一步民主化。其线条非常方便成衣行业进行复制，成为现代时尚优雅的代表。

1984

卡尔·拉格菲尔德为该品牌注入了新的活力，但也保留了香奈儿的一些关键性细节。

香奈儿时装店在1971年香奈儿去世后一蹶不振。于是，从1983年开始，德籍设计师卡尔·拉格菲尔德接手负责该品牌的成衣系列，法国设计师荷芙·妮格负责高级定制时装。拉格菲尔德很快就掌控了该品牌，他用牛仔布和皮革取代了羊毛呢面料，也进一步改进了香奈儿的经典配件，如大串珍珠，颠覆了香奈儿之前的标志性形象。

2005

两件式套装沿袭了香奈儿的一贯风格，稍加变化，搭配该品牌标志性的改良版2.55菱格纹包。

香奈儿2.55包的命名源于它的诞生日1955年2月，现已成为20世纪最重要的时尚标志之一。香奈儿在绗缝织物或皮革制成的包上加了一根长长的金色皮串链。当时，女性出席社交场合时人人拿着手包，体重不大，东西不重，却极不方便，因此香奈儿2.55菱格纹链条包的出现创新地将人们的手解放出来。开口处用镀金的四边形扣加固。为了兼顾实用和美观，2.55手袋共设置了3个内层口袋，最小的为管状，专门用来放口红；第二个为拉链袋，第三个用来放文件和信件。

2001

秋/冬成衣系列，定制夹克搭配简洁的A字裙、提花针织衫和迷你毛衣裙。

造型方正的夹克上装饰有淡灰褐色漆皮，以及香奈儿经典口袋。链条暖手筒取代了单肩包，正面印有香奈儿的双C标识和兔子图案，整个系列也都印有兔子和小鹿的图案。本系列其他服饰中，微微展开的A字裙搭配短夹克衫，V领上衣搭配短裙，突显了腰线。带贴袋的宽松西装外套与其风格类似，斜纹软呢或平纹针织拉拉队裙搭配横条纹毛衣。粉色绗缝丝绸和斜裁软呢面料制成了上紧下松的外套。而褶皱雪纺裙则展现了夜晚的魅力。

2006

秋/冬成衣系列继续沿袭了香奈儿的经典风格。

脚趾处为黑色的漆皮过膝白靴，还有两件式套装的短裙镶边，都会让人想起香奈儿标志性的双色鞋。小版小黑裙和外套上反复用到了马耳他十字别针——一种以前骑士团佩戴的古老饰物。这款设计是佛杜拉为香奈儿设计的，最初用于袖环装饰。

2010 高级时装系列：皮毛裤，马海毛，再搭配冰冷的珠宝。

拖地羊皮拼接大衣带有皮草饰边。红色毛线连衣裙以20世纪60年代为灵感，下摆和袖口都装饰有皮草，腰间系有织带。整个系列都用到了毛茸茸的皮草靴，外面可搭外套或是纹理密集的针织衫。精致的罗纹马海毛毛衣连衣裙为白色到冰蓝色的渐变色。

2011 成衣系列：斜纹软呢、带金属装饰、生动的印花和毛边装饰。

本次春／夏系列中，黑色、白色和红色窗玻璃状格纹软呢制成的外套带毛边袖口。上衣前方裁剪成圆角的燕尾服款式，宽翻领，下身搭配简洁利落的短裤，内搭活泼的印花衬衫。其他服装款式中，毛边丝带支撑了黑色皮夹克的翻领，裙子下方还有飘逸的松卷须。晚礼服由毛边雪纺制成，或是在白色或黑色的蕾丝上镶嵌珠宝。

蔻依

CHLOÉ

www.chloe.com

英国设计师汉娜·麦克吉本为以花边和装饰出名的蔻依带来了极简主义风。作为法国成衣品牌，蔻依最初由埃及籍巴黎设计师加比·阿格依奥（1921—）创办，生产高品质同时又不会像高级定制时装那样正式的服装。马丁·希特博恩、卡尔·拉格菲尔德、斯特拉·麦卡特尼和菲比·菲罗先后担任蔻依的设计师。2008年，麦克吉本被任命为创意总监。2011年由克莱尔·韦特·凯勒接替。

卡尔·拉格菲尔德曾于1959—1978年以及1992—1997年期间就职于蔻依，在他的领衔设计下，蔻依发展成20世纪70年代最受欢迎的时装品牌之一，他设计的上衣和高腰印花修身裙，清新可人，尽显青春风采。20世纪80年代，卡尔·拉格菲尔德还在香奈儿就职，蔻依设计师马丁·希特博恩推出一系列剪裁考究的男式套装，并于1992年重新加入该品牌。之后，斯特拉·麦卡特尼成为创意总监，为该品牌树立起前卫的混合风，也设计出内搭性感且复古内衣的西装夹克。2001年，麦卡特尼离开后，她的助理菲比·菲罗接替了创意总监一职，并设计出一款“必须拥有的包”（It Bag）——蔻依锁头包“Paddington”，而她那别出心裁的女童式紧身裙和令人眩晕的楔形高跟鞋更是使得该品牌销量至少翻了两翻。2001年，副线品牌“See by Chloe”成立，新的产品线比主线更年轻活泼，更加充满时尚感。2006年，菲比·菲罗离开蔻依。她摒弃了荷叶边、印花、大锁包、粗跟木底鞋，为该品牌带来了简洁却不乏精致的设计。

◄ 2010年时装秀以20世纪70年代风格为主题，主要是汉娜·麦克吉本的流线型极简主义。

1998

斯特拉·麦卡特尼在本年度春/夏系列中结合了硬朗的剪裁手法和内衣元素。

真丝骨箍紧身胸衣，外搭长及脚踝的连衣裙，展示了斯特拉·麦卡特尼在该品牌中硬朗裁剪与性感内衣搭配的混合风。该系列其他款式中，海军条纹紧身胸衣搭配带有闪光丝饰品的塔夫绸短裙，或是花边胸罩式上衣外搭阔翻领收腰燕尾服式夹克。无褶高腰裤的裤脚处稍宽，以此平衡上衣的尖肩，内搭精致的蕾丝贴花衬衫式上衣。

1969

受20世纪30年代风格的启发，卡尔·拉格菲尔德设计出Pierrot套装系列。

Pierrot套装系列标志着从20世纪60年代迷你裙到20世纪70年代较长裙边的过渡，同时也引用了20世纪30年代的复古风。这在配饰的选择上表现得尤为明显：包头巾、长围巾。短款收腰连衣裙的袖口、领口和下摆都有镶边，外面套有长及脚踝的透明薄纱裙。

2006

菲比·菲罗设计出柔软而随意的春/夏系列，主要特点是复古风装饰。

花边领塔克上衣搭配层次丰富的透明硬纱短裙，展示了该系列那些随意流畅的过腰服饰中的结构性元素。土耳其式长衫上装饰有白色雏菊提花和一排排小绒球。高腰工作服式长罩衫长及小腿中部，带有竖口袋、宽褶边下摆，以及和宽松的A字裙一样的竖领。各种深浅不同的黄色，例如蛋黄、黄绿色，展示了色彩的相互碰撞。短袖衬衫搭配高结领带，带来了与飘逸风不一样的风格。带贴袋的一粒扣水兵短外衣，标志着菲罗将在之后的赛琳品牌设计中采用低调的裁剪手法。

克里斯汀·迪奥

CHRISTIAN DIOR

www.dior.com

克里斯汀·迪奥（1905—1957）在1947年推出媒体们称之为“新风貌”的“花冠”系列后，成为时装界最为知名的人物，一直到1957年意外去世。二战后，物质紧缩，迪奥却在纺织巨头马塞尔·布萨克的资助助下，成为当时典雅和奢华的代名词。在“新风貌”系列中，迪奥大量使用奢华面料，展示出对女性主义风格的怀念。长及小腿的宽裙摆，以及急速收起的腰身，凸显出夸张的女性身材曲线，这种设计风靡一时。迪奥在接下来的每一个时装系列中都会推出一种新的款型：公主线、H型（低腰）、A字型、Y字型（重点在肩膀上），最后是纺锤型。

迪奥去世后，他的助手——年轻的伊夫·圣·洛朗，只用了短短9个星期的时间，就创造出自己的第一个时装系列——“梯型装”，该系列制作精良，不仅尊重了该品牌的设计传统，而且更年轻化，更加柔美，广受赞誉。然而，1960年，伊夫·圣·洛朗推出的颓废系列“Beat”激怒了布萨克。因此，圣·洛朗被召到法国军队从军时，迪奥管理层并没有提出异议。紧接着，马克·博昂接替了他的职位，并在服饰设计中渗透了保守风格。1989年，意大利设计师奇安弗兰科·费雷上任。

1996年，迪奥新东家LVMH集团任命约翰·加利亚诺为首席设计师，自此，约翰·加利亚诺一直为迪奥效力，直到2011年才离开。

◀ 出自2010年春夏系列，约翰·加利亚诺诠释了19世纪男式骑马装风格。

1947 重新演绎出极端的沙漏型款式，图片由威利·梅沃德拍摄。

1947年，迪奥推出“Le Bar”日装系列——长及小腿中部的深褶皱黑色羊毛裙，上身搭配浅色山东绸上衣，收腰、圆肩线、臀部垫高，集中体现了新式女性风，深受顾客好评，也成为了迪奥“新风貌”系列中最畅销的套装之一。该套装还包括紧身胸衣和多层硬衬裙，从而最大限度地突显纤细的腰部。迪奥的“新风貌”系列成为了时装界最为重要的设计风格之一，并巩固了巴黎及其在高级时装领域的影响力。

1956 迪奥在去世前推出自己的最后一个时装系列，这个系列比之前的设计更为宽松，也没有之前那么夸张。

迪奥在1948—1953年之间推出一系列廓型：“之”字型（不对称）、垂直型，以及郁金香型。1954—1955年期间，又相继推出H型、A字型和Y字型。H型虽然从肩部到臀部都相对呈直线，但仍然强调了腰部。图中两件式羊毛套装的颈部背后设计有高领，形成了方形翻领。上衣从领口处到腰间增加了纽扣设计，下身搭配过膝铅笔裙。整套服装装饰极少，只是在上衣上设计有斜贴边口袋。

1988 马克·博昂于1961—1989年间担任迪奥创意总监，进一步巩固了该时装屋在时装界的地位。

博昂在他为迪奥设计的最后一次秋/冬系列中，将各种充满生气的互补色搭配在一起，例如橙色与宝蓝色，紫色与深绿色。剪裁精致的黑色短裙搭配双排扣短款橙色夹克，内搭蓝色高领套衫，产生撞色的效果。该时期典型的设计特点是：用色大胆，宽肩线，利用动物图案来突出腰部和袖口。

2005

该系列解构主义礼服融合了戏剧与时尚，内层裹着薄纱，外披塔夫绸。

加利亚诺的“Creation”系列旨在展示未完工的作品，坯布紧身胸衣寓意表达人台，同时展示了高级时装所有的造型基础构件，如织带、外露的缝线以及薄纱内衬。胸垫移到了臀部，腕上戴着的工作坊工匠们工作时使用的针线插成为配饰。本系列其他款式中，奢华的羽毛帽与装饰礼服搭配长至小腿中部的圆形裙，由印花串珠蝉翼纱制成，内搭裸色紧身胸衣。色彩丰富的短裙灵感来自于秘鲁，上面还装饰有民俗刺绣。

1997

标志性的斜裁浪漫主义以及约翰·加利亚诺的颓废主义。

在迪奥高级时装屋成立50周年之际，约翰·加利亚诺在巴黎大酒店推出了自己的第一次高级时装秀。该酒店底层经过精心布置，仿照了20世纪40年代克里斯汀·迪奥在蒙田大道的样品间，摆放着791把镀金椅，还装饰有4000朵玫瑰花。本次时装系列不拘一格（例如灵感来自马萨伊人的丝绸晚礼服），缓解了人们对这位特立独行的设计师担任总监一职的担忧。

2008

加利亚诺推出超越性别的成衣系列，表达了对电影偶像玛琳·黛德丽的敬意。

金属线装饰的褐色细条纹双排扣外套，内搭豹纹蕾丝边短裙，将男性主义和女性风格巧妙地融合在一起，也展现了黛德丽的中性魅力。该系列展示了黛德丽通常穿着的细条纹三件式套装、白色风衣以及随意搭配的贝雷帽，描绘出当时的好莱坞巨星风采。银色及踝斜裁丝绸长衬裙上，装饰有银色狐狸皮草领。粉红贝壳色、淡蓝绿色和淡紫色的绸缎被制成了垂褶裙、夹克衫，以及鱼尾礼服。

2010 加利亚诺在其成衣系列中融合了骑马装和闺房睡衣装。

柔软的皮革制成了19世纪强盗身着的栗色双排扣大衣，搭配后边镶有花边的长靴，更添帅气。本系列其他款式中，印花饰边长衬裙搭配带蝴蝶结的细针距针织袜或饰边上衣，或是拖地的精致绣花雪纺裙。露肩针织衫上装饰有真丝塔夫绸丝带做成的蝴蝶结，下身搭配棕褐色皮革马裤。肩部褶裥装饰的夹克衫腰间绑有三扣带，凸显了腰部线条。

2011 春/夏系列鲜艳的夏威夷风格连衣裙。

裙子由粉红色薄纱缎带打结做成，令人惊艳，本系列还有各种飘逸又随意的橙色、绿色、紫色连衣裙，向上倾斜的水手帽，宽松的派克大衣、麂皮夹克衫，配饰有人造的夏威夷花环。

克里斯汀·拉克鲁瓦

CHRISTIAN LACROIX

www.christian-lacroix.fr

当克里斯汀·拉克鲁瓦在巴黎开设自己的时装屋时，国际时尚媒体预言他将是克里斯汀·迪奥的直接继承人。1987年，他的首次时装秀设计奢华性感，色彩和图案丰富，为高级时装注入了新的活力。该系列兼收并蓄，素材来源非常丰富：天主教圣像、斗牛、马戏团，并带有大量奢华的装饰，骨箍紧身衣勾勒出身材曲线。

拉克鲁瓦出生于法国南部的阿尔勒，曾经研修过17世纪艺术史，并担任过博物馆馆长，有着十分深厚的艺术修养。后来，出于对绘画设计和时尚的热爱，再加上社会关系，拉克鲁瓦成为了著名时装屋让·巴杜的首席设计师。在那里，他于1986年推出了蓬蓬裙，或称马勃菌裙，立即将20世纪80年代的宽肩锥形形象变成了典型的女性身材形象。拉克鲁瓦的成功，激励了时装企业家让-雅克·皮亚和商人伯纳德·阿诺特他们在巴黎开设了第24家时装店，并交由拉克鲁瓦掌舵。

虽然该时装屋在时装界产生了巨大影响，但却几乎没有赢利过。第一款拉克鲁瓦香水的失败，再加上设计师牛仔裤和名为Bazaar的成衣系列更是预示着该品牌的衰落。

2005年，阿诺特将该品牌时装屋卖给Falic集团，并于2009年申请自愿破产，自此，拉克鲁瓦失去了对同名品牌的掌控。

◀ 2009/2010秋/冬系列，面料肌理奢华，该外套腰部有巨大的装饰褶襞。

1986

拉克鲁瓦推出的蓬蓬裙系列，瞬间成为时尚经典。

马勃菌裙取代了权力着装，带来了梦幻和浪漫主义，从而改变了这个时期的尖肩轮廓。拉克鲁瓦也通过本次极富开创性的时装秀，荣获国际时尚媒体为表彰年度最佳时装秀而颁发的法国高级时装金顶针奖。拉克鲁瓦为该时装屋设计了3个时装系列，助其恢复了其在时装界的重要地位。

1996

该时装秀上的服饰线条更长，更内敛。

该系列借用了欧洲南部天主教的意象，这位基督新娘身着一件端庄的及踝长裙，腰部贴身，裙摆微微张开， 头上还带有冕状头饰，背部的超大粉色蝴蝶结让整个圣洁形象有了些许世俗气息，胸前也用珠宝代替了念珠。日装为普通珠宝装饰的定制套装。

1987

拉克鲁瓦的同名时装设计一亮相便引起轰动，这是自迪奥1947年推出“新风貌”以来从未有过的。

五彩缤纷的波尔卡圆点和条纹布满了裙撑和衬裙，形成波兰连衫花式裙，内层为横条纹衬裙，外层是装饰有大量波尔卡圆点和条纹的外裙。该系列受到众多摄影师和时尚媒体预料之中的追捧。60套以Sylv é r é al、Sansouires、Tamaris、Granada等命名的服装灵感来自法国西南部和西班牙的本地服饰风格，也用到了各种精湛的技艺，如边饰、钉珠、刺绣和皮革制品。鲜明的色彩和夸张的轮廓使其更加奢华，例如黄色色丁制成的灯笼裙上装饰有黑色绒球、红色公爵夫人缎制成的外套和夹克上绣有卡马格图案，马驹皮和黑色的波斯裙。

2003

色彩炫丽和面料丰富的高级时装秀。

2003秋／冬系列中，平滑的豌豆绿丝绸缎从身上垂顺下来，在前方颈部处形成深V造型。背部全裸，侧面开衩，露出扇形的金色蕾丝衬裙。大号塔夫绸蝴蝶结，垂直装饰在银色无边便帽上，同时也系住了一侧肩膀上印有佩兹利图案的雪纺，以及另一侧缀满珠宝的七分袖。粉红色的胸花用一团黑色的皮草固定，产生非常强烈的对比效果。

1999

将T台变成了婚礼现场——婚纱礼服是高级时装秀传统的压轴部分——将该设计师的技能发挥到了极致。

来自18世纪灵感的礼服，以“三角胸衣”为特点，将一块三角形硬布塞进刚好到腰部下面的衣服中，以保持腰部的直立。这种风格传统上使用前系带，并饰有逐渐变小的蝴蝶结，而本系列却用心形宝石，塔夫绸散口叶帘也代替了传统的裙裾和面纱。虽然拉克鲁瓦以使用热情绚丽的色彩如紫色、含羞草色、橙色、粉红色、翠绿色而出名，但其顾客却更喜欢他为走秀而设计的白色婚纱礼服。新娘礼服对于高级时装在商业上的成功至关重要。

2004

拉克鲁瓦运用了璞琪时装屋的多色风格。

开衩至大腿的黑色斜纹吊带裙，外搭同样轻盈的外套，拉克鲁瓦针对当时的时装市场，重新诠释了璞琪的迷幻色彩。精美合身的针织衫上也用到了这类图案，搭配中长裤。佩兹利图案广泛用于灰色呢子大衣和裙装，或是简单地用在衬里上。

2006 秋／冬系列剪裁硬朗、面料奢华，还带大号印花装饰。

长及大腿中部的裙装剪裁鲜明，由仿旧的淡紫色绉丝制成，军装风也进一步丰富了其细节。垂饰领口、外套饰面和腰部周围的装饰短裙都装饰有金属银线，衣领为长条状黑色水貂。红色短外套的颈部也用到了皮草装饰，下身搭配合身的短裤。普赛风格的迷地裙和超短迷你裙上都用到了夸张的佩兹利图案。

2008 “天使路过”高级时装秀。

锦缎蕾丝裙的肩膀上装饰有翅膀形状的黑色和金色羽毛，下身为垂褶的薄纱裙。

2011 针对年轻男性的极富趣味性的时装秀。

或宽松或修身或随性慵懒的裤子，搭配亚麻布、牛仔或带有窗玻璃格纹的宽松或修身外套。

克里斯托弗·凯恩

CHRISTOPHER KANE

出生于苏格兰的设计师克里斯托弗·凯恩，善于运用条纹或方格棉布以及蕾丝等清新的面料，展现出既端庄又不失性感的风格，这在他2006年中央圣马丁艺术与设计学院的毕业秀中表现得淋漓尽致，代表作为一系列弹力花边面料制成的极短绷带裙。作为现场观众之一的美国《时尚》杂志主编安娜·温图尔当场为其提供了工作机会，唐纳泰拉·范思哲也向其伸出了橄榄枝。

同年，凯恩在英国时装理事会的“新生代”奖赞助下，创设了自己的同名品牌。他的妹妹塔米·凯恩负责公司的财务运营，并帮助凯恩进行面料制造与设计进程。2006年，凯恩获得苏格兰时尚奖授予的“年度最佳新锐设计师”称号。

虽然拒绝了范思哲提供的工作机会，凯恩还是担任了该品牌的顾问。他还为范思哲年轻副线品牌范瑟丝做设计，与其创意总监唐纳泰拉合作，并于2009年9月推出了第一次时装秀。除此之外，凯恩也为英国高街品牌Topshop设计过一系列服饰，其中，他设计的太空舱系列最为成功。除了自己的品牌设计和担任范思哲品牌顾问，凯恩同时也是施华洛世奇工作室的设计师之一，为其设计出独特的珠宝系列。2007年11月27日，凯恩成功地夺得了英国时尚大奖“2007年度新锐设计师”的桂冠。

◄ 2009年，红色皮衣的鳞片状层次形成了齿状边， 勾勒出身材曲线。

2007 极短的明亮霓虹色绷带裙引发了荧光色的流行风潮。

金属环装饰用来固定胸部、臀部和大腿等特殊部位的花边纽襻。霓虹色橡筋条纹和标准尺寸的拉链缠绕在身体上，让人想起20世纪90年代的雕塑感礼服。其他单品还包括长及大腿的紧身短裙和宽松的卢勒克斯针织毛衣。弹力蕾丝迷你连衣裙的蕾丝花边出现在裙子边上或是遍布于整条裙子上，裙子的颜色五彩斑斓：紫红色、绿黄色和橙色。

2008 阿伦羊毛马甲背心融合了多种重量和纹理，内搭装饰有超大亮片的丝绸雪纺连衣裙。

该系列其他款式中也使用了这两种材料，亮片直接应用在长及小腿中部或更短的印有电缆图案的毛衣裙上，或是边缘参差不齐的雪纺短裙上。凯恩和与苏格兰著名针织品牌Johnstons of Elgin密切合作，生产其时装系列所需的开司米面料。整个系列针脚密集、品质卓越。在其他款式中，针织则被摒弃，取而代之的是半遮半掩的亮片装饰，部分亮片被飘逸的面料遮掩了。大量装饰的夹克和礼服上饰有细密的雪纺褶裥制成的长毛绒卷草造型。

2010 桌布式格纹的胸罩式上衣色彩柔和淡雅，显得既端庄又叛逆。

面料采用了一般用于小女孩服饰或厨房窗帘的柔软方格花布，透过上身的透明薄纱，能看到内搭胸罩，下身搭配风琴褶性感短裙。整个系列的方格花布多为粉红贝壳色和黑色。端庄的灯笼袖和开衩至大腿的短裙，产生既硬朗又有十足女人味的复杂效果。苏格兰羊绒制成的色彩柔和插肩袖的格纹毛衣，肩膀处留有缝隙，以露出里面的衬衫。

好似男孩

COMME DES GARÇONS

www.commedesgarcons.org

川久保玲（1942—）反对追随肤浅的流行趋势，探索反时尚和解构主义的魅力，并以此来对抗服装和面料领域已公认的个人装饰准则。川久保玲毕业于东京享有盛名的庆应大学艺术与文学专业，毕业后在旭化成株式会社做公关。1967年辞职，开始了自由设计师的生涯。6年后，也就是1973年，她正式创建了“好似男孩”公司，该品牌名字于1969年首次采用。1980年，她移居巴黎，并在那里开设了自己的第一家精品店。到20世纪80年代末，她的零售业务已经扩展到300多个店铺，其中，25%在日本之外。

川久保玲的设计风格为不对称性、暴露的结构，并使用天然扭曲的面料（全部都随意使用）。这种颇具颠覆性和革命性的设计手法，首次出现在1981年的时装发布会中，“好似男孩”品牌获得国际时装界的一致好评，并在全球销售，川久保玲也于1983年和1987年相继获得“每日设计”大奖，并于1991年赢得“凯歌香槟年度女企业家”奖。

川久保玲乐于与人合作，山本耀司就是她的长期合作者之一。2002年，川久保玲更与画廊经营家、出版商卡拉·索珊尼合作，开设了一家三层的概念精品店——10 Corso Como东京店。里面展示了13个“好似男孩”时装系列，以及40个其他的邀请品牌的设计，融合艺术、设计与时装于一体。

◄ 出自2009年，镶有珍珠的紧身连衣裙外面覆盖有雪纺罩衣。

1983

不定形的形式与潮流引导的时装形成了对比。

羊毛针织面料被裁剪成条状，巧妙地交错重叠在一起，赋予了这件深色服装扑朔迷离的结构。这种平衡的对称结构在本系列其他款式中几乎不存在，预示着这是一次对西方传统廓型的激进对抗。川久保龄运用灵动的色彩和面料组合，创造出戏剧化、不规则的雕塑形式。

2011

整个单色时装系列以轻松幽默的方式探索了位移概念，也重新定位了传统的服装形式。

雕刻皮革和平纹针织面料的加入表现了川久保玲的超现实视觉效果。主要的服装款式有军大衣、西装、机车服和派克大衣——随意地搭在身上，袖子和衣领耷拉在后面。袖子无处不在：有的从臀部落下来，有的在肩膀上形成多余的层次，或是聚集或是不协调地出现在背部脊椎处。外套由两件一长一短的夹克衫构成，下身搭配条纹裤或小脚马裤形状的褶裥裙。服装在逐渐变化，但重要的配饰在不断重复：深色显眼的带扣高腰腰带，皮革马靴带制成的胸罩，以及羽毛装饰的钟型帽。不变的有皮质直筒式连衣裙，精准的灰色调。

1997

不规则造型的填充物和硬纱褶裥掩盖了身材曲线。

本系列通过高明度和高纯度的色彩平衡了身材曲线的变化。硬挺塔夫绸和透明硬纱等轻薄材料的使用，再加上紧紧包裹的填充物或是精致的自撑服装结构，都能带来奢华的曲线效果，从而让视觉重心不断变化。高明度和高纯度的色彩——红色、亮蓝色、漆黑色、绿黄色、巧克力色、天蓝色、金色和橙色，进一步加强了不规则形状的稳定性，就像是从管子里挤压出的柔软的油漆。

德里克·林

DEREK LAM

www.dereklam.com

总部位于纽约的德里克·林（1967—）专注于现代奢侈品的精致与优雅，他分析了特定服装的主要功能，如风衣，并将其主要部件进行重新演绎，打造出一个新的产品。

华裔德里克·林出生于美国加州旧金山，父母均为中国香港移民。从帕森斯新设计学院毕业后，他于1990年开始了自己的时尚生涯。之后，他为迈克·高仕的KORS产品线效力12年，并担任该产品线设计副总监。2002年，德里克·林与商业伙伴兼男友简·亨德里克·施洛特曼一起创立了德里克·林国际公司，并在2003年推出自己的同名品牌。

在其2006年推出的手袋系列中，德里克·林设计出颇能代表自己风格的都市风格手包和公羊头造型配饰。同年，他被任命为奢侈生活品牌托德斯（TOD'S）的创意总监，该品牌以其手工豆豆鞋和D-bag包闻名世界。德里克·林设计的15套胶囊系列服装风格简约，为这个传统品牌注入了现代风格。托德斯最初只是一家家庭作坊式的小鞋厂，1908年由菲利普·德拉·瓦勒创建，20世纪70年代中后期，他的儿子圣地亚哥·德拉·瓦勒将其更名为托德斯，他从一本波士顿电话簿中找到这个名字，因为这个名字无论用哪种语言都可以发音。2007年，该品牌增加了鞋和眼镜系列。2008年，欧洲奢侈品集团Labelux收购该品牌的控股权。

德里克·林获奖无数，如“美国时装设计师协会奖”（CFDA），2005年“施华洛世奇派瑞·艾磊仕女装”奖，2005年CFDA /*Vogue*时尚基金，2007年“CFDA年度最佳配饰设计师”奖。

◄ 出自2011春/夏系列，注重造型及合体性，将极简主义与20世纪70年代风格的弹力面料组合搭配。

2004

该系列的元素包括印花图案，端庄的连衣裙，以及克什米尔羊绒针织衫。

白色和银色抹胸锦缎礼服在高腰线附近装饰有黑色刺绣，充分展现了端庄和性感。该系列其他款式还有露腰黑色文胸式上衣，下身搭配长及小腿中部的褶裥短裙。柠檬色和淡蓝色V领上衣，搭配庄重朴素的印花A字裙。低圆领的褶皱紧身连衣裙上有玫瑰印花，同样高雅端庄。另外还有长及小腿中部的莓粉色绸缎风衣，或是未过膝的冰蓝色风衣。

2010

该系列灵感源兼收并蓄，大胆运用了撞色以及活泼的印花。

宽松简单的外套下摆为郁金香型曲线，肩膀到下摆的平行接缝上端形成一侧翻领，成为整个系列众多俏皮的剪裁细节之一。另外还有带不对称下摆的星星图案连衣裙，垂褶领处装饰有假围巾，颜色与连衣裙的镶边颜色一致，与整体色彩形成对比。色彩明亮的短裤搭配印花衬衫。插肩长袖T恤和A字裙采用了棕褐色绒面皮革。

2006

秋／冬系列高端豪华，轮廓鲜明，大胆地将翡翠绿色和黄色混搭在一起，还用到了皮草配饰。

精致的金黄色褶裥无袖上衣，颈部和袖口处都有小荷叶边，高腰处为心形接缝，形成公主线，下身搭配圆点印花裙，臀部褶裥丰满。本系列中其他款式还有，花边褶雪纺上衣塞进阔腿裤中，或是外搭对襟夹克，夹克下方露出下摆，下身搭配紧身裤。大衣和夹克的袖子都为斗篷的款式，或者夹克搭配铅笔裙和中长套裤。德里克·林重新演绎了一系列经典作品，例如翡翠绿绸缎风衣，带有垂直口袋和打结腰带的过臀夹克。

黛安·冯芙丝汀宝

DIANE VON FURSTENBERG

www.dvf.com

1972年，黛安·冯芙丝汀宝（1946—）首次推出了自己的代表作——裹身裙，成为了当时全球女性自由解放的标志。为了很好地突显身材，裹身裙采用依靠腰带束紧衣服的包裹式设计，并结合使用了时尚的弹力平纹针织面料，以及她颇具代表性的优雅几何图案。该设计的裁剪将身材勾勒得如此完美，因而大获成功，短短3年间卖出500多万条。

黛安·冯芙丝汀宝原名叫黛安·米歇尔·西蒙娜·哈尔芬，1946年出生于比利时布鲁塞尔。最初，她以巴黎摄影师助理和电影制作代理人的身份进入了时尚界，1969年她嫁给了埃贡·冯芙丝汀宝，并于同年移居纽约，在那里，她意识到，女性需要更加实用的服饰，以满足当时工作机会的需要。在创建了价值1.5亿美元的冯芙丝汀宝品牌时尚帝国后，1978年，这位设计师卖掉了自己的原创服饰公司，并于20世纪80年代失去了对该品牌的控制权。

20世纪90年代，就在时尚行家追逐复古风潮之际，裹身裙再次风靡时装界。冯芙丝汀宝和她的儿媳亚历山德拉重组公司，并于1997年重新推出招牌裙款，这一次面料采用了真丝汗布，颜色丰富并带有大量图案。优雅和魅力的结合使她在时尚界仍然享有声望，而这一设计更是成为新时期女性衣橱中的必备单品。冯芙丝汀宝也当选为美国时装设计师协会主席，并一直履任至今。

◀ 2010/2011秋／冬最后一场时装秀上，创意总监内森·詹德恩推出色彩鲜艳、设计灵动的真丝礼服。

2003 印有五彩花卉图案的卡普里裤和宽下摆短裙为典型的20世纪50年代风格。

本次时装秀的主题为“从前”，这件带有亮红色滚边线条装饰的全纽扣式衬衫连衣裙就是其中的一件。七分裤、卡普里裤以及同款式的无肩带胸罩上衣借鉴了20世纪50年代的风格。长及小腿中部的宽下摆裙带有轻薄网状衬裙，腰间有宽腰带或腰封。裁剪利落的短夹克，搭配阔腿长裤或是该设计师的代表作——裹身裙，她将原来的裹身裙设计改造成无袖雪纺印花晚装。

1973 冯芙丝汀宝身着自己设计的服装。口号“想要有女人味就穿上裙子！”出现在每个标签上，并成为了该公司的注册商标。

这款简单的裹身裙销量很快突破100万条，自此，一个全球性的时尚帝国建立起来。受朱莉·尼克松·艾森豪威尔电视上穿着裹身上衣和短裙的启发，冯芙丝汀宝决定将这两个单品融合在一起。就在时装界准备放弃土耳其式长衫和嬉皮风迷嬉短裙时，这款礼服出现在纽约时装秀上，它的设计不事张扬、容易打理、结构简单，并且由内而外散发出一种性感。1970—1977年期间，黛安·冯芙丝汀宝工作室设计出实用的棉质和真丝针织连衣裙，上面印有这位设计师擅长的几何图案。1974年，这位设计师又推出了蛇和豹纹图案。之后，上衣和长裙款式也加入系列中。

2007 复古的印花图案设计，灵感来自20世纪60年代。

连衣裙上带有铬黄色和黑色的蛇皮印花，褶裥袖、传统的蝴蝶结，这款连衣裙成为了这位资深设计师代表作——裹身裙的现代版，颜色也可为浅莲红色和黑色。浅莲红色仍然是本系列的主调，出现在紧身裤和露肩黑色上衣上，或是作为闪光色出现在黑色无袖连衣裙上。

迪赛

DIESEL

www.diesel.com

牛仔大品牌迪赛所属的Only the Brave控股集团公司在80个国家和地区拥有300多家门店，估值为18亿美元。早在1997年，其创始人兼董事长伦佐·罗索（1955—）就被安永会计师事务所提名为年度企业家。2005年，*GQ*杂志德国版封他为年度风云人物。

罗索在意大利北部的一个农场长大，15岁时便成为帕多瓦技术学院的一名学生。毕业后，他加入了当地的牛仔面料公司Moltex，最后成为了该公司的股东之一。1978年，罗索与其前老板阿德里亚诺一起创建了Genius集团，并与当时的前卫设计师和品牌联手，如凯瑟琳·哈玛尼特、马丁·盖伊。20世纪80年代初，罗索开始设计并出售带有迪赛标志的牛仔裤和便服，并于1982年开设了一家零售店。1985年，他从Genius集团手中将迪赛品牌买下，并在5年内将其营业额提升至1.3亿美元。1984年，他推出迪赛童装系列；1989年推出迪赛女装系列，并将迪赛的零售业务扩展至30多个国家和地区。

1998年，为塑造强大的时尚影响力，迪赛推出高级休闲服装产品线DieselStyleLab，但该产品线2009年被撤销。该集团于2007年收购索菲亚·可可萨拉齐品牌，其设计师索菲亚·可可萨拉齐也成为迪赛Diesel Black Gold女装产品线创意总监，该产品线由曾制作薇薇安·威斯特伍德红标系列和马丁·马吉拉系列的丝塔芙国际公司生产制作。

◄ 出自2008年，V字超低领樱草花皮革连衣裙，前方拉链设计，夸张的大口袋。

2000

中性色调的上下装搭配，未来主义运动风。

箱式斗篷将连帽针织衫牢牢地固定住，下身搭配喇叭裤，该系列的各个部分可以互换搭配，例如前面围裙式的迷你裙，层次丰富的背心，以及前拉链式无袖夹克。男装和女装中都有阔腿裤以及各种款式的派克大衣。超细针织露肩毛衣和太空时代弹性收腰上衣的拉链高至喉部。

2010

砂洗双面牛仔布，霓虹色尼龙和皮革，金属饰钉和链条：为喜欢20世纪70年代风格的摇滚青年和自行车男孩设计。

双面牛仔短裤，前拉链上衣的肩部和胸前装饰有链条效果的流苏。紧身低腰牛仔裤搭配带饰钉接缝的及腰外套。其他款式还有带帽紧身针织连衣裙，既表现了摇滚风，又异常别致。夹克衫的基础面料为牛仔布，袖子为黑色皮革，下身搭配合适的迷你裙。还有出人意料的学院风多层派克大衣，内搭短开襟羊毛衫以及方格短裙，另外还有斜纹棉裤、短夹克衫和绒布迷你连衣裙。宽松的T恤上印有霓虹色抽象图案，让人想起20世纪80年代的风格。男装主要为各色皮革的派克大衣，内搭无袖霓虹色马甲。

2006

春/夏男女装系列，俏皮而又颇具颠覆性的军装风。

缎面夹克和白色长裤的搭配，为下班后的休闲装扮。该系列为典型的军装风：休闲裤、卡其布、金色穗带、流苏肩章、奖章、军便帽、军用礼服、迷彩服，其线条和细节一眼就可以识别其灵感出处，但在演绎的过程中将其加以强调。该系列的细节和色彩设计在男女装系列中都有采用，然而在电影《魔鬼女大兵》的服装中，其女装使用了绸缎面料，例如露出乳沟的马拉布生丝黑色胸罩，还有歪戴着的时髦帽子。

杜嘉班纳

DOLCE & GABBANA

www.dolcegabbana.com

多梅尼科·多尔切（1958—）和斯蒂芬诺·嘉班纳（1962—）以自己的西西里岛传统为基础，设计出混合风：紧身胸衣连衣裙、透视内衣和自由运用的豹纹印花、简单朴素的裁剪，令人惊艳。这对设计搭档的作品表现出撩人的性感，并受到极具时尚影响力的意大利女明星索菲亚·罗兰、莫尼卡·贝鲁奇，以及麦当娜的启发，她们三人都曾出现在该品牌的广告活动和走红毯活动中。1985年，杜嘉班纳推出第一个女装系列，1989年推出内衣和泳装系列，随后又在1990年推出了男装系列。20世纪90年代初，该品牌香水、丝巾、领带和男士内衣相继问世。1994年，该公司推出副线品牌 D&G，1993年，麦当娜在其世界巡回演唱会上身着D&G服饰，从而成功地为该品牌做了宣传。

1995年，该品牌推出首个眼镜和太阳镜系列，并继续与麦当娜保持长期合作，在2010春/夏系列中为她设计了三款太阳镜。2000年，设计师推出D&G Time系列手表，由宾达公司制作并经销。2005年12月，该品牌与宾达公司进一步合作设计了摩托罗拉RAZR V3i。2009年更与影星斯嘉丽·约翰逊合作，让其代言该品牌新推出的化妆品。杜嘉班纳终年不断地被盗版更是进一步证明了该品牌持续的成功以及广泛的影响力。

◀ 2009年成衣系列，硬纱礼服外搭珠绣外套，将高级女装设计细节带入成衣领域。

1996 或长或短的黑色小礼服，剪裁精致，另外还有豹纹沙滩装。

豹纹紧身衬衫搭配同面料比基尼和飘逸的头巾，其他款式中还有拖地透视土耳其长衫以及开衩到腰部的及踝紧身裙，都展现了极致性感和诱惑。还有白色和红色两件式套装，上半身为裹身式夹克，下身搭配铅笔裙，头戴棕色麂皮软呢帽，魅力十足。带珍珠母纽扣的极简风双排扣套装和裁剪考究的全扣式连衣裙，与豹纹印花外套搭配短衬裤，风格迥异。

1992 介于20世纪50年代的闺房风格和滑稽夸张的戏服风格边缘。

该系列带给人一种感官刺激，宽大的戏服斗篷内搭绯红色紧身迷你连衣裙。该系列女式内衣邀请了史蒂文·迈泽尔来拍摄，大玩性感风，露出乳沟。还在娃娃睡衣装、带戏服手套的串珠式胸罩内衣等上面印有（或是亮片拼接出）老套诱人的词汇，例如“LOVE”“SEX”或“SUGARBABY”。

1998 “洒满”花卉的浪漫风格系列，包括内衣细节、流苏大披巾，以及金银丝面料上奢华的东方刺绣。

箍骨紧身胸衣式礼服由褐色丝绸缎制成，文胸肩带和流苏下摆可调节，整个上衣身饰有立体花卉刺绣图案。金色和暗红色大披巾——有的刺绣和流苏装饰，还有的为素色或纯色——同样搭配长款印花连衣裙。长及小腿中部的管状金银丝面料裙装，上半身为胸罩式上衣，外搭宽松的提花编织大衣，或是透明雪纺女式长罩衫。银色紧身胸衣搭配黑色紧身裙，刺绣装饰的黑色透明薄纱从臀部拖至地上，形成拖裾，使整体廓型更为柔和。刺绣装饰的牡蛎色外套为外翻袖克夫，皮草领被染成暗金色，装饰有大量下垂的织花。

1999

该系列对比强烈：实用的尼龙材质迷你裙和迷嬉装上带有华丽的绣花。

简洁的串珠低腰超短裙，搭配蓬松的染色皮草上衣，也可搭配印有大量图案的窄裤。这两个套装以及黑色紧身裙和格子呢超短裙都配有宝石装饰的宽腰带。七分袖简洁小领迷嬉大衣由毛茛黄色、紫红色，或是翠绿色的PVC面料制成，搭配宝蓝色中国刺绣中长裤。尼龙面料的大衣上也装饰有大量的花朵刺绣图案。

2004

杜嘉班纳重新演绎了《甜蜜的生活》（1960）的部分风格，迷你特莱维喷泉的造型使其更加完整。

V领羊绒毛衣和轻薄的印花平角裤，带来看似漫不经心胡乱拼凑的后现代风。虽然有些套装呼应了意大利演员马塞洛·马斯楚安尼的笔挺西装和色调，但是主要风格还是20世纪60年代费德里柯·费里尼定义新纪元的电影中罗马狗仔队所表现的休闲混搭流行风。服装款式很有特点：超低腰牛仔裤、短夹克、西装和方形短夹克、驼色西装大衣，以及旅行皮夹克。这种混搭风不遵守传统的统一协调规则，坚持不因循守旧：简洁大方的狼崽图案T恤搭配考究的西装夹克和宽腰带。

2006

拿破仑法兰西第二帝国的金银饰带军装细节。

帝国式高腰线深绿色天鹅绒礼服，装饰有金色锁链式流苏腰带和雪纺花边，再搭配最初用于18世纪的同样风格的小手提包。其他款式还有：淡蓝色雪纺绕颈连衣裙从花边领上垂顺下来，胸部装饰有金色绣花，同样非常优雅。阳刚英气的军装元素混合着女性的柔美，例如带固定扣襻的双排扣长礼服、带镀金纽扣和肩章的短夹克，再搭配马甲和衬衫，层次丰富。

2009 夸张的袖山和裙撑创造出服装的大体量。

电影偶像、金发美女玛丽莲·梦露的单色丝网印头像出现在很多晚礼服的裙摆上。该系列其他服装的重点在肩部，用皮草突显出肩部线条，裁剪成宽宽的曲线，或是用特大褶裥勾勒出肩部轮廓。及膝铅笔裙和紧腰带平衡了宽肩。而帽子和围巾替代了手套。

2010 内衣外穿：豹皮、黑色蕾丝和红色玫瑰图案诠释了该品牌的标志性风格。

超短绗缝印花裙的下摆处装饰有齿状花边，上身搭配红色豹纹上衣，泡泡袖，还有黑色蕾丝嵌饰，肩膀处刚好露出里面的印花胸罩，这套服饰代表着该品牌典型的性感魅力风。红色豹纹雪纺面料也用在抹胸式迷你连衣裙、前开衩紧身裙，以及带褶皱吉普赛领口的花边滑冰裙上。纯黑色弹力缎制成的紧身铅笔裙，搭配看似不合宜的长款胸罩式上衣，装饰有花边和流苏。

唐娜·卡兰

DONNA KARAN

www.donnakaran.com

以“简洁七件”理念闻名的美国设计师唐娜·卡兰（1948—），自1984年创立自己的品牌以来，一直把握着现代都市职业女性的服饰需求。在这个胶囊系列中，其中一件就是这一套柔软弹力面料制成的裹身连体服，可以勾勒出平滑的身体轮廓，再搭配厚款不透明裤袜，深受女性们喜爱，成为了她们20世纪后期的日常穿着。

卡兰最初在帕森斯新设计学院学习，随后，她进入美国著名时装品牌安妮·克莱因公司工作。后来，在Takihyo公司的投资下，她和第二任丈夫斯蒂芬·韦斯创建了自己的同名品牌。该品牌长久不衰的原因正是因为卡兰有着自己独特的时尚风格，她设计出一系列功能强大的服饰，例如“露肩裹臂礼服”，该礼服遮住了胸部和胳膊，却将肩膀裸露出来，从而使得晚礼服既性感迷人，又不过于裸露。该品牌服饰几乎适合任何年龄和阶层的人士，同时也致力于研究各种实验性纤维以及最新的技术，投资生产出独特的面料，以保持该品牌的独特标识。

1988年，副线品牌DKNY成立。1997年，卡兰辞掉首席执行官一职，但仍保持董事长及设计师的职位，继续为该品牌效力。卡兰曾7次获得美国时装设计协会颁发的奖项，这是史无前例的，包括2004年获得的终身成就奖。2002年，曾就职于切瑞蒂的彼得·斯贝里奥普罗斯成为该品牌创意总监。目前，唐娜·卡兰品牌隶属于LVMH集团。

◀ 出自2010年，立裁平纹针织礼服，其灵感来自水、空气、土和火。

2003

彼得·斯贝里奥普罗斯参照奥黛丽·赫本的风格，首次推出黑色、白色和灰色系列。

灰色斜纹软呢两件式套装代表着20世纪50年代的典型风格：宽立领露出颈部，双接缝的袖子的设计使得裁剪更为合身。在这个秋／冬系列中，充满未来感的银色椭圆形腰带极具现代感，这种现代感也表现在其他款式中宛若第二层肌肤的猫装或是臀部剪裁的白色平纹针织及膝裙上。冬季白色大衣从臀部到连肩袖，最后到简洁的立领上都装饰有黑色皮革滚边接缝。

1996

春／夏系列主打白色休闲魅力风。

简单的羊毛裹身衣，肩线下降，还带有垂直口袋，给人轻松随意的感觉，与该系列其他单品非常协调，如及臀上衣、对襟夹克。单粒扣真丝衬衫，搭配从臀部垂顺下来的露脐迷你裙，另外还有露肩及踝连衣裙，都展现了卡兰颇具代表性的低调性感风。

2009

20世纪80年代奢华面料制成的瘦版长款服饰带有强势肩线，为职业女性的衣橱增加了分量。

绕颈吊带裙上衣身在前部交叉，袖子部分在肩膀处裸露，然后一直延伸至手腕处收紧，形成紧身袖口。其他款式中，紧身平纹针织面料也用于贴身的高领连衣裙和上衣中，盖住宽肩，下身搭配砖红色、铁锈色和烟草色色调的长及小腿中部的铅笔裙。法兰绒和巴拉西厄面料（一种用丝或毛织成的绸或呢）夹克搭配简单的皮扣腰带，下身为萝卜裤（腰带处褶皱收紧，脚踝处变窄）。小羊驼面料制成的裹身束带大衣，还搭配有豹纹手臂保暖套。塔夫绸晚礼服上的褶裥从上衣身顶部至下裙逐渐散开。

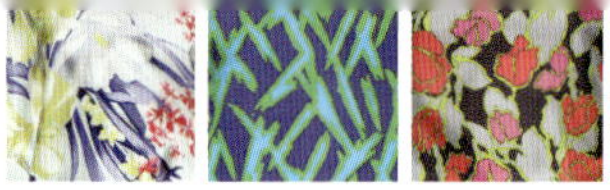

德赖斯·范诺顿

DRIES VAN NOTEN

www.driesvannoten.be

奢侈华丽、兼收并蓄、有层次感的色彩、肌理和印花展现了比利时设计师德赖斯·范诺顿（1958—）的浪漫情怀。德赖斯·范诺顿的祖父是一位裁缝，父亲是时装零售商，在这样的家庭熏陶下，范诺顿于1976年进入了安特卫普皇家艺术学院学习。1980年毕业后，他开始了自己的职业生涯，并于1986年推出了自己的第一个男装系列，成为伦敦时装周上“安特卫普六君子”之一。同年，他在安特卫普开了一家小型精品店。1992年，这位设计师在巴黎推出自己的第一个男装系列，第二年又推出女装。

20世纪90年代初，德赖斯·范诺顿依靠成熟的波西米亚风格取得初步成功，但这份成功却在当时长期的简约时尚流行趋势的影响下，逐渐下滑。然而，自21世纪伊始，通过各种奢华面料的综合运用，该品牌再次赢得时尚魅力。这些面料提花织物、印花天鹅绒、复杂的针织和刺绣、细腻色彩套染的面料等，形成宽松、裹身、层次丰富的造型元素。2008年，范诺顿荣获美国时装设计师协会颁发的国际大奖。

范诺顿一直在安特卫普工作、生活，如今，他已经拥有了5家精品店，而其同名品牌也在全球超过500家店铺中出售。作为一家私有企业，德赖斯·范诺顿从不做广告， 但每年都会举办大概4次时装秀，分别为夏季和冬季的男装秀及女装秀。

◀ 出自2008年，舒适的宽松上衣和短裤上印有五彩斑斓的花卉图案。

1996

绢丝面料，印度风格的剪裁，明亮丰富的色彩。

宽松的双排扣上衣，腰间简单地绑着一条印度版画风情的及踝放牧风格裹裙。其他款式中色彩和纹理层次分明：装饰华丽的绢丝裙，真丝色丁裤，脚踝处收褶，并配以纯白色的尼赫鲁式夹克衫；或是带图案的毛衣，搭配滚边及膝真丝衬衫和阔腿裤。

2010

本系列主要为海军色和驼色的合身条纹、格纹男装。

学院风条纹双排扣西装外套，搭配带织带和流苏的鲜红色围巾，为本次秋/冬系列的深色系增添了色彩。范诺顿对条纹和格纹进行了把玩：条纹图案的夹克其袖子为格纹，或是格纹图案的夹克带有条纹袖。同样的，无袖风衣内搭格子衬衫。风衣的下摆和口袋部位装饰有风格相反的滚边。

2005

为庆祝德赖斯·范诺顿品牌成立50周年，本次时装秀先是纯白服饰系列，然后是该设计师颇具代表性的装饰性服饰。

田园风格的褶裥一粒扣衬衫，下摆随意简单地塞进腰间，再搭配宽下摆短裙，展现出宽松随意的全白色外观。该衬衫也可换成轻薄的透视衫，再搭配双层裙。或是更为简洁的风格，外搭侧面固定的风衣外套。挺括的棉质大衬衫，或是全身印有褪色复古印花的衬衫，袖子带有滚边，肩线下降。它们简单地穿在腰间，或是搭在胸罩式上衣外面，下身搭配褶裥印花裙。透过开口至腰际的柔软帝国高腰式透视印花裙，可看到里面的胸罩。本次春/夏季系列后面的款式其色彩和印花越来越鲜明，最后出现的是熟悉的混搭图案。

艾雷岸本

ELEY KISHIMOTO

www.eleykishimoto.com

岸本若子（1965—）和马克·艾雷（1968—）既是夫妻又是工作中的好搭档，两人共同建立的艾雷岸本成为了伦敦过去20年里最持久、最受关注的创意品牌。他们曾在不同的学校学习服装和纺织品设计：岸本曾在中央圣马丁艺术学院专注印花服装的制作，而艾雷则在布莱顿大学学习梭织服装的设计。

俩人共同的事业始于为其他大品牌设计印花图案，例如路易·威登、亚历山大·麦昆和阿尔伯·艾尔巴茨。1996年，他们推出了自己的女装品牌。而他们的客户和合作者非常广泛，曾在2008年为卡夏尔担任设计指导，也曾与伦敦建筑联盟和大众汽车合作设计。他们在与匡威合作生产的运动鞋以及与西村兄妹合作的和服系列设计中，用到了标志性的动画设计。

该品牌植根于装饰性纺织品，其女装设计采用了多变且不因循守旧的英国式外观，同时也保留了日式的感性风格，并在服装上印有很多装饰性图案。其他产品也用到了这种装饰方法，如Ruby摩托车头盔、壁纸、Vendome珠宝、Ben Wilson 椅子和G-Wiz电动车。2007年，与日本的授权合作更是进一步巩固了该品牌。

◀ 出自2010春/夏系列，端庄的女式夏季罩衫上印有大量色彩明亮的印花，颇具特色。

2002 印花图案灵感来自画家保罗·克利和瓦西里·康定斯基。

野兽派风格的几何印花裙，搭配颜色相配的宽翻领上衣，以及大号红色贝雷帽和紧身裤。在不拘一格的简朴旧货店风格以及造型奇特的单品中，本系列保留了大量丰富的印花，并探讨了图案、造型和色彩自由混合在一起时的戏剧性效果。

2008 巧妙地借鉴了含蓄的皮埃罗、默剧、即兴艺术喜剧人物的风格。

宽腰带直筒连衣裙的图案为绘画式斜方格，让人联想到小丑的形象，这是该系列一直重复出现的主题。竖起的彼得潘领和抽褶圆形低肩；白色的哑剧手套；以及波尔卡圆点和纽扣——都是带有戏剧细节的亲切风格。本系列其他款式中还有灯笼裤和印花小丑短裤。

2005 艾雷岸本通过图案和色彩的混搭，整体造型表达了日式解放风。

宽松的抽褶罩衫式上衣、裤子和过膝袜上印满了图案。艾雷岸本与艾力士一开始合作便推出了Local系列的一部分——非洲-加勒比主题。东京印花时装秀和青少年街头混合时尚，再加上江户时期的宫廷礼服风，大胆地重申了艾雷岸本重叠式图案的核心价值。印花来源广泛并探索了一系列情景：在非洲印花上引入伦敦郊区的建筑形象会怎样呢？在沙滩长袍上系上日本和服上装饰用的宽腰带又会怎样呢？本系列的其他服饰中，也有精致典雅、更为平和的部分：印花连衣裙的斜裁上衣身部分变成丝带条的交织，形成了吊带裙的“项链”。

艾尔丹姆

ERDEM

www.erdem.co.uk

加拿大籍设计师艾尔丹姆·莫拉里奥格鲁（1977—）重新定义了21世纪的印花风格，创造出款式独特的半高级定制时装，适合具有公众影响力的权势女性们穿着，例如米歇尔·奥巴马、萨曼莎·卡梅伦，以及朱丽安·摩尔。他设计的图案狂野而放纵，极具视觉影响力，而简洁、修身的廓型使得图案的魅力更加惊艳。

莫拉里奥格鲁先是在加拿大瑞尔森大学修读时装设计专业，2000年搬到伦敦，在薇薇安·威斯特伍德工作室简短的实习后，获得英国文化协会奖学金，进入英国皇家艺术学院攻读硕士学位。2003年毕业后，与设计师黛安·冯芙丝汀宝一起在纽约工作。

在意识到女性市场上以时尚主导服饰的缺口后，莫拉里奥格鲁于2005年推出了自己的同名品牌，在东伦敦新兴文艺区成立了一个小工作室。该设计师颇具代表性的印花图案需要经过多个复杂而艰辛的工序。他首先对原创的艺术作品进行扫描、电脑处理与变形，然后通过手绘改变其尺寸，赋予其绘画式风格。而明亮色彩的巧妙使用又进一步提升了效果。莫拉里奥格鲁的系列仅限于一些简单款式，如连衣裙、上衣和半裙，将重点放在图案和色彩上。2005年，他获得“Fashion Fringe”奖。2010年获得了英国时装协会/*Vogue*设计师时尚基金联合颁发的20万英镑奖励，以支持该品牌在未来的发展。

◄ 出自2009年，3000朵小花和100颗施华洛世奇水晶，通过手工缝制形成“纳西斯”的图案效果。

2008

大胆地使用了柠檬黄、紫色和叶绿色，并综合使用了一系列印花工艺和非常简单的裁剪。

抹胸大摆舞会礼服上印有大量数码印花，并在裙子的花瓣形下摆处点缀有施华洛世奇水晶。这件作品预示着该系列将注重女装设计细节以及奢华面料。其他款式中，科摩的Taroni绸缎厂提供的丝硬缎制成了明黄色绗缝漏斗领外套。利用法国蕾丝生产商Sophie Hallette供应的蕾丝对经典风衣进行改良，使其更加女性化。蕾丝也运用于一系列晚装、鸡尾酒礼服中，从领口处垂顺下来，形成丰富的层次。箱型褶裥出现在整个系列中：在双排扣高腰大衣上，让人联想起20世纪60年代纪梵希简洁的雕刻风格；也让舞会礼服的气球形裙摆显得更为饱满。而渗透法的使用让这些绘画风格的印花显得更加抽象。

2006

鲜明而风格独特的植物印花裙作为“艾尔丹姆女性”系列的开场。

2006/2007艾尔丹姆秋／冬首次时装系列中，最突出的特点是各种鸟类、蝴蝶和粗条纹印花，表现了该品牌的未来走势。该系列的款型比较多样，也包括一些低调、裁剪考究的元素，如灰色、黑色这样暗色调的垂褶领连衣裙、围裙装。黄色则是唯一亮丽的色彩。

2010

超女性化的褶边和印花图案出现在端庄的礼服上。

箱型褶裥按比例缩小，形成合体上衣的接缝，并形成了多层次的荷叶边裙摆。图案设计让人联想到复古的种子袋（上面印有三色堇），精心的设计使腰部以上的部位更为轻盈。鞋子上覆满了同样的图案。本系列的其他款式中，充满活力的宝石色真丝缎上采用了镂空花边贴布绣装饰。

艾绰

ETRO

www.etro.it

饱和的色彩、奔放的图案和肌理大胆地融合在一起，形成了艾绰华丽的波西米亚风。1968年，吉墨·艾绰（1940—）创立了该品牌，成立之初，艾绰专注于为米兰时装设计师生产装饰华丽、奢华高档的羊绒、丝绸、亚麻和棉布面料。该品牌的灵感和色彩来自于东方，1981年该品牌采用佩兹利纹样作为其品牌标志，随后又推出由其标志性面料制成的男女配饰。后来，艾绰的产品线不断扩大，陆续推出了皮具系列和家居用品。

1983年艾绰首个品牌专卖店开张，其品牌影响力进一步扩大。1994年推出了第一个成衣时装秀。该品牌继承了传统的意大利王朝模式，由吉墨·艾绰先生和他的4个儿女一起掌管着艾绰公司的设计方向：毕业于伦敦中央圣马丁艺术学院的维罗妮卡·艾绰和设计总监金恩·艾绰分别掌管该品牌女装和男装系列；雅可波·艾绰负责面料和财务；而艾波利多·艾绰则掌管配饰和家具系列。

该品牌积极向外扩张，在世界各地最重要的零售街设有商店和特许经营店：例如比佛利山庄的罗迪欧大道、拉斯维加斯的凯撒宫购物中心、纽约麦迪逊大道，以及其他许多国家的大城市如迪拜、莫斯科和罗马，装饰都极其奢华贵气。该品牌在时装秀上所表现出来的华丽装饰不仅使其位居时尚前沿，同时也代表着奢华的嬉皮风格。

◀ 出自2010年，精美的印花面料带来了现代女性轻松自然的嬉皮风。

1997 本系列丰富的面料展示了从撒马尔罕到上海之旅。

这套服饰让人想起丝绸之路的旅程、（佛教或者印度教的）宝塔，以及东方风格的印花。整个服装系列兼收并蓄，用到了丝绸、天鹅绒、绸缎、毛皮和锦缎面料。多样化的着装文化融合在一起：大量乌兹别克斯坦风格的蒙古羔羊皮帽子，搭配端庄的中国旗袍；或是印度北部的短袖外套搭配丰富的缎面裹身裙。在本系列其他款式中，黑色绸缎制成了带风帽的裹身外衣，内搭富丽奢华的羊绒连衣裙。

2006 本系列主要为地中海颜色的马蒂斯绘画风格印花和佩兹利纹样。

深V领及踝飘逸的佩兹利纹样雪纺长裙带有紫红色的宽饰边。该系列极具奢华的女性特质，包括飘逸的印花真丝雪纺连衣裙，上衣身上偶尔绑有超大串珠装饰的雪纺绸扭结。纯白色裙子和夹克的饰边上装饰有天蓝色的马蒂斯风格印花。黑色线条的画稿中也借鉴了马蒂斯风格，与佩兹利纹样形成拼接图案，制成了及膝衬衫裙。

2004 艾绰协调的色彩调和了各种灵感的多样性。

该系列主要为彩虹色条纹和细褶款式的迷嬉裙和裹襟式上衣，奢华大气，表现了女性气质，另外还有印花棉布图案的褶皱裙以及带装饰的短款袍式上衣。粉红色和蓝绿色时髦阔腿裤，搭配喇叭式罩衫上衣和条纹西装外套。该品牌最著名的佩兹利纹样出现在简单造型的丝光缎及膝大衣上，或者形成拼接图案出现在黑色雪纺晚礼服上。这些元素通过亮丽的印花色彩融合在一起，或透明飘逸，或轻薄合身。

芬迪

FENDI

www.fendi.com

芬迪品牌创立者爱德华多（1954年去世）和阿黛尔·芬迪（1897—1978）于1925年在罗马开设了第一家店铺，专营毛皮和皮革制品。该品牌专注于高端奢侈品市场，在20世纪三四十年代迅速发展起来，倍受瞩目。而阿黛尔的5个女儿全数投入家族事业，共同管理经营芬迪公司。1955年芬迪正式作为时尚品牌推出。

1965年，芬迪姐妹任命卡尔·拉格菲尔德为该品牌创意顾问。拉格菲尔德对皮草及皮革行业的传统工艺进行了改良，使其像其他面料一样功能多样。1969年，该品牌推出皮草成衣系列，对颇具现代风的外观进行了实验性的探索。同样也对皮草和皮革进行了创新性处理，例如在芬迪手袋上印花，使其结构更为柔软。1977年，芬迪将成衣产品扩展到男装、配饰和家居系列。尽管善待动物组织发言人因在1997年身穿芬迪皮草时装而被解雇，但芬迪安然度过了当时的反皮草服装抗议运动。同年，该品牌创始人的孙女——西尔维娅·文图里尼·芬迪设计了著名的“It Bag”——“贝贵包”（Baguette，法语“面包”之意）。

1999年，LVMH集团和普拉达合伙并购了芬迪公司51%的股权。2007年，普拉达和卡拉·芬迪主席领导的芬迪家族将其股份出售给LVMH集团，但卡拉和西尔维娅·芬迪继续留任。芬迪在超过25个国家和地区拥有160多个精品店。

◄ 出自2009年，拉格菲尔德极富层次感的设计，面料和表面处理对比鲜明，腰部收紧。

2000 秋／冬系列，动物皮草以及各种棕色调带来了特殊的效果。

获得专利的皮革绗缝机车夹克和同样皮革的长裤搭配靴子，腰间系有一条金色腰带，搭配毛皮披肩和超大的皮草包。该系列的喇叭A字裙和棕色色调，借鉴了20世纪七八十年代的时尚风貌，芬迪对艺术般作品的驾驭在这个系列中展现得淋漓尽致。该系列的其他款式中，同色系的块面设计更加强化了大胆的线条，条纹状的皮草精致地交叉成V形图案，极具视觉吸引力。印花皮草和其他面料通过块面的图形分割打破了廓型的单调。

1980 芬迪在当时那个奢侈即浪费的时代大量使用了皮草面料。而拉格菲尔德也在后来向善待动物组织捍卫了自己使用皮草的权利。

超大的裹身裘皮大衣表现出极大的魅力，也集中体现了20世纪80年代“越多越好”、铺张浪费的价值审美观。自从20世纪60年代中期卡尔·拉格菲尔德上任以来，该品牌的时尚价值不断攀升，高品质面料为其带来了良好的声誉，各路明星大腕的广告代言和市场营销策略也为其在全球范围内增大了客户量，例如克劳迪娅·卡汀娜、索菲亚·罗兰、凯瑟琳·德纳芙、戴安娜·罗斯和莎拉·杰西卡·帕克。为庆祝品牌成立60周年以及拉格菲尔德上任20周年，同时也标志着该品牌产品的多样化，产品线扩展到牛仔裤、配饰和家居装饰用品，1985年在罗马现代艺术国家美术馆举办了展览，并推出自己的第一款香水。

2011 鲜红色漆皮手袋，搭扣上带有芬迪的双“F”标志。

1965年，卡尔·拉格菲尔德在这款单肩包上推出环环相扣的双“F”标志。此后，它便作为标志出现在各种“It Bag”上，其中最著名的就是芬迪“贝贵包”，正如它的名字一样，人们拿着这款包包，就好似拿着一个法国面包一样。该品牌每季也会限量制作出600种不同面料制成的非实用型小包，上面带有大量装饰。

加勒斯·普

GARETH PUGH

www.garethpugh.net

英国设计师加勒斯·普（1981—）毕业于著名的中央圣马丁艺术与设计学院。2003年，他在自己的哥特式风格毕业展上应用到了油毡物，虽然为其赢得了知名度，却广受争议。此后，加勒斯·普在其设计中继续保持了自己大胆怪异、令人震惊的风格。然而，依靠这种曝光度来维持销售的策略，却举步维艰。

在加勒斯·普年仅14岁时，英国国家青年剧院邀请他担任戏服设计师，这为其夸张、奇特的设计理念提供了舞台。后来，进入大学后，加勒斯·普在巴黎著名的皮草品牌莱维安实习，担任瑞克·欧文斯的助理，在那里，他认识了欧文斯的妻子——时尚顾问米歇尔·拉米，她成为加勒斯·普2006秋季系列的赞助者。在那之前，加勒斯·普已获得周围时尚媒体的一致好评：英国时尚文化类杂志*Dazed & Confused*在国际展览中使用了他的雕塑式“充气”装置作品；后又被英国时尚类真人秀节目*The Fashion House*选中。加勒斯·普和很多杂志也开展过各种项目合作，例如*Arena Homme+*，*Self Service*，*Cent*，以及*i-D*。2005年，他还受邀参加了“（伦敦）东区时尚”联合秀。

2006年，加勒斯·普的首次个人秀表现了变化的极端主义以及精致的服用性。2008年，他获得了时尚界最大的国际奖项——ANDAM时尚大奖。有了该奖项的资金支助，加勒斯·普从2009春/夏系列开始才得以在巴黎推出时装秀。

◀ 出自2010/2011秋 / 冬系列，加勒斯·普摈弃了球状造型，展现了优雅风范，也显示了他在创意上的日趋成熟。

2006

该时装秀的开场服饰为："充气式"夹克、紧身乙烯基塑料材质长裤，内搭带有金属感效果的胸甲和充气式紧身胸衣，展示了复杂的野性风格。

加勒斯·普在2006/2007秋／冬由13套服装组成的胶囊系列，虽然没有得到太大的重视，但在曝光率方面毫不逊色，他的作品被广泛报道，既有正面评价也有负面评价。加勒斯·普创造的试验性戏剧风格华丽张扬，最大限度地发挥了各种奢侈风，也利用了一些常见的材料，从而将两者巧妙地融合在一起。在该系列其他款式中，薄纱皱领、黑色PVC、金色锦缎和黑色天鹅绒面料上的棋盘式花格重复出现。充气式的部件仅用于超大号的蓬蓬夹克和最后压轴的超现实风格黑色兔子上。白色的丑角式妆容、复杂的雕刻式马特头饰以及尖塔状的帽子，与该时装秀上马腾斯博士靴形成对比，也进一步凸显了该品牌标新立异的风格。

2008

加勒斯·普诠释了单色视觉语言，其2008/2009秋／冬系列更是该设计师闻名遐迩的"黑色想象"设计理念的代表作品。

波纹衬裙和加宽的肩部细节，与无脊椎生物的脊状鳞片一起，形成了剑术与盔甲的混合体。而横条纹脊状紧身衣和前额上触角般的发辫进一步加强了这种风格。整个系列都出现了脊状拉链和猴子毛皮，也运用到了多种材料：安全别针、黑色山羊皮、小马尾、阴冷的黑色皮革，以及灰色法兰绒。加勒斯·普的作品带有启示性的寓意，为女性们带来了一种荒诞不经的新选择：大号或者超大号的肩部设计；束腰并直筒垂直而下；或是束腰以下逐渐变宽，类似裙撑。大量使用的安全别针和拉链，以及少量皮革，这些元素不断重复，组合在一起带有受虐狂的寓意。

詹巴迪斯塔·瓦利

GIAMBATTISTA VALLI

www.giambattistavalli.com

詹巴迪斯塔·瓦利（1966—）于2005年创建了自己的同名品牌。该品牌短款鸡尾酒会礼服设计，在色彩和造型方面严格控制，用棕黑色中性色调带来了端庄复古的流行风貌。瓦利在罗马长大，1984年进入欧洲设计学院学习，1987年曾在伦敦中央圣马丁艺术与设计学院短暂学习过插画。次年，罗伯图·卡比索任命其担任公关职位，随后又提升他为设计职员，在那里，瓦利培养了在体量、肌理和色彩方面的技术能力与设计修养。1990年，瓦利加入芬迪，成为该品牌Fendissime产品线的高级设计师。1995年，他出任克里琪亚女装成衣系列高级设计师，随后又于1997年加入伊曼纽尔·温加罗，成为该品牌成衣系列艺术总监。2001年，他又负责了温加罗的配饰Ungaro Fever产品线。

瓦利在自己的品牌设计中继续坚持优雅精致的鸡尾酒会礼服，这一风格是在为温加罗效力的时期建立起来的。近来，他又推出了高端精致、裁剪考究的日装，用花呢或是以印花模仿花呢的面料代替了其标志性礼服中毛绒绒的部分。同时组合搭配肌理，如羽毛、流苏或皮草搭配轻薄的底布，或是偶尔搭配动物纹样。

瓦利为法国著名户外品牌盟可睐设计了外衣系列，也和Ciwi Fur公司合作过皮草系列。2010年，詹巴迪斯塔·瓦利的制造商玛丽艾拉·普拉尼时装集团停业整顿，迫使瓦利不得不重新寻求新的合作伙伴。

◀ 2011春/夏系列中，褶皱裹身真丝裙与其他款式中的动物图案形成对比。

2005 颇具代表性的气球形裙，装饰有丝带和蝴蝶结。

裸色鸵鸟毛制成的鸡尾酒会礼服，胸部系有黑色缎带大蝴蝶结，并在裙子的下摆处形成飘带。本次秋/冬系列的其他款式中，缎带也用来装饰在深浅色条纹雪纺裙的腰部，或是作为腰带装饰皮大衣。紫红色和橙色的点缀，使中性色色调更显活泼生气。

2008 不同大小、比例的花边设计极具趣味性，面料奢华，装饰丰富，与简洁的裁剪相得益彰。

瓦利的这款礼服设计夸张，气球形裙上印有红色和粉色的盛开的数码印染玫瑰花。该系列中其他礼服裙上还装饰有红色皮草披肩、玫瑰花环，以及各种珠宝。简洁的及膝裙设计中，层层叠叠的荷叶花边从衣领垂荡到下摆；相比之下，无袖衬衫式连衣裙却更显朴素无装饰，下摆逐渐收紧。其他的裸色雪纺连衣裙上也带有边饰，类似中国灯笼的风格，搭配色彩协调的皮草披肩。该系列中有很多褶裥和塔克装饰的郁金香型短裙，或高腰或低腰，面料为软羊毛、织锦和真丝缎，外面搭配皮草斗篷或仿羔皮呢夹克。鸡尾酒会礼服装饰有玫瑰花花环、荷叶边以及刺绣。

2010 建筑风格造型，灵感来自于20世纪60年代的裁剪工艺。

黑色雪纺缩褶裙的上围部分为白色，体现了简约风，下身的晚礼短裙非常合身，带有夸张褶边的鱼尾下摆。该系列其他款式中的短裙腰部到下摆也出现了褶皱边饰，上身搭配灰色软呢连肩袖上衣，上衣和短裙之间系有裸色丝带。茧型外套和夹克的面料主要为裸色羊毛。

贾尔斯·迪肯

GILES DEACON

高级时装屋温加罗创意总监的英籍设计师贾尔斯·迪肯依靠智慧和坚韧不拔的精神，将其同名品牌发展成为兼具时尚、传统经典、质量上乘的流行品牌。他的上任重新挽回了该品牌在女演员林赛·罗韩担任创意顾问以来所遭受的名誉损失。

迪肯在英格兰湖区度过了自己的童年时期，这段经历也反映在了他那沉稳冷静、风格独特的时装设计中。在加盟让·夏尔·德卡斯泰尔巴雅克和宝缇嘉后，他的设计更是驴火纯青。迪肯通常在设计中借鉴一些流行文化元素，例如色彩鲜艳的卡通风格舞会裙。他也曾与图案设计师罗伊·克赖顿合作过，图案素材主要为一些仔细观察的不寻常事物，如放大的小蜜蜂以及伍德效应的猩猩。

从著名的伦敦中央圣马丁艺术与设计学院毕业后，迪肯于2004年创建了自己的品牌。在时尚圈中，迪肯因其广泛的交际以及良好的人缘而广受赞誉，他在大学期间就结交了英国造型师凯蒂·格兰德并与他成为了密友。格兰德为他的作品增加了国际风范，同时也是迪肯创作团队的核心成员。2006年，他荣获“英国时尚理事会年度设计师”称号。2009年，更是获得了享负盛名的ANDAM时尚大奖，这个奖项为他赢得了在巴黎时装周举办时装秀的宝贵机会。除此之外，迪肯也曾与多家公司开展过合作，例如迈宝瑞、匡威；自 2007年起，迪肯与英国零售连锁店New Look开展合作。

◄ 2010春/夏系列中，朴素端庄的裁剪中加入了卡通印花以及玩具造型配饰。

2004 该系列廓型的灵感来自20世纪70年代，运用了独特的印花图案。

迪肯在其品牌的第二次时装发布会中使用的长臂猿图案集中体现了他无厘头的设计手法，摈弃了首秀中更加混乱的野性风。整个系列都用到了Stephen Walters & Sons丝绸厂编织的带花纹织锦，例如织锦缎夹克衫搭配条纹短裙或铅笔裙；或是精致透明的土耳其式长衫上印有木纹图案。

2010 2010/2011秋/冬系列充满了成熟的魅力。

橙色直筒连衣裙带有激光裁剪花边，外面搭配一件系有腰带的开襟羊毛衫，标志着该品牌的发展变化。在该系列其他款式中，棕色和橙色调的精致暗门襟夹克衫和外套极具服用性能。撞色连衣裙使用了蛋黄色，领口处带有泪滴形装饰图案。整个系列是对时髦别致的淑女款式的巧妙颠覆。

2009 在这套轮廓鲜明的服饰中，紧身上衣使用了既刚硬又柔软的材质，中间为硬质甲壳般的短裙，最下边是飘逸的褶皱雪纺。

半身裙上装饰有镶有宝石的笋状饰物，给传统的鸡心领、塑型衣和衬裙带来了哥特式风格。这个主题反复出现在该系列中，例如硬皮革A字裙以及简单朴素、带有磨损花边的紧身裙。在该系列的其他款式中，厚实的纱线做成的大号露指手套，连在真丝缎女式衬衫上，偶尔也会装饰骨色的爪子，为该系列带来了颓废的意象。裙子和上衣用安全别针系在一起，T恤衫上奔放的霓虹色彩，表现了抽象表现主义的特质。该系列也无不例外地加入了印花元素。除此之外，该系列服装的配饰还有绸缎或山羊皮制成的前拉链式过膝靴，以及大号圆形帽。

纪梵希

GIVENCHY

www.givenchy.com

设计师休伯特·德·纪梵希（1927—）因为20世纪两位著名时尚偶像——杰奎琳·肯尼迪和奥黛丽·赫本设计过服装而名声大噪。1957年，他推出及膝布袋装和衬衫式连衣裙，在当时产生了巨大的影响力，推动了当代服装风格的发展，也奠定了之后整个时代的时尚风格基础。纪梵希出生在法国博韦，1952年创建了自己的同名时装屋，而在那之前，他就与当时众多巴黎设计师有过私交，例如杰奎斯·菲斯、罗伯特·皮埃特、吕西安·勒隆（纪梵希曾与皮埃尔·巴尔曼和克里斯汀·迪奥一起为吕西安·勒隆设计室工作），以及后来的阿尔莎·夏帕瑞丽。

作为当时最有影响力的女装设计师之一，纪梵希为电影《甜姐儿》（1957）和《蒂梵尼早餐》（1961）中的奥黛丽·赫本，以及当时精致高雅的典范——杰奎琳·肯尼迪都设计过服装，这也为他赢得了全世界的关注和认可。1988年，纪梵希将自己的商业转让给了LVMH集团，并于1995年从时装设计界隐退。之后，LVMH集团总裁伯纳德·阿诺特任命约翰·加利亚诺继任纪梵希的职位，他是第一位进入法国高级时装屋的英国设计师。1996年，亚历山大·麦昆上任，但是人们却对他的作品褒贬不一。朱利安·麦克唐纳德自2001—2004年接任。2005年起，意大利籍设计师里卡多·堤西开始担任纪梵希女装成衣系列和高级定制系列的创意总监，2008年5月，他被任命为男装部男装和配饰设计师。这位曾就职于意大利著名皮革品牌鲁福·瑞色奇的设计师为纪梵希带来了黑色浪漫主义风。

◄ 1961年经典设计作品：奥黛丽·赫本在电影《蒂梵尼早餐》中穿着的一袭简单黑色长裙。

1953 与那个时代装饰性服装风格相反，上下装分体的新概念强调了服装廓型。

模特苏茜·帕克身着复古玫瑰色长及小腿中部的沙漏廓型裙子，上身搭配黑色塔夫绸绗缝A型短夹克，连肩七分袖。休伯特也为他的模特和缪斯——贝蒂娜·格拉齐亚尼设计了著名的“Bettina”式上衣：紧身短上衣，喇叭袖在手腕袖口处收紧。在当时那个属于巴黎高级时装定制的时代，纪梵希低调淡雅的服饰为人们在迪奥的夸张戏剧风和巴黎世家的理性主义时装之外提供了另一种选择。这也促使这位设计师在20世纪50年代末全身心地追求现代主义，放弃了沙漏型服装款式，转而倾向于无腰身布袋装。

1961 美国第一夫人杰奎琳·肯尼迪对纪梵希服装的钟爱，影响了一代女性。

纪梵希设计的流线型裙装色彩亮丽、裁剪利落、轻松随意而又魅力十足，代表作就是杰奎琳·肯尼迪身上穿的这套纯色粗花呢裙装。这套裙装是纪梵希为一家专售法国最佳定制品的时装店——切兹尼农而设计的。纪梵希总是喜欢在杰奎琳的服装上加一些较夸张的细节元素，如远远都能看到的大蝴蝶结或者一两颗大纽扣。头上搭配女帽制造商罗伊·候司顿·佛罗威克设计的贝雷风格帽子。

1969 纪梵希设计出更为现代感的比基尼，使之更适合年轻市场。

比基尼最早由高定设计师雅克·埃姆1946年设计推出，并很快流行起来。20世纪60年代，纪梵希又重新推出了这款带有圆台波状花边的纯白色比基尼，雕刻般的设计给当时典型的直线型模特增加了梦幻般的弧度。此外，纪梵希也推出了端庄又极具女性化的连体泳衣，通常是刀形窄褶，上身是背心式上衣，头戴大号草帽，展示了海滩风魅力。

1997 英国设计师亚历山大·麦昆在纪梵希推出的首次高定时装秀，但被认为是不尊重该时装品牌的传统。

啦啦队装继续沿用了19世纪的军装制服风格——白色的裤子配上饰有羽毛的帽子，该系列也融合了其他女性风格，如瓦尔基里（北欧神话中奥丁神的婢女之一）、有角女神、安琪儿和古希腊女战士，其中有露出半边胸部的不对称紧身服。在他的首秀中，虽然麦昆专注野性的风格在这完美的裁剪和垂褶裙中表现得很明显，但他却放弃了自己的阴暗想象风格。无肩带礼服由点缀有少许青灰色和浅绿色的暗金色丝缎制成，搭配有与麦昆合作的珠宝商西蒙·科斯廷设计的角状头饰。双排扣从下摆延伸到胸部，强调了白色丝缎上衣的轮廓，同时翻领延伸至肩部两点，就好像是恶魔的犄角一样。

1996 约翰·加利亚诺为纪梵希时装屋推出的高定首秀。

干净利落的裤装展现了该品牌低调女性化的剪裁——腰间的丝缎蝴蝶结装饰让短夹克上衣更为柔美，前方褶皱的裤子上带有竖袋。在本系列的其他款式中，加利亚诺迷恋于成熟的古典浪漫主义和混搭风，推出一系列灵感来自于18世纪的各种灰色和白条纹裙子，以及带有大量流苏和饰边的粉红色少女风裙子。

2001 朱利安·麦克唐纳德推出自己在该品牌的首次高级时装秀。

丝硬缎郁金香型短裙内搭窄脚裤，上身搭配珠饰蕾丝上衣，代表了麦克唐纳德诠释纪梵希的更为前卫的方式。该系列以黑色为主，用到了很多奢华的面料，如皮革、蕾丝、水貂皮和天鹅绒，设计出小拖尾款及地礼服，高腰裙以及搭配有细条纹裤子的外套。

2008 里卡多·堤西将现代哥特式风格和舞蹈服风格融合在一起。

这套高级时装晚礼服上的纸白色日本折纸褶环绕在身体上，其他款式中浅绿色西装外套上也用到了这项工艺，褶裥中还点缀着些许鸵鸟羽毛。朱红色礼服上带有都铎式轮状皱领和灯笼袖，除此之外，还有黑色礼服和带有波浪形下摆的黑色长裙。白色褶边衬裙搭配裹身上衣。

2010 里卡多·堤西为纪梵希设计的成衣系列采用了北欧针法和橡胶潜水面料。

本次秋/冬系列中，高腰裤臀部的拉链敞开，露出里面颠覆传统费尔岛图案设计的紧身上衣，形成了错视系带效果。内搭的激光裁剪蕾丝上衣将刚硬和柔美两种不同的风格融合在一起。其他款式中，同样解开拉链的围兜式遮布也用在了橡胶潜水面料裤上，内搭蕾丝贴身连衣裤和及膝短裙，搭配带有复杂费尔岛图案和米色、红色和黑色褶边的针织衫。

古驰

GUCCI

www.gucci.com

汤姆·福特于1994年接管古驰，塑造并体现了20世纪90年代的文化。在他极富创意的领导下，古驰跻身于时尚业最顶层，成为那个时代最令人称羡的品牌。

1921年，古驰欧·古驰在佛罗伦萨创建了古驰时装屋的前身——一家皮革制品店。第二次世界大战后，这个意大利奢华品牌迅速崛起，其双G品牌标识也享誉全球。然而20世纪80年代该品牌授权许可协议的过分扩展，导致其短暂衰落，而这个家族企业的内部斗争使其雪上加霜。1989年，美国零售经营家唐·梅洛受命重振该品牌，随后她聘请了汤姆·福特担任古驰成衣产品线总设计师。1994年，福特被提拔为创意总监，在任期间，他大胆地将性感融入到时装中，展现了精致迷人的魅力。在福特的带领下，古驰于1995年10月上市，戴索雷出任该公司首席执行官。随后，古驰公司与PPR集团结成战略联盟， 由一个独立品牌发展成为多元化的品牌集团，并收购了伊夫·圣·洛朗、斯特拉·麦卡特尼、亚历山大·麦昆和巴黎世家。福特于2004年从女装设计界隐退，很大原因是由于与该集团最大股东PPR在商业理念上存在很大的分歧。

2006年，古驰前配饰设计师弗里达·贾娜妮出任该集团创意总监。起初，她为该品牌带来了嬉皮士华美的格调，多了一些女性特质，少了一些性感。随后，她又重新恢复了福特在任时期所展现的锋芒毕露的魅力。

◄ 弗里达·贾娜妮上任古驰创意总监后，首次推出的2006/2007秋／冬成衣系列。

1971

热裤和及膝长筒靴代表了20世纪70年代古驰的风格魅力，再搭配印有独特双G标识的帆布手提袋。

古驰创始人古驰欧·古驰的儿子奥尔多·古驰1957年推出竹柄手提包。古驰也曾为美国第一夫人杰奎琳·肯尼迪·奥纳西斯设计了一款“杰姬包”，这款包很快大受名人追捧，成为与香奈儿2.55经典包和爱马仕凯利包具有同样知名度的名包，2008年，古驰重新推出这款包。第二次世界大战之后，皮革的稀缺使得古驰不得不用帆布作为替代品，源自马鞍带的红绿条纹带成为古驰的商标和象征，也在绒面鹿皮鞋面上装饰有标志性的马衔扣。这些都是接下来40年古驰标志性的代表元素，直到美国设计师汤姆·福特继派瑞·艾磊仕之后受邀重塑该品牌。目前，配饰占古驰80%的营业额。

1995

福特精心设计的服装系列极具突破性，重新打造了古驰风格，也让双G标识再次绽放生命力，成为20世纪90年代及之后极具代表性的商标，并出现在古驰的各个产品上。

丝缎或天鹅绒紧身靴型裤，搭配孔雀蓝和柠檬色迪斯科丝缎衬衫，这些曾经出现在54号俱乐部舞会上的服饰也再次被推出。高光泽丝绒面料制成的尖肩紧身运动夹克，搭配解开纽扣的衬衫，衣领为20世纪70年代风格的敞开式翻领。奢华有光泽的马海毛制成了淡粉蓝色和焦橙色宽松及膝围裹式大衣，其他款式中标准化裁剪的外套也带有简单随意的贴袋。棕色或黑色做工细致的及膝皮衣，内搭低圆领迷你毛衣裙，或是黑色V领毛衫及裤子。臀部带有“G”标识的细腰带装饰的亮红色毛衣裙，外搭橘色七分袖皮衣外套，展现了优雅随意的魅力。所有这些服饰都搭配古驰的马衔扣乐福鞋。

1996 该套裙进一步显示了福特作品魅力十足的美誉。

性感和时尚的融合表达了对候司顿的敬意。人造丝白色直身裙在臀部处镂空，将古典简约和现代风格融合在一起。

2001 秋／冬系列中，皮草和蕾丝花边元素平衡了简单朴素的剪裁。

这件对襟皮大衣集中体现了该系列的特点，除此之外，该系列还包括细节精致的哑光黑色裤装，裤子前上方或腰间有大号拉链。

2002 摈弃了分体式上下装的形式，形成内衣外穿的连体装。

福特将透明的针织真丝连体衣穿在健美的身体上，表现了大方的性感和大胆的魅力。该系列其他服饰中瘦版开衫紧紧地缠绕在身体上，下身搭配连接内衣的短裤，或是阔腿裤搭配抽绳上衣。长及小腿中部的A字裙看上去随意而低调。

2003

该系列由瘦版靴型长裤、军装风外套和皮草帽组成。

对20世纪70年代风格的风衣进行重新改造，如腰线、裙式下摆和大翻领，内搭从头到脚都为黑色的上衣和裤子。而其他外套则为军装风，双排扣，并装饰有黄铜纽扣。精致的贴身开司米高翻领或波罗领毛衣，搭配黑色腰带裤，脖子上系有丝巾，搭配冬天的太阳镜，略有神秘邪恶的感觉。双排扣套装由蓝色调细条纹精纺面料制成。

2008

借鉴了20世纪70年代嬉皮士华美风，带有俄罗斯风格的民俗印花和手工装饰。

全虎纹迷你吊带裙的颈部带有缎带和黄铜纽扣。腰间为缠绕两次的金属腰带，金属腰带里面还有一根低至臀部的宽流苏腰带，整个系列都用到了这个重复的主题，例如提花短裙或窄裤。该系列进一步引用了20世纪70年代的风格，阿富汗外套被裁剪为夹克衫，蒙古小羊皮镶边，面料和口袋上还带有青绿色和黑色绣花。备受欢迎的嬉皮士印花的佩兹利纹出现在带有大量流苏的围巾、雪纺上衣和丝绉绸迷你裙上。

2011

通过浅色麂皮和珍贵的真丝面料，打造了都市野性风。

丝硬缎郁金香型短裙，上身搭配前方褶皱、围裹式针织上衣，腰间带有金色硬质宽腰带。其他橙色、青绿色和鲜绿色等珠宝色的服饰中也采用了这种格调。宽腰带出现在整个系列中，如双面皮革面料制成的青年风格衬衫，以及紧身皮裤。彩色花边迷你裙搭配大号包——贾娜妮推出的系列通常配饰搭配非常完整。

盖尔斯

GUESS

www.guess.com

盖尔斯由来自摩洛哥的马西亚诺四兄弟——保罗、乔治、阿曼德和莫里斯创建于1981年，其设计性感魅惑、宣传独特，展现了美国梦。创立之初，该品牌靠新颖的裁剪和染色牛仔起家，对水洗和处理方式进行创新，同时对色彩进行实验性的探索，而不是单纯地采用靛蓝色；此外，采用了不同类型的牛仔面料，如竹节牛仔。

1981年，布卢明代尔百货公司储备的盖尔斯第一个单品——“玛丽莲”三拉链式水洗牛仔裤三小时内售罄。到1982年末，马西亚诺家族已经销售了价值1200万美元的牛仔裤。而和其他制造商（如约达西）偶有分歧的合作也使其迅速扩大：2009年，盖尔斯在全球已拥有超过1000家奥特莱斯店，以及2.1亿美元的收益。该公司如今已拥有多个品牌商标，产品涉及配饰、化妆品、童装、男装，以及马西亚诺premium产品线和盖尔斯G产品线。

盖尔斯代表着性感美丽、轻松随意，并反映了战后的流行文化：牛仔裤裁剪贴身，裙摆低，充满青春活力。其独树一帜的品牌风格归功于保罗·马西亚诺，是他决定给模特拍摄黑白照，并在经典的美国场景中加入了撩人性感的姿势。正是盖尔斯的广告，成就了世界知名模特卡拉·布吕尼、安娜·妮科尔·史密斯和克劳蒂亚·雪佛。盖尔斯的服装也出现在一些著名的电影中，如《回到未来》（1985）。盖尔斯曾被认为设计过时，因此于2000年代重新改造了自己的品牌形象，并于2004年邀请帕丽斯·希尔顿担任模特，又重新推出了几个服饰系列。

◄ 该品牌含蓄地提倡“及时行乐”的生活方式，2001年推出了摇滚风。

1992 三角背心式上衣系在深露式胸罩外面，下身搭配竖条纹裤子，体现了公然的性感魅力，这种媒体宣传广告当时也极富争议。

摄影师纳胡姆·巴伦曾于1954年为身着条纹紧身长裤的玛丽莲·梦露拍摄过著名的照片。为对此致敬，盖尔斯邀请安娜·妮科尔·史密斯重新演绎了这个造型。该品牌在过去的几十年里主要靠各种获奖电影和明星来进行宣传，发展势头咄咄逼人。通过让当代性感偶像身着该品牌服饰，进而反映并加强这些电影先驱们的名声和影响力，因此该品牌传递出这样一个简单却强大的信息：穿着盖尔斯，引万人注目。安娜·妮科尔·史密斯身着条纹全纽扣式连衣裙，露出长筒袜，摇身一变，成为了海浪中的黛博拉·蔻儿。史密斯也会像简·曼斯菲尔德那样，变身成为一名衣着暴露、被卷入底层黑暗社会斗争游戏中的妓女。除此之外，她也再现了《甜蜜的生活》（1960）中低抹胸式礼服。盖尔斯还让史密斯身着拖地晚礼服，扮演女歌手。

2003 自从20世纪80年代以来，盖尔斯经常采用金发美女形象，从而为其主打的牛仔裤系列增加零售市场的吸引力。

在2003年的模拟广告活动中，盖尔斯的模特们将碧姬·芭铎作为性感迷人的原型。她们的形象是20世纪60年代中期的金发美女芭铎，但是牛仔裤的样式却是时下的风格。杂志广告也参考了某些相关的电影及著名的宣传剧照。服装的风格大胆而具诱惑性：抹胸式的上衣搭配项链、细高跟鞋和紧身牛仔裤；或是做旧牛仔面料制成的系带式超短裙，搭配星星装饰的运动衫；抑或者是宽松的花边黑色巴斯克衫，外搭绸缎宽松罩衫。这些服饰传达出自由宽容的风格，内衣外穿，例如吊带紧身衣、打结的短背心和隐约可见的胸罩。稍微端庄一些的是紧身牛仔连身衣，五分袖带装饰，前中有揿扣；黄蜂牌小型摩托车也为费里尼的电影增加了弦外之音。

候司顿

HALSTON

www.halston.com

奢华简约主义的提倡者——罗伊·候司顿·佛罗威克（1932—1990）参考了设计创新者克莱尔·麦卡德尔和邦妮·卡辛的风格，并于1968年创建了自己的同名女装品牌。候司顿最初是纽约百货公司波道夫·古德曼品牌（曾为杰奎琳·肯尼迪设计过著名的碉堡帽）的女帽制造及销售商，他与20世纪70年代54号俱乐部中广为人知的迪斯科场景有着千丝万缕的联系。他曾为他的名人朋友比安卡·贾格尔、劳伦·白考尔、安杰丽卡·休斯顿和贝比·佩利设计过丝质长衫以及薄款平纹针织晚礼服。候司顿致力于低调易穿却又有着精致高雅外观的设计，并采用了一些柔软的面料，例如真丝、羊毛针织物，以及他最喜欢的一种名叫仿麂皮无纺布的昂贵人造面料，采用的色调主要为自然柔和的中性色。作为当时最具影响力的美国设计师之一，候司顿于1972年被《新闻周刊》封为“美国最佳设计师”。

1973年，候司顿将自己的品牌卖给了诺顿·西蒙公司。1990年，在他去世后，该品牌先后8次易主，历经6位设计师掌舵。直到2008年，哈维·韦恩斯坦、塔玛拉·梅隆和造型师瑞秋·佐伊的加入才重振了该品牌。他们邀请了范思哲前意大利设计师马可·萨尼尼担任创意总监，并首次推出了2008/2009秋／冬时装秀，促使奢侈品网上专卖店Net-a-Porter在这场时装秀之后立即与其签订了销售协议。2008年7月，英国设计师马里奥·施瓦博（见第202页）负责主要的产品线，而《欲望都市》中的女主角莎拉·杰西卡·帕克则出任该品牌的总裁，以及候司顿遗产风格产品线的首席创意官。

◄ 作为20世纪70年代迪斯科魅力的典型，候司顿弱化了廓型，并使用了奢华面料。

2008

流线型的休闲装塑造了协调的简约风。

继候司顿品牌重新推出后，创意总监马可·萨尼尼推出了第一个时装系列，借鉴了该品牌原始风貌的简洁线条与简化细节。萨尼尼将色调局限在棕色、深咖啡和咖啡色系，还加入了标志性的明黄色。该系列以外套、束腰外衣和裤子，以及上身合体下身宽松的晚装为主。

2011

巧妙地用褶皱取代了裁剪，从而定义了该品牌风格。

这套礼服很明显是由一块平纹针织面料制成，特点是没有省道，接缝也很少，面料多余的部分就从臀部处向上拉起，突显出腰部。腰间的大号金属针固定住了这条肩部不对称的鲜红色连衣裙。本次秋／冬系列中采用了最简化的结构设计工艺，并在金属片上印有抽象的图案设计，带来了奢华闪亮的视觉效果。

2009

候司顿标志性风貌的集中代表：色彩亮丽、流畅优美的垂褶真丝晚礼服。

这件直筒式连衣裙长及脚踝，肩膀处形成不对称领口，马里奥·施瓦博在整个系列中都用到了这种风格。这位设计师在该系列中再次借鉴了候司顿的历史风貌，例如20世纪70年代标志性的款型：飘逸随意又华丽的丝质土耳其式长衫，肩部不对称的连衣裙，以及绕颈连体衣，并采用了各种鲜艳的颜色，例如橙色、黄色、青绿色和青石蓝色。以非洲为灵感的黑白印花小元素为图案设计注入了别致的风格。而服装的结构也遵循了候司顿“少即是多”的设计原则。该系列服饰很少用到纽扣、拉链和门襟，而用拉绳、褶皱和弹性来弥补了其功能性。系列中有一件连体衣，看上去好像没有任何紧固件，但却用光滑的石蓝色针织面料勾勒出优雅的身材曲线。

海尔姆特·朗

HELMUT LANG

www.helmutlang.com

海尔姆特·朗的简约主义主要通过精准而精致的裁剪来展现优雅的基本廓型，高品质面料也融合了创新性技术。海尔姆特·朗（1956—）摒弃了经济和艺术基底，转向时装业，1977年，他在维也纳创建了自己的时装定制工作坊，两年后自己的时装店 Bou Bou Lang开张。1984—1986年期间，他开发了女装成衣系列，这使得他得以在政府的资助下于1986年在巴黎推出了海尔姆特·朗品牌。海尔姆特·朗概念鲜明，获得了巨大的成功，并与那个时期激进睿智的设计风格产生了共鸣。

20世纪80年代，该品牌在维也纳重新设立总部，而其对解构主义的提炼与升华也受到了当时创意行业国际性客户群的青睐。海尔姆特·朗都市、自信而现代的外观风貌，将中性色的奢华面料与前沿的合成面料进行融合，设计出优雅的款式。20世纪90年代，该品牌拓展到内衣、牛仔裤和香水产品线。

20世纪90年代后期，该品牌与普拉达集团合作，后者于2004年收购海尔姆特·朗公司51%的股份。一年后，海尔姆特·朗离开该品牌。到2006年，普拉达已经将其股权转手卖给了日本的希尔瑞公司。希尔瑞在Fast Retailing公司的帮助下，重新推出了海尔姆特·朗品牌。该品牌如今由迈克尔·库鲁鲍斯和妮可·库鲁鲍斯夫妇主理设计。

◄ 2008年，迈克尔和妮可·库鲁鲍斯夫妇在该品牌第一次时装秀上推出的简洁直筒连衣裙。

2003

海尔姆特·朗在其现代主义基础上增加了解构主义风格。

裹身半裙将鲜明的黑白印花进行了分割，下身搭配黑色短裤，体现了该系列的智能未来主义风格。其他款式还包括无袖不透明的黑色外套，装饰有透明白色或橘红色薄纱。短上衣上有很多拉链装饰，利用透明面料进行分割，白色塑料拉链裂开，和珠光色网眼蕾丝重新连接在一起，形成鸡尾酒会礼服。整个女装和男装系列都均衡地采用了瘦削的外型和简约风格的色调。

1997

海尔姆特·朗摈弃了所有装饰带来的矫揉造作，其设计理念体现了实用简约主义的现代风格。

简单的黑色瘦长直筒裤和圆领毛衣外面搭配一件长方形的羽绒填充色丁裹身衣，形成茧状。该系列偶尔采用的表面处理过的合成面料和纤维，与奢华的经典面料搭配，传递出无声的不稳定感。延伸至上臂的面料，以及纯白色女式衬衫外的本色平纹针织腰封，都具有很强的雕塑感。色彩的选用同样理智而合理：黑色搭配黑色，白色搭配白色，白色偶尔也会搭配具有对比效果的黑色辅料。深蓝色、灰褐色、驼色或粉色则很少使用。而鲜红色的蜡光绸长裙更是将该系列推向高潮。

2005

整个系列借鉴了海军风。

无论是配饰还是面料，航海主题贯穿在整个春／夏系列中，这件白色卷边大三角帆式衬衫就是其中之一。绳底鞋或铆钉鞋的脚踝处系带，搭配翻边七分裤。整个系列都装饰着捻成的绳索、绳结等航海休闲元素，而救生衣腰带则做成了宽身束腰女上衣。

爱马仕

HERMÈS

www.hermes.com

作为法国最早的家族式企业之一，爱马仕是工艺精湛的典范，并创造了著名的奢华手袋。1837年，创始人蒂埃利·爱马仕（1801—1878）先是在巴黎开了第一家作坊，生产马鞍等马具用品。随后，他将马鞍定制工艺自然地扩展到制作精美的手袋中，并在其巴黎工作室将这些工艺发展成为高端艺术。蒂埃利的继承人埃米尔·莫里斯·爱马仕买下了位于巴黎圣特娜福宝大道24号的大楼，这成为了爱马仕的旗舰店兼工作室。之后，该公司由第五代主席让·路易斯·杜马斯·爱马仕掌管，直到2006年，近170年来首位非家族成员帕特里克·托马斯开始掌舵该公司。

1892年，该公司生产出第一只名为Haut à Courroies（简称HAC）的手袋，用来装马鞍。该企业历史上另外一个重要时刻是埃米尔·莫里斯获得在皮革制品中使用一种拉链的专属权，将其命名为爱马仕紧固件，它还出现在该品牌的第一件皮衣——威尔士王子爱德华的高尔夫夹克上。1922年，第一只皮质手提包问世。1923年，宝莱包成为历史上最先使用拉链的手袋。随后，该品牌又创造出一系列经典的手袋，包括1984年令人称羡的“柏金包”。

1929年，爱马仕在巴黎推出自己的第一个高级女装定制系列。自1956年起，该品牌推出成衣系列，相继由多位设计师设计，其中包括1998—2003年在任的比利时设计师马丁·马吉拉（见第208页），2003—2010年在任的让·保罗·高提耶（见第164页），以及2010年接任的克里斯托夫·勒梅尔。

◀ 2011春/夏系列，让·保罗·高提耶在爱马仕的最后一次时装秀，灵感来自于骑士。

1937 20世纪30年代，对配饰的重视程度增加，爱马仕利用这一契机，将其产品从手袋拓展到手工缝制的长手套。

20世纪初，汽车取代了马和马车，成为最主要的交通运输工具。而埃尔·莫里斯·爱马仕也预见到了该公司需要从马具产品扩大到生产更多奢华的皮具产品，比如行李箱和旅行袋等。因此，20世纪30年代，爱马仕生产出很多著名的配件，如手袋、手套和印花丝巾，都成为了该品牌的经典设计。1930年，爱马仕推出因其轻盈质感而得名的“Plume”包（中文“羽毛”之意），其雏形原为用于放毯子的包袋，也是第一款既能做日间休闲包又能做晚间手提袋的包。1935年，Sac a Depeches公文包问世，即后来的凯利包。20世纪30年代，爱马仕入驻纽约内曼·马库斯百货商店，从此开始进军美国市场。

1956 格蕾丝·凯利被*Life*杂志拍到用一只爱马仕经典手袋半掩着她已怀孕的小腹，自此，Sac a Depeches公文包便借用她的名字被命名为凯利包。

如今，凯利包已成为设计中的经典作品，更是收藏家的钟爱、母亲传给女儿的必备单品，它的每一个最新设计都有很多人翘首以盼。每一个凯利包需要一位工匠花费18小时来制作，并且在每一个包包上都会贴上这位工匠的名字和生产日期。每个包先是用超过2600个双排针脚手工缝制。再用5个单独的皮块制成手柄，并用专门的刀子手工定型。随后用沙纸打磨皮革的斜切边，并染色，使之与包身颜色相配。扣子和包底的4只金属脚被固定在包身上，4个穿孔也用来固定包包的锁带硬件。随后再通过熨烫去除小牛皮上的褶纹，最后一步则是在每个包包上都贴上“Hermes Paris”的字样。

2005

借鉴了多种传统风格，例如法国的约依印花图案以及军装细节。

裁剪整齐的法国海军风格短裤装，搭配大号凯利包，这与该系列其他服饰如印花雪纺长衫、搭配七分裤的露肩花边上衣等展现高端嬉皮士的风格相反。这些服饰带有军装细节并搭配有波浪形边海盗帽，为该系列带来了海盗风格。爱马仕印花丝巾则松散地绕在短上衣上，下身搭配露脐式长裤。

2002

比利时设计师马丁·马吉拉推出全黑系列。

一套无袖带接缝的皮质连衣裙在颈部加入了一块同样材质的三角形面料，形成假围巾，显得与众不同。该系列最简化的结构细节进一步突出了其暗色调，这表现在茧型的外衣、轻便的裤子和对襟蝙蝠袖的短上衣上。无袖短上衣塞进阔腿裤中。针织品包括毛线连衣裙以及拖地露肩晚礼服。

2006

作为该品牌长久不衰的标志性单品，爱马仕方形丝巾缠绕在头部后方，末端随意散着，表现了田园风格。

1928年，爱马仕推出其标志性的丝巾，并于1937年在里昂建立了一家专门制作丝巾的工厂。第一条丝巾上印有一位戴假发的白衣女子正在玩一款流行的古老游戏，这款丝巾也被命名为“女士与巴士”。现代的爱马仕丝巾边长为90厘米，重为65克，由桑蚕丝织成。所有的丝巾都用多个丝网手工印制而成——通常多达30种丝网，每一种颜色就需要一个不同的丝网，目前为止，最多的有用到43种。每年，爱马仕会发布两次丝巾系列，也会重新推出老款的设计以及限量版。自1937年以来，爱马仕已推出超过25000款独特的设计。

2008 该系列以爱马仕最具代表性的焦橙色为主色调。

斜挎包为复古款式，色彩和图案都非常丰富。羊皮大衣有翻领和翻边袖口，腰间还缠绕着一根带流苏的编织皮带，特大号的佩兹利印花围巾塞进领口。该系列的及膝连衣裙和围巾裙上也用到了同样的印花。在橙色之外，该系列也加入了姜黄色、红椒色等华丽明亮的色彩。

2009 灵感来自于20世纪20年代的飞行员风格，柔软的褐色皮革飞行夹克。

单肩连衣裙由柔和色调的格纹真丝面料制成，腰间绑有一根窄腰带。毛边皮衣带有相搭配的衬里。

2010 从头到脚的黑色皮革面料让人想起城市里西装革履的商务人士，头上戴着圆顶礼帽，手里还拿着伞。

系有腰带的斜纹软呢外套内搭皮质夹克，下身搭配合适的宽松皮裤，该系列充满了阳刚气，其他款式中豹纹雪纺的加入则让其变得更为柔美。

霍莉·富尔顿

HOLLY FULTON

www.hollyfulton.com

出生于爱丁堡的设计师霍莉·富尔顿凭借其与众不同的装饰性风格女装和珠宝，借鉴了“奥迪恩”风格，将20世纪30年代好莱坞风格和装饰派艺术、立体主义和包豪斯图案艺术融合。她将鲜亮的颜色、大胆的图形线条与雕塑质感融合在一起，创作出肌理、外观和形式的综合体。富尔顿设计的低调的流线型服饰，例如短款的直筒连衣裙和直筒裤，都表现了她对表面细节的强烈关注。她利用高定工艺、现代化的材料（例如透明塑胶和其他塑料），以及处理过的数字印花图案，在服装和珠宝设计中创造出错视画派及3D效果，也增加了20世纪60年代流行艺术和20世纪80年代的意大利孟菲斯设计团队的图案风格。

1999年，富尔顿从爱丁堡艺术学院时装设计专业毕业后，先后为苏格兰设计公司Queene & Belle和珠宝商约瑟夫·邦纳工作，后来，她进入伦敦皇家艺术学院学习女装设计，2007年毕业。随后，富尔顿被巴黎高级时装屋浪凡任命为配饰设计师，跟随创意总监阿尔伯·艾尔巴茨，她用醒目的图案和流行艺术色彩创造出大号珠宝饰品。

2009年，富尔顿获得英国时装协会颁发的“施华洛世奇年度配饰设计师”大奖。2010年，她又获得了苏格兰时尚大奖授予的“年度新锐设计师”称号，以及*ELLE*风尚大典颁发的“最具潜力新锐设计师”奖。

◄ 2011年的全长直筒连衣裙上印有纽约克莱斯勒大厦的图案。

2007 富尔顿在皇家艺术学院的毕业秀。

所有11套服饰都带有激光组件。从简单的彩色穿孔丙烯胶片，到珠光般的镶饰都采用了色彩饱和、几何装饰的原则。颈部和肩部装饰塑料饰品和亮片。其他款式中的吊带裙上也随意装饰有明净的彩色硅胶。

2011 春/夏系列中，翠绿色和橙色的古埃及符号以黑色为基础。

简单的高叉泳衣上印有未来风格图案，外面搭配一件黑色的羽毛外套。其他款式中，羽毛也装饰在印有纽约天际线背景的横条纹短裙上，上身搭配20世纪80年代孟菲斯风格的印有碎石路图案的上衣。黄色滑冰服上印有埃及风格的象形文字。另外，短裙上也印有20世纪30年代插有樱桃的鸡尾酒杯图案。带装饰和图案的直筒连衣裙有时带有肩带。裹身短裙和连衣裙的外观更为柔美、更为飘逸，上面印满了不同角度的备受人们尊敬的圣鸟——埃及圣鹮。背心或真丝吊带上衣上带有小环连接的装饰衣领。

2009 装饰艺术风格的服装展示了未来主义面料上的创新性珠宝装饰。

带垫肩的连衣裙展示了该系列简单的服装款式以及复杂的装饰，有的让人想起1927年的德国表现主义电影《大都会》，该电影由弗里茨·朗导演，背景为未来地狱般的都市。该系列其他款式中，几何形状的黄色对襟蝙蝠袖上衣，搭配黑色皮靴和裤子。橙色褶皱灯笼裙上衣身为黑色皮革，装饰带扣肩带。

雨果·波士

HUGO BOSS

www.hugoboss.com

雨果·波士品牌以制造时尚男士西装起家，后发展成为知名度很高的时尚帝国。该品牌在103个国家拥有超过5000家奥特莱斯零售店，每年营业额超过5亿美元，其产品已经拓展到男女高级成衣。1923年，雨果·波士在德国的麦琴根创建公司，制造工装和制服，直到二战期间。1953年，该公司产品拓展到男装。20世纪60年代，在皮尔·卡丹的启发下，该公司用意大利面料生产出大量色彩时尚的男士成衣。当时，其少量生产的高端风格却又价格亲民的服饰，为该品牌赢得了最早的成功。

1993年，商人彼得·利特曼博士重整了该公司及其品牌形象，弃用了之前的旧品牌，将其改造为三个品牌：高端成熟系列波士；针对年轻人的雨果产品线；以及以雨果·波士设计师沃纳·波帝萨里尼的名字命名的定制品牌波帝萨里尼。20世纪90年代，该品牌首次推出女装，同时推出了波士橙色和波士黑色系列，现在由格内木·布莱克设计。波士绿色系列主打男士运动及高尔夫风格。随着更加前卫的雨果产品线涉足定向女装，雨果·波士品牌几乎涵盖了所有领域。2001年12月，波帝萨里尼卸任该品牌的首席执行官一职，布鲁诺·沙尔茨博士接任。除了涉足体育赞助，该品牌还与古根海姆博物馆合作，成立了一项年度国际艺术奖——“雨果·波士”奖。

◄ 出自2009/2010秋／冬系列，雨果·波士的Hugo by Hugo Boss系列推出的高级男装。

2004

春／夏系列采用了实用款式和有光泽面料。

淡紫色珍珠般光泽的短夹克，搭配光滑的珠光灰细条纹裙。细条纹面料也用于瘦版的单粒扣男士外套以及女式短款套装上。饰带式领带系在低腰裤上，上身搭配短上衣。该系列的晚装包括黑色皮质高腰连衣裙，腰间系有细长带子绑的结。公主线鸡尾酒会礼服的接缝上装饰有冷色系的圆形花边。

1989

雅皮士套装遵循了20世纪传统的宽肩窄臀的男装形象。

雨果·波士与英国品牌保罗·史密斯都代表了20世纪80年代雅皮士的流行概念——年轻有理想的专业人士，汤姆·沃尔夫在其作品《虚荣的篝火》（1987）中对此进行了讽刺。雅皮士套装风格是由商务人士而不是裁缝来定义的，通常是双排扣上衣和前方打褶的裤子。大衣展示了雅皮士套装宽松轻便的廓型。20世纪80年代，雨果·波士品牌作为早期的植入式广告，出现在当时最时髦、最具影响力的两部电视剧——《迈阿密风云》和《洛城法网》中。转包策略和高品质面料的使用使该品牌在竞争激烈的市场上赢得了声誉。

2011

结构柔软的套装、衬衫式连衣裙以及极具女性化的雪纺连衣裙。

结构简洁的裤装很有20世纪80年代的细节：挽起的袖子、锥形裤以及服务生款式的短夹克；这样的风格也表现在商务风格的黑色短裙上，腰部的装饰褶襞显得臀部丰满，上身搭配一件青春活泼的白色T恤；或是体现在蝙蝠袖的宝蓝色塔夫绸女礼服裙上。大块的仿珊瑚让无袖格纹背心裙和鲜红色的晚装显得更加活泼。

侯赛因·卡拉扬

HUSSEIN CHALAYAN

www.husseinchalayan.com

在一季又一季的时装秀中，很少会有设计师因为其超自然的设计特点而长期获得媒体的关注。而有着土耳其和塞浦路斯血统的时装设计师侯赛因·卡拉扬（1970—）却在其作品中显示了一种能力，即通过作品就人性和物质之间的关系提出多层次的问题。他的作品跨越8个国家和3大陆，在14家国际性博物馆和美术馆展出，包括2005年的威尼斯国际艺术双年展。

尽管如此，卡拉扬作品的商业价值并没有被其艺术性和文化性冲淡。1993年，从伦敦中央圣马丁艺术与设计学院毕业后，卡拉扬开始了自己的职业生涯，在发展自己品牌的过程中，他曾与众多公司合作。在1998—2001年期间，他为针织品牌TSE做过设计。随后又与英国高街品牌马莎以及意大利制造公司Gibo合作。2001年，他被奢华珠宝品牌爱丝普蕾任命为时尚总监。2002年更与网络零售商yoox.com签订了独家协议，开始了自己的男装系列。2007年，他获得时尚国际集团颁发的“荣誉时装之星”称号。卡拉扬也为彪马的运动服饰加入了创意元素。2009年，他与施华洛世奇、欧洲顶级内衣品牌Falke的丝袜系列，以及纽约牛仔品牌J Brand合作。

◀ 出自2005高定系列，衣领的设计非常独特，一直延伸到臀部。

1997

几乎要飞起来了：降落伞上的线条和空乘风格套装。

该系列为颇具都市风格的商务变化款式，卡拉扬在传统的直筒式连衣裙中加入了降落伞的意味。该系列其他款式中，如果没有纸飞机或纸风筝的几何造型机翼，棕色带短裙或裤子的套装就很适合空乘员的制服。同样，透明网V型插片也使得平纹针织直筒连衣裙更为时尚。

2010

墨西哥玛丽亚西花边，缅因州水手防水帽。

超现实风格的缠绕式连衣裙表现了该系列的概念。“幻景”系列探索了美国和墨西哥斜纹拖网的效果。波士顿俱乐部运动风格夹克搭配楠塔基特岛油布头巾。其他款式中，无边女帽连接在清新的白色衬衫上，外搭短夹克，形成了青春风格的连帽衫。时尚的斗篷内搭驼色外套，展示了亚利桑那风情，花边钩针的色彩也表现了阳光明媚的提华纳风情。

2000

将舞台画面转变成温和的华丽辞藻：在这些深思熟虑、商业化的款式中，巧妙的转换传达了难民们所处的困境。

卡拉扬因其乐于展示自己大胆而富于想象的精湛技艺，而与其他设计师与众不同。该系列中，他创造出一间备有家具的房间，里面的配套家具都可以变成可穿的服装和皮箱，表现了这些可移动物品带来的不安全感。他在商业秀场中植入了这番精彩的表演，表现了在与人互动的人工制品中加入内容和价值的强烈愿望。因此，此次“Afterwords”系列也带来了复杂的故事陈述。场景设置可以满足所有年龄层次的人群，统一风格的模特使服装非常协调。形状在传统的形式中变化：木制裙在带裙边的黑色舞会礼服中也有所呼应，椅套则和黑色晚礼服以及瀑布褶鸡尾酒会礼服的轮廓一样。还有一些非常风趣的款式，例如长及小腿的羊毛外套上带有错视画派露指手套的贴袋。

伊莎贝尔·玛兰

ISABEL MARANT

www.isabelmarant.tm.fr

出生于法国的设计师伊莎贝尔·玛兰（1967—）将垃圾摇滚与高雅魅力相结合，其设计现代而不失经典、裁剪随意而轻松、细节放荡不羁，展示了简洁的左岸优雅风格。1989年，该设计师推出自己的配饰系列。2011年，随着该品牌在纽约的商店开张，伊莎贝尔·玛兰享誉盛名的时髦服饰也从他的故乡法国流传到欧洲，以及美国地区。伊莎贝尔·玛兰的代表风格是带有精致装饰和性感女性化细节的宽肩夹克。她与面料供应商合作，发明并熟练使用该品牌独有的面料，她偏好使用表面做旧的面料，以此表现出服饰的奢华嬉皮风。运动服款式的休闲裤、优雅的斜纹软呢及天鹅绒夹克，以及随意系腰带的低腰褶皱雪纺连衣裙，都散发出一种轻松而独特的魅力。对于夏日凉靴，玛兰则用到了翻边海盗靴的风格，流苏和链子装饰也成为表现其颓废风貌的一个重要部分。

玛兰对复古面料和古典款式（如军装夹克）进行重新演绎，最开始的时候是在雷阿尔地区销售自制的作品。1987年，她进入法国Studio Bercot高等服装设计学院学习，随后成为米歇尔·克莱恩的学徒。从1994年开始，玛兰以自己的名字命名进行品牌设计，其标新立异的审美与当时盛行的极简主义格格不入。

该品牌旗舰店位于一位巴黎老艺术家的工作室。其副线品牌Etoile价格更为亲民。

◀ 出自2005年，皮衣内搭印花衬衫式真丝连衣裙，腰间束有一条红色麂皮宽腰带。

1997

该系列服装廓型瘦长，上面印有巴洛克式印花图案。

不对称的卢勒克斯提花针织上衣，搭配开衩至大腿的迷嬉裙。该系列其他服饰风格相反，主要是纤细合身的裤装，或者白色，或者借鉴20世纪70年代黑人电影的风格，面料为铜色色丁，并搭配爆炸式发型。该春/夏系列的其他服装款式中，黑色透视蕾丝上衣和连衣裙上印有佩兹利纹样。

2010

伊莎贝尔·玛兰高端的节日盛装以及夏季连衣裙。

粉色、青绿色和金银丝面料的褶皱花边迷你裙，搭配玛兰极具标志性的流苏短靴，通常还会在脖子处缠绕几圈金银丝缎围巾。条纹和金属片针织衫外搭装饰有珠宝的复古风对襟花呢夹克，上面还装饰有纽扣和流苏。宽肩夹克搭配织锦缎短裙和工字背心。

2005

自由随意的裁剪和颇具女人味的飘逸雪纺衫，搭配彩色花呢，与绣花等波西米亚风相得益彰。

花呢对襟外套边上带有豹纹印花，还印有黑白格子图案，内搭伊卡特（Ikat，一种被广泛使用的纱线扎染织物）风格的印花连衣裙。印花连衣裙很好地体现了本系列纹理丰富的主题，通常还外搭双排扣羊皮夹克——或者长及膝盖，或者做成波蕾若外套款式（Bolero，前胸敞开的女短上衣）。连衣裙充满活力的橙色或红色还被用在了撞色真丝短裙和造型简洁的裹身裙上，也为飘逸的灰色及膝雪纺裙带来一抹亮色。女性化细节继续贯穿整个系列，例如过臀雪纺上衣上带有同色绣花，以及小绒球毛边。配饰有无檐小便帽，以及沉重的铜徽章。米色或灰色的宽松九分裤，搭配合宜的针织衫，以及带流苏的编织窄腰带。

三宅一生

ISSEY MIYAKE

www.isseymiyake.com

三宅一生在其作品中主要关注的是创新性面料和服装新颖款式之间关系的敏感性。这个系列对建筑式面料外型内身体的移动方式进行了夸张。2005年，三宅一生（1938—）成为享誉国际的艺术家，并获得了高松宫殿下纪念世界文化之雕塑奖，也成为与雕塑家安东尼·卡洛、建筑师法兰克·盖瑞和导演费德里柯·费里尼齐名的创作家。这一奖项对于这位出生于广岛的设计师来说可谓名副其实，在他的引领下，其同名品牌获得了稳步长足的发展。三宅一生的日本出身对其产生了很大的影响，而后来在欧洲和美国的学习、工作经历又使其吸收到了更多的全球性文化。

在时尚行业的40年里，三宅一生推出了后来成为永久性时尚标志的重要概念：三宅褶皱系列（又称为“我要褶皱”），20世纪80年代，喇叭状、为身体营造出立体线条的皱褶设计，以及“一块布”（A-POC，A Piece of Cloth）独特理念的服装工艺，形成了其特有的服装概念。在他的某些服饰系列中，趣味性中不乏严肃感，但其核心特征仍是对可穿戴性服饰持久品质的重视。三宅一生自1997年退休后，就将重心全部放在了公司的研究项目上。2010年，该品牌庆祝了第80个女装系列的推出，以及第50个男装系列。在2007年之前，该品牌一直由泷泽直己掌管，此后由藤原大接任该品牌设计总监。

◄ 2010年推出的系列，一系列抛物线式的织物、矢量线圈，以及带纹理的圆形垂挂饰物。

1989 预制的聚酯服装上用热褶形成了3D的造型。

20世纪80年代的实验促进了1993年“三宅褶皱”系列的发布。正如20世纪初，意大利著名设计师马瑞阿诺·佛坦尼依靠经典的希腊服饰——希腊古装和宽松长衫，用其个人独创的丝绸褶皱来重新定义了特尔斐长袍裙。三宅一生也采用了同样的方法，用他自己独创的面料为服装塑造出各式永久的造型。

2006 塑型的皮质胸甲为服装带来了古希腊女战士的风格。

对军事风格兼收并蓄的借鉴成为泷泽直己设计该系列的基础。不同款式的外衣、军服和风衣利用了毛边牛皮、羊皮和绗缝降落伞真丝绸面料。色彩则倾向于棕褐色、深蓝色、靛蓝色、亮白色、卡其色、灰色，以及红色。除此之外，还带有绳带、蕾丝和织带装饰。

1999 “一块布”工艺是在一块布上预先构思出衣片的排列，然后只需简单的剪刀工具，就可实现定制的服装，即时穿着。

图为秀场进行中，三宅一生的能工巧匠们展示了其长期研究的成果。曲折蜿蜒的纱线相互交织，经过复杂的数控排列，这些面料或者面料层在裁剪之后不会失去其结构的完整性，制成的每件服装个体又有其独特的性，通常还会在周边装饰有短流苏。这些试验初期的作品体现了精湛的技艺，而且款式众多：连衣裙、吊带衫、短裙、打底裤、袜子和帽子——都是从一块面料上裁剪而成。为了强调产品的准科学性，其他系列也采用了现代化的面料：“一块布”工艺还可以采用热反射泰威克合成纤维，以及透明的PVC。

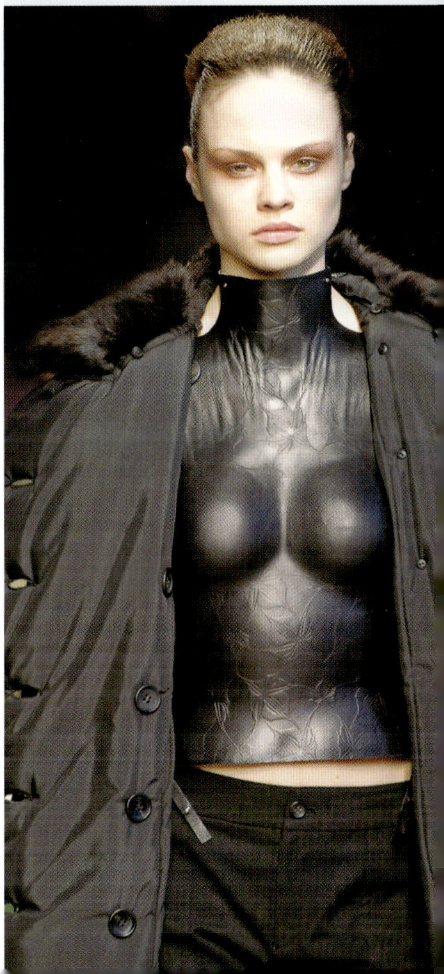

杰克鲁

J.CREW

www.jcrew.com

1983年，杰克鲁时尚品牌由西纳德家族建立，最早依靠家族邮购业务起家。6年后，该品牌在纽约市开设了第一家店铺。今天，顾客们可以通过网络或是在美国244家门店里购买该品牌的产品。

2003年，GAP前功臣米拉·米奇·德雷克斯勒加入杰克鲁，担任该品牌主席兼首席执行官，继续发展该品牌女装、男装及童装产品线。除此之外，杰克鲁也推出限量版高端系列——杰克鲁产品线。2006年，该品牌推出针对年轻女性的副线品牌——美德威尔（Madewell），主打以牛仔为主的休闲系列，复兴了1937年成立的美国牛仔品牌。2010年，美德威尔邀请到《时尚》杂志封面女孩艾里珊·钟为其做跨界设计，推出胶囊系列。

2007年，珍娜·里昂斯担任创意总监，在她的带领下，杰克鲁从早期的“学院风”（高翻领羊毛衫、格子衬衫和卡其裤）成功转型，现已成为注重面料高品质、色彩新颖且注重细节的高端品牌。钟爱该品牌的米歇尔·奥巴马几乎成为该品牌在大众眼中的“形象代言人”，另外还有莎拉·杰西卡·帕克、瑞秋·比尔森，以及奥普拉·温弗瑞，也是它的忠实粉丝。如今，英国奢侈品网net-a-porter.com 是该品牌在美国之外唯一的一家零售网店。除此之外，杰克鲁集团也通过一系列专卖店继续扩大零售业务，例如位于纽约麦迪逊大道的男士西装店、杰克鲁婚纱精品店，以及位于纽约特里贝克地区的新童装店。

◄ 出自2009年，层次分明的休闲装：紧身裤、格子衬衫和水手服式样的厚呢短大衣。

2009 男友风格轻便外套，复古细节，色彩为柔和的冷绿色和裸色。

青春明快的白色轻便上衣，腰间系有棕褐色皮带，内搭奶黄色印花衬衫和短款褶皱迷你裙。该系列以男友式的牛仔裤和夹克衫体现了天真无邪的魅力。牛仔为更为女性化的元素增加了硬朗的风格，例如其他款式中衬衫搭配提花短裤，或是毛边短裤搭配带边饰的白色提花背心和宽条纹开衫。前方带褶皱围兜的裸粉色背心搭配卡其色束带紧腰裤。

2011 杰克鲁的美德威尔系列在轻便的服饰中融入了假小子风格。

七分袖印花短外衣是这个简洁系列的特色，除此之外还有大针脚针织衫、卷边裤、布列塔尼风格的大号宽松条纹T恤外搭裸色真丝夹克。该系列主要的颜色为珊瑚色、卡其色和驼色，运用在宽条纹开衫、带猎装口袋的无袖上衣，以及柔软的天鹅绒夹克上。配饰包括棕褐色和奶油色双色皮鞋，卡其色露趾坡跟鞋和挎包。

2010 弗兰克·莫真塞为杰克鲁秋/冬系列设计的柔和自然色系列服饰以及暗色牛仔服。

单排扣上衣搭配窄裤的长线型西装给人一种轻松随意的感觉，还会搭配海军蓝色针织夹克、领尖钉有纽扣的衬衫，以及棕色山羊皮鞋。富有层次感是该系列的一个特征，主要表现在抽绳腰带、肩章、双口袋的锈色军装风夹克，内搭带皮扣的米色乡村风格开衫，下身搭配深灰色或巧克力色裤子，与窄细领带和米灰色衬衫很相配。费尔毛衣配上暗色卷边窄牛仔裤，外面搭配海军色防风厚上衣和暗青色前拉链绗缝外套。

吴季刚

JASON WU

www.jasonwustudio.com

2009年，当美国第一夫人米歇尔·奥巴马身着吴季刚（1982—）的施华洛世奇水晶装饰的单肩白色真丝礼服裙参加总统就职舞会时，这位年轻的设计师瞬间出现在了美国各大报纸上，一时名声大噪。其实，在这次大成功之前，吴季刚已经为其品牌做了两年的设计，凭借其性感飘逸、宁静古典的设计，该品牌已经积累了众多名人顾客。吴季刚出生于中国台湾，很早就进入了时装界——年仅14岁时就作为自由服装设计师为 Integrity Toys（IT）玩具公司旗下的“Jason Wu Dolls”玩具娃娃设计服装，后来为“Fashion Royalty”做服装设计。16岁时担任该公司创意总监。随后，为了继续学业，他先是去了东京学习雕塑，后进入纽约帕森斯设计学院学习时装，毕业后在知名设计师纳西索·罗德里格斯的工作室实习。2006年，他用自己做玩具服装设计赚的钱创建了自己同名服装品牌。2008年获得了时尚国际集团颁发的“新星奖”。

吴季刚以纽约为总部，对品牌进行扩张，2010年增加了另一服饰产品线，通过加入更为高雅的色彩，更好地凸显了暗色色调。2010/2011秋/冬系列中，他与著名的山羊绒品牌TSE合作，推出含有13种造型的胶囊系列，包括山羊绒毛衣、法兰绒运动上衣，以及雪纺裙。吴季刚甚至探索将该品牌主要的山羊绒特质拓展到其他相关面料中。除此之外，他还运用特殊的洗涤技术，提升山羊绒和雪纺服装的手感。

◀ 2011年瀑布式的裹身裙强调了腰部线条，款式极具女人味，颜色也充满活力。

2006

吴季刚在其首次时装秀上使用了闺房风格色调。

造型简洁的米黄色紧身连衣裙在加入狼皮披肩和黑色蕾丝镶边后更为时尚。在该系列其他款式中，内衣和紧身衣上都有皮草细节，线条简单、气质优雅稳重。面料为薄纱、丝绸和山羊绒。而蕾丝和皮草的使用，更表现了女性特质，同时也增加了质感。

2009

吴季刚度假系列中淡绿色的单肩褶皱中长裙。

本次风格端庄的胶囊系列中，吴季刚通过第一夫人向全世界展现了自己的设计。而这件连衣裙的单肩风格也重复了米歇尔·奥巴马参加总统就职舞会时身穿的一袭施华洛世奇水晶装饰单肩白色礼裙，并在此基础上增加了长度。吴季刚用裸露的肩膀表现了运动活力，也用精致的面料展现了运动风。本系列包括颇具层次感的日装——防尘外套搭配短裤，或是瘦长的开衫内搭飘逸的印花连衣裙，以及鸡尾酒会礼服和女神式长裙。

2011

通过波尔卡圆点雪纺衫、蝴蝶结、布列塔尼上衣和硬草帽，本系列歌颂了高卢风格的中性魅力。

吴季刚在成功改造短裤套装的基础上，增加了丰富的雪纺褶裥装饰，从而展现了巴黎优雅风。单色薄纱印花效果出现在整个系列中，无论是印花还是轻薄的面料都很好地表现了主题。飘逸的多层次系带直筒连衣裙外搭带帽式登山夹克，以及窄边硬草帽；连衣裙的面料也同样用在了斜裁拖尾式晚礼服上。无论是轻薄透明的宽边饰，还是搭配短裤的重磅真丝运动上衣，都巧妙地回味了经典的香奈儿风。水平重叠的薄纱褶巧妙地接入短裙和上衣的接缝处，而放射状褶皱也在圆领处收紧。

让·保罗·高提耶

JEAN PAUL GAULTIER

www.jeanpaulgaultier.com

设计师让·保罗·高提耶（1952—）是典型的法国人，他不仅玩世不恭，更是一名自学成才的奇才。40多年里，他从一个难管教又淘气的小孩成长为全世界著名的设计师。17岁时，他将自己的设计草图毛遂自荐地交到法国著名设计师皮尔·卡丹手中，并因此而被聘为设计助理。1971年，在贾克·艾斯特洛处短暂工作过一段时间后，高提耶又转而效力于让·巴杜，并在那里持续工作了3年。1976年，高提耶已经拥有了足够的实力，因此，他在 Mayagor公司旗下推出自己的独立品牌，同时也继续为其他品牌的泳衣和皮草系列作设计。1978—1987年期间，高提耶的品牌得到日本Kashiyama集团公司的鼎力支持，该集团继续在日本和远东市场推出其品牌产品。而其梭织及针织产品则分别由意大利的Gibo和Equator公司制作。

高提耶品牌的持续影响力源自于它愿意从发展中的青年文化以及跨品牌运动中吸取养分，如他为麦当娜1990年“金发雄心”世界巡回演唱会以及2008年凯莉·米洛的世界巡演设计的服装。

1997年开始，高提耶推出高级定制系列，这为其在2000年赢得了美国时装理事会颁发的国际大奖。自1999年开始，爱马仕为高提耶的公司提供了35%的资金支持，而高提耶也担任了爱马仕创意总监一职，直至2010年辞职。

◄ 2008年的高定系列，明亮的霓虹绿色长款礼服上带有蛇发女妖美杜莎似的线圈。

1984

橙色人造天鹅绒有接缝紧身裙上装为鱼雷造型胸衣，背部带有蕾丝。

到20世纪80年代中期，高提耶已创造出一系列大胆挑衅及戏剧化的作品，并将其置于前卫设计的前沿。还是孩提时候，高提耶就深深着迷于外祖母的橙红色蕾丝胸衣，从那时起，他就迷恋上了服装设计，其中最为著名的当属为麦当娜设计的夸张“尖胸”服装。在推出内衣外穿概念之后，高提耶不断地从闺房中寻找灵感，让女性身体变得更为性感。

1985

高提耶打破传统的裙装设计，将不同性别的元素融合在一起，最为著名的是让男性穿上裙子。

该系列裙装打破了传统观念，男士们身着苏格兰格子布制成的及踝裙，“上帝创造了男人”的观念与苏格兰短裙联系起来，使其成为更能被人所接受的男士服装，尤其是搭配一件合宜的衬衫和粗硬的针织开衫。从16世纪开始，男士礼服独立出来，从那时起，设计师们也不断地开始尝试让男士短裙变得更为时尚。高提耶颠覆了男女的传统社会区分，时常将裙装加入男装系列中，也为男士服装注入新奇性，最著名的是足球明星大卫·贝克汉姆在20世纪90年代中期身着的纱笼裙。

1997

前卫的新娘身着“哀怨”的黑色织锦礼服，以及钩织花边披肩头纱。

高提耶在其首个高定系列中，将乔瓦尼·博尔迪尼绘画作品中描绘的那些奢侈华丽又颓废的服饰设计出来，广受好评。哥特式风格题材广泛，涉及沙俄和法贝热（俄国著名珠宝首饰工匠）、日益衰弱的托马斯曼的《威尼斯之死》，以及西班牙汉诺威王室的风格。同时，也运用了高级定制工作室中用到的劳动密集型工艺——例如钩针饰边珠缀、镶绣、充满异国情调的皮草装饰，这些都使得本次时装秀奢华无比。

2003 秋 / 冬高级时装系列，连身裙内搭一件式紧身衣。

印花紧身连衣裤将身体各个部分都遮盖住了——头、手，甚至脚跟，给人一种全身纹身的印象。该系列使用了高提耶极具戏剧性、幽默滑稽的多色拼接皮革，也用到了连身衣裤装，图案为纵横交错的地图中心绘有一颗红心。在其他款式中，犹如第二层皮肤的紧身套装外搭裙装，夹克演变成了皮质或粗花呢面料的连衣裙。此外，还有奢华的裹身大衣、宽松的派克大衣，以及带貂皮内衬的鳄鱼皮斗篷大衣。

2001 出色的工艺颠覆了传统的高级时装设计。

裸露的前胸和后背颠覆了传统的高级时装设计。深黑色两件式双排扣裤装套装，上衣为紧身高腰夹克，胸部开口的水平接缝延伸形成第三个翻领。其余的垂直接缝敞开，露出里面的锥形罩杯胸罩，后背裸露。

2006 该系列推崇质朴的魅力，浪漫的花边和黑色的蕾丝紧身胸衣，与中性裁剪相得益彰。

横条纹布列塔尼平纹针织T恤衫是高提耶品牌的主打产品，也最能反映该设计师的个人品味。在亲子装中，妈妈装是缩褶裙，小男孩则穿白色褶皱裙。纯朴的风格贯穿于整个成衣系列中：工装裤、宽身束腰上衣搭配马甲、娃娃连衣裙、露肩罩衫，以及装饰有东欧民族刺绣和抽绳领口的连衣裙。其他款式中，三件式条纹女装为浪漫的田园风格带来了阳刚之气。男士身着全白色的裤子和礼服外套，或是条纹背带裤搭配及膝黑色靴子，像极了马戏团表演的指挥者。

2007

春/夏高定系列带来了宗教意象。

头戴麦当娜钟爱的光环状头饰，并用长及地面的蕾丝披肩头纱固定，腰间以下是一件及踝薄纱裙，前面分开，露出裙子上神圣的天使印花图案。本系列其他款式中，双排扣白色裤装和紧身裙都搭配有玻璃质感的光环状头饰。

2010

编织的叶子、海盗和南美风情打造了这个肌理丰富、梦幻般的高定系列。

皮条编织成笼状裙撑，并形成了束腰胸衣以及圆形罩杯——高提耶再次沉迷于束腰胸衣。该系列其他款式中，缠绕在身上的缎带礼服风格采用了同样的手法，飘逸而灵动。加乌乔牧人裤、大号珠饰宽边帽和绣花流苏围巾都表现了典型的墨西哥异域风情，同时也混合了弗里达·卡罗和卡门·米兰达的风格，尤其是搭配发芽的棕榈树造型帽子的时候。

杰瑞米·斯科特

JEREMY SCOTT

www.jeremyscott.com

为了赢得主流顾客，杰瑞米·斯科特（1976—）在其不可预测的时装系列中采用了流行文化中的图形讽刺手法。斯科特推行基于美洲的折中主义，并用他异想天开的设计手法吸引了大量追求新奇的顾客，其中也不乏职业造型师，例如比约克、坎耶·韦斯特、林赛·罗韩、凯莉·米洛和嘎嘎小姐。另外，他还曾经为小甜甜布兰妮的Toxic视频设计过空姐装。

斯科特出生于美国密苏里州的堪萨斯城，现居住在洛杉矶。被纽约时装学院拒绝后，斯科特进入普瑞特学院学习时装。毕业后，他搬去巴黎工作，并获得了经验丰富的设计师卡尔·拉格菲尔德的支持，拉格菲尔德认为这位年轻的艺术总监是前卫时尚街头风格的试金石。1997年，斯科特在巴黎开始了他的时装秀，很快，他也在纽约、伦敦、洛杉矶和莫斯科推出了时装秀。

他那些前卫的作品（例如幽默而与众不同的印花）为他赢得了众多备受瞩目的合作机会，例如，他与阿迪达斯开展了长期合作，并推出Jeremy Scott for Adidas产品线。他设计的带翼高帮鞋，在20世纪80年代篮球鞋的基础上加入了可拆卸的金属羽翼和杰瑞米·斯科特花边珠宝，该作品一经推出立即成为畅销单品。斯科特也与施华洛世奇、克里斯提·鲁布托和斯黛芬·琼斯开展过短期合作。

◀ 2010年的毛衫连衣裙，外观像是东拼西凑的玻璃状贴花，或是像珠宝装饰的胸罩上衣。

1998

斯科特最早推出的巴黎时装秀颇具代表性，让人联想起颓废的威尼斯狂欢节场景。

这套服装上身为黑色紧身胸衣，带伞形风帽和金银丝面料的袖子，金色和黑色的组合搭配极具诱惑力，同时渗透着戏剧般的风格。该系列的色彩主要为黑色和金色，其他款式中，精雕细琢的单品包括膝盖部位有切口的金银丝面料裤子，一只袖子为皮草的外套，七分袖翼形肩夹克衫，流苏吊裆哈伦裤，以及与腰部装饰荷叶边分体的合身外套。

2009

端庄的衬衫式连衣裙上印有电话的图案，裙边为荷叶边，颈部系蝴蝶结。

红色、黑色和白色的米妮和米奇老鼠图案逐渐扩大，也清晰地印在了白色卡通手套和红色大纽扣工装裤上。该系列其他一些精致的商业单品（例如带花边饰条的紧身针织连衣裙，或是船型领边上简单的波尔卡圆点褶边）也用到了老鼠图案。该系列服饰的色彩扩展到了其他原色，同时大孔眼也取代了波尔卡圆点。

2006

糖果色条纹皮草外套，内搭印有各种食物图案（炸薯条、比萨饼、爆米花、椒盐卷饼和奥利奥饼干）的连衣裙。

斯科特探索了一切能将食物“变身”为服饰的超现实设计方法。在“大吃大喝”（Eat the Rich）的口号下，麦当劳、士力架和其他一些品牌的服务生服装被借鉴过来，用在该系列中印有巨大“薯条盒”的毛衣裙、“汉堡包”的手提袋或是“杰里米小吃吧”的连帽连衣裙上。肉丸意粉被作为交织的线条用在了舞会长裙上。披萨在奶酪、香肠和橄榄的衬托下，形成了一件裹身绗缝和服。这场“食物盛宴”还包括看上去位置不当的冰淇淋造型的锥式胸罩。

吉尔·桑达

JIL SANDER

www.jilsander.com

吉尔·桑达品牌关注简洁朴素的线条以及超高品质的面料。该品牌致力于赋予顾客一种更为强烈的个人存在感和权利意识，让他们从追随潮流的束缚中解放出来。

吉尔·桑达毕业于位于汉堡附近的克雷菲尔德纺织学院，1963年作为交流学生在加利福尼亚大学留学，后来进入时尚媒体工作。1968年，桑达最初以自由时装设计师的身份开始职业生涯，并在同年开设了自己的第一家精品店Jil Sander，一年后开设Jil Sander Moden店铺。1973年，她推出了自己的第一个女装系列。1978年，她成立了Jil Sander有限责任公司。1979年，在兰卡斯特集团的帮助下，桑达推出了化妆品和香水系列——PURE女士和PURE男士系列。

桑达对品质和细节的注重确保了该品牌成衣系列能在奢侈时尚界风行30年。尽管如此，在吉尔·桑达的设计理念受限于普拉达集团的管理后，该品牌也遭遇了危机，当时，普拉达首席执行官帕吉欧·贝尔特利接管了吉尔·桑达AG产品线。2000年，桑达的产品线被迫实行成本控制，桑达一怒之下辞职，2003年重返该品牌并推出2个系列，但是最后还是离开了自己的品牌。2005年，拉夫·西蒙加入吉尔·桑达，成为该品牌的创意总监。

2009年，吉尔·桑达开始以+J的品牌名为优衣库设计服装，从而在市场上与自己的同名品牌分道扬镳。

◀ 2010年拉夫·西蒙设计的春/夏系列将桑达的标准降极，只是在整体感觉上保留了桑达的传统。

1990

吉尔·桑达在中性极简主义风格中运用了奢华面料。

20世纪90年代初，在吉尔·桑达品牌推出之际，利用其在市场上的知名度和美誉度，推行简洁和节俭的理念。本次秋／冬系列拒绝装饰效果，其核心价值在于精致、智慧和约束，也为身着该品牌的女性赋予了独立性和权威性。

2010

拉夫·西蒙对传统的裁剪方式进行了较小程度的颠覆。

深色斜纹软呢土耳其式外套，在挖空的肩部加入了雪纺肩带。羊毛等传统精致面料经过有趣的裁剪，色调变得更为明亮。其他款式中，威尔士王子格纹暗门襟连身裤增加了透明育克，显得更为素雅。连身衣上还带有尖翻领，为本次低调精致的服饰系列带来了青春活力。

2000

本次春／夏系列为桑达和普拉达的合作成果，主要使用了纯白色亚麻、细麻和皮革面料。

精致细麻制成的船型领束腰上衣搭配简单的短裤。该系列其他款式中，黑色、白色或藏青色的透明亚麻毛衣，下身搭配短裤、马裤或是短裙，或是外搭简单的防尘服。白色折叠饰条就好像是展开的前帆，同时腰间随意的抽绳也颇具海边生活的意味。多层透明面料制成的衬衫式连衣裙成为简单素雅的日装，色彩对比强烈的三色印花因透出的面料反面而显得宁静而柔和。该系列还包括晚装和鸡尾酒会服装，主要为直筒连衣裙和长衬裙，上衣身和育克上装饰有黑色和淡铜色的绣花图案，面料为多层次透明硬纱。细褶、垂褶衣襟和圆形斜裁花边弥补了简洁的服装廓型。

约翰·加利亚诺

JOHN GALLIANO

www.johngalliano.com

英国怪才约翰·加利亚诺（1960—）因其狂野的想象力、浪漫主义以及创新性，于1995年成为第一位掌管一家法国高级时装屋的英国设计师。加利亚诺重振了纪梵希，使该品牌获得更为年轻、更为前卫的客户群的关注。

约翰·加利亚诺出生于直布罗陀，1966年全家搬去了伦敦，后来又进入了伦敦中央圣马丁艺术与设计学院学习。1984年，他从法国大革命中汲取灵感，推出了个人毕业设计作秀"LESIN-CROYABLES"，其作品足以代表他独特的审美观：裁剪独特、极具说服力的故事和强大的视觉冲击力，通过精准的细节完美展现。

1985年，加利亚诺推出自己的品牌，并在伦敦时装周上带来了自己的第一个商业时装秀"顽皮的游戏"（The Ludic Game）。1988年，加利亚诺凭借"Blanche Dubois"时装秀，摘得"年度设计师"桂冠。然而，尽管加利亚诺大获时尚媒体的追捧，却仍缺少资金支持。5年后，美国《时尚》杂志主编安娜·温图尔为其找到资助人，将社交名媛圣保罗·斯伦贝谢废弃的别墅作为他下一个秀"卢克丽霞公主"（Princess Lucretia）的场地。该系列仅有17套服装，全是黑色。在纪梵希做了多年的设计总监之后，加利亚诺于1996年加入迪奥，担任创意总监，直到2011年卸任。

◄ 2011年的私密沙龙秀展示了20套服饰，完美展现了20世纪30年代的风采。

2004

加利亚诺的男装首秀，其灵感千变万化。

印有加利亚诺极具代表性的定制印花（由中央圣马丁毕业生斯蒂芬妮·纳什和安东尼·迈克尔设计）长裤。整个系列带有无数的男性特质，例如运动员、拳击手、牛仔、时髦城市人、黑帮和骗子。这些“伤痕累累”“血迹斑斑”、极具男性特质的服饰，搭配了传统的女性服装，例如粉红色吊袜带；或是正式的黑色领带和无尾燕尾服搭配荷叶边碎花罩裙、袜子和鞋子。

2000

从诙谐滑稽到绑带元素，对该系列都产生了影响。

撑起的高领、丝缎领带、前方打褶的裙子和高顶礼帽让人想起爱德华时代的骑马装。这与该系列其他大量使用薄纱的服饰风格相反，例如层次丰富的衬裙式舞会连衣裙，淡粉色和淡紫色条纹圆台裙。粉红色薄纱苏格兰短裙，搭配服务生式灯笼袖条纹外套。

2007

秋/冬系列体现了加利亚诺服装的不对称特点，以及不同于传统风格的裁剪方法。

圆形褶边如瀑布般地从骑装式外衣的帝国高腰线垂下来，一直到腰部，形成装饰褶襞，一侧肩膀上装饰有大号褶皱玫瑰花花瓣，非常引人注目。其他褶边盘旋形成玫瑰花的造型，袖口处绑有红色狐狸毛宽条。其他款式中，夸张的爱德华时代的羊腿袖、宽松的线条、郁金香型短裙、大量保罗·波烈时代的反光面料、20世纪30年代的褶皱雪纺时髦连衣裙，以及加利亚诺极具代表性的精细复杂的斜裁吊带裙——该系列体现了折衷主义和浪漫主义风格，也表现了其内在审美价值观。

约翰·罗查

JOHN ROCHA

www.johnrocha.ie

爱尔兰设计师约翰·罗查（1953—）追求以工艺为基础的装饰纹理以及当代创新性技术（如激光裁剪），并创造出一系列细节精致的服饰。有着中国和葡萄牙血统的约翰·罗查出生于中国香港，20世纪60年代移居伦敦，后进入克罗伊登学院学习服装设计。约翰·罗查在其毕业作品中，选择了爱尔兰手工羊毛，也因此到爱尔兰进行探访。最终，他搬到都柏林，与妻子兼生意伙伴奥黛特一起工作。自20世纪80年代创建自己的品牌以来，约翰·罗查已在时装设计界工作长达25年，他在都柏林伊利广场有自己的工作室——Three Moon Design。

该品牌产品线包括约翰·罗查、约翰·罗查牛仔、罗查·约翰·罗查，以及约翰·罗查珠宝。其副线品牌每年为德本汉姆百货公司举办4次时装秀，也为英国高街百货公司设计家居用品以及配饰。约翰·罗查曾在利物浦和伯明翰设计家具内饰、酒店内饰、私人飞机内饰、电影，甚至多媒体剧场的服饰，还曾与沃特福德水晶公司合作，设计作品包括雕花水晶高脚杯和花瓶。

约翰·罗查每年都会在伦敦时装周上推出2次男女装成衣系列。1993年，约翰·罗查获得英国时尚大奖颁发的“年度设计师”奖项。2000年又被授予司令勋章，以嘉奖其长期以来对时装界的贡献。2006年，约翰·罗查家居精品店在伦敦多佛街开业。

◀ 2010年极具肌理感的系列，利用哑光黑色皮革条创造出立体图案效果。

1997

采用了红色、黑色和白色的各式面料，如皮革、羊毛和雪纺。

约翰·罗查很少使用满地循环印花，更喜欢在单件服装上进行手工设计，例如这件带有滴色派画家（Tachist，法语为“污点、斑点或污渍”之意）风格图案设计的连衣裙。该系列其他款式中，细密的针织服装和提花天鹅绒上衣带有长拖尾、中袖，外搭严格量身定做的秋冬大衣，层次分明。

2007

纤细柔美的外观，装饰有荷叶边，灵感源自爱德华时代，面料为淡褐色、米色、淡粉色和近乎黑色的夏日亚麻。

极浅的贝壳粉色一件式皱布制成的衬衫式上衣，手工针织衣领与无檐小便帽搭配非常协调。袖子在手肘处褶皱，形成深褶袖口，这种工艺也应用在了短款亚麻夹克衫的腰部。夹克正前方的一排排花边相互弥补，下身搭配大腿处带有口袋的窄裤，给人一种20世纪早期马裤的感觉。长及臀部的亚麻外套在下摆处有一排排很长的蕾丝花边，这与褶饰丝缎的风格非常统一，而风衣上的防风雨前片门襟也使其风格更为硬朗。棕色亚麻风衣式短外套搭配宽松的带口袋短裤。

2002

圆形（或在衣片中体现，或通过印花、贴花的形式）出现在整个系列中。

端庄的长及小腿中部的背心裙，裙子下摆周围装饰有激光裁剪的毛边花边圆形镶饰，内搭厚厚的针织高领毛衣。厚实的针织超大衣领用来固定轻薄合身的雪纺上衣，质地完全相反。其他款式中，在装饰有毛边花边的绕颈上衣的腰间系有厚重的棱纹腰带。长及脚踝的黑色针织开衫外套，内搭白色雪纺连衣裙，单色主题继续贯穿全系列。白色或黑色的大号裤装在低腰处系有腰带，或是简单地缠绕一下。

约翰·史沫特莱

JOHN SMEDLEY

www.johnsmedley.com

总部在英国的约翰·史沫特莱公司虽然已有超过225年的历史，但其永恒的风格却极具讽刺意味地表现了现代主义。该品牌生产的海岛棉和纯美利奴羔羊毛细密针织衫，尤其是伊希德（Isis）、利安德（Leander）和奥利安（Orion）马球衫，深受摩登派和学院派的喜欢，更不用提西里亚斯（Sirius）羊毛衫，几十年里，这些服饰都已成为衣橱的必备单品。

约翰·史沫特莱的主要产品有几个重要的定义特性，这也是该品牌的核心理念。纱线必须采用天然纤维制成的，且公司可追查其来源，以确保这一核心成分的质量。整个纱线进行无缝裁剪，用来制成既可发挥衣着功能，又能带来时尚的服饰。其针织密度小于百分之一毫米，这样精细的针织结构在每个生产步骤都要求很高的技术水平，以免影响质量。因此，该公司拒绝使用外部厂商，只用他们自己的机械和人员，并投资于创新性技术，使其与20世纪的经典技艺相融合。

该品牌女装享有经典的运动装风格美誉，并已发展成新的生产工艺：服装用日本最先进的机械设备制成，完全无接缝。最近，该公司又推出了童装系列，并在30多个国家销售。

◄ 2009年印有多色几何图案的
美利奴羔羊毛圆领毛衣。

2007 复古细节和传统风格的复兴是该品牌发展的不变方向。

约翰·史沫特莱的三粒扣马球衫源自1932年的伊希德网球衫，推出后经历了多次改良。短开襟和白衣领与腰间的白色罗纹相得益彰，橄榄球服式的条纹上衣和盖肩袖，搭配层次丰富的薄纱圆台裙，让人想起20世纪50年代动感十足的啦啦队长。海岛棉是史沫特莱奢侈品牌春／夏季节性的标志，不管市场如何演变，始终作为其品牌特色。该品牌的核心标识是细密的针织装，体现了休闲的现代主义。

1930 20世纪30年代，针织泳衣在内衣产品的基础上演变而来。

遮住内裤的一件式紧身衣在精细的针织内衣基础上演变而来。约翰·史沫特莱与詹森等美国公司几乎同时意识到运动装的发展以及女性身材的自然之美，于是，约翰·史沫特莱将上衣前方裁剪为贴边式衣片：例如分成4块形成胸部的造型，2块遮掩下身，与身体紧密贴合。在这一阶段，采用了Lastex松紧线与羊毛面料进行混纺，使其在潮湿的环境中增加稳定性。

2010 21世纪生产设备的多功能性使该品牌服装色彩更加多样。

精致而夸张的大号条纹针织开衫，面料为美利奴羊毛，色彩多达14种，每一个色彩在生产过程中都需要独立的喂纱器。以该款式为代表的整个系列展现了该公司非凡的技术能力，并且该款式也很百搭，可搭配紧身裤（无缝），或是内搭简单的单色上衣。该系列的其他款式中，褶皱或缩褶短袖都强调了肩部。

乔纳森·桑德斯

JONATHAN SAUNDERS

www.jonathan-saunders.com

苏格兰设计师乔纳森·桑德斯（1977—）在色彩处理上的精湛技巧以及对色调的独特品味，使其能将图案整合成令人称赞的三维形式。这样的效果应用在服装系列中，无论是他极具代表性的撞色及踝连衣裙，还是做工精致、突显身段的特殊工艺印花，都集中体现了现代女性主义。

乔纳森·桑德斯最初在格拉斯哥艺术学校学习产品设计，然后转为纺织品设计，最后进入伦敦中央圣马丁艺术与设计学院学习服饰图案设计，并在那里获得了硕士学位。2002年，他的毕业秀服饰系列上印有充满活力的“之”字形印花。次年，乔纳森·桑德斯与亚历山大·麦昆合作，并为2003春/夏服饰系列设计了天堂鸟印花。乔纳森·桑德斯同时也是时装品牌蔻依和由克里斯汀·拉克鲁瓦领导的璞琪的顾问。

桑德斯每年都会定期在伦敦时装周上亮相，直到2008年，他转向了纽约时装周，他把这次变动称为“自然的发展”。而后在2010年，他回到伦敦。桑德斯为英国时尚品牌Topshop和美国零售连锁店塔吉特创造了很多成功的服饰系列。2009年还被意大利米兰奢侈皮具品牌波利尼聘为创意总监。2005年，桑德斯获得苏格兰时尚大奖授予的“年度设计师”称号，2008年又获得了*ELLE*风尚大典颁发的“年度最佳英国设计师”称号。

◄“之”字形图案和以羽毛为灵感的金属感印花是2009/2010秋/冬系列的特色。

2003

根据服装款式设计的色块图案印花，其色彩极富活力，与黑色搭配时，视觉冲击力更加强烈。

边缘带有小点的实心圆，以及其他一些几何图案（例如边上刻有白线的梯形、平行四边形等）经过了精准的数学计算，使得这条层次丰富的及膝连衣裙活泼而有生气。不对称的披肩领不断出现在整个系列中，如果搭配色彩强烈的窄裤，则更加凸显了上半身轮廓。及踝飘逸的长衫或者长及腰部的短款搭配高领薄毛衣和彩色裤袜，进一步凸显了精心设计的色彩组合。作为图案设计专家，桑德斯的设计大胆而自信，图案丰富。这种放荡不羁的态度促使他设计了超大的几何印花和非常强烈的色彩。

2005

桑德斯通过对色彩和图案来勾画身材曲线，并运用了欧几里得几何原理来设计图案。

对色阶和色调创新而有节制地运用，在这件束腰外衣和旋涡状迷嬉裙上表现得非常明显，也始终贯穿在整个系列中。暗青色搭配淡紫色和橘黄色，或是青绿色搭配芥末黄和棕色，一种颜色和另一种颜色之间总是形成渐变色并弥漫开来，或是随着黑色的介入显得更为突出。清晰而抽象的印花灵感来自于包豪斯建筑学派设计师奥斯卡·施莱默，他主张用几何学来改变身体的造型，同时也是芭蕾舞剧《三人芭蕾》（1922）的创造者。印花元素通过传统的手工艺处理，以符合每一个特定的款式，而不仅仅只是装饰作用，还起到塑型的作用。男装系列包括马球衫、V领毛衣、短裤，以及搭配宽松开衫外套的印花T恤。

朱利安·麦克唐纳德

JULIEN MACDONALD

www.julienmacdonald.com

纯色裸色针织衫以及极富魅力的晚装都是威尔士设计师朱利安·麦克唐纳德（1972—）的代表作。其设计作品深受需要重整造型的名人喜爱，也经常出现在红毯上，给人留下深刻印象，成为时尚媒体杂志追捧的对象。

1996年，朱利安·麦克唐纳德在伦敦皇家艺术学院的硕士毕业秀上对毛衣连衣裙进行了重新演绎。这款手工针织裙结构设计巧妙，引起了卡尔·拉格菲尔德的关注，朱利安·麦克唐纳德也因此受邀为香奈儿设计针织衫。次年，朱利安·麦克唐纳德成立了自己的公司，并在伦敦时装周上亮相。2001年他被任命为纪梵希创意总监。同年6月，朱利安·麦克唐纳德首次推出的全黑色时装秀标志着对以往风格的摈弃，获得的评价褒贬不一，但该品牌的成衣系列时装秀更为成功。2004年，麦克唐纳德为英国百货公司德本汉姆推出了副线系列Star。他还曾坚定地捍卫自己在设计中使用皮草的主张，特别是栗鼠皮、紫貂皮、狐狸皮和水貂皮。

该品牌的首席执行官是私人投资者杰米·哈格里夫斯，创意总监则是麦克唐纳德。2004年8月，为表彰他对英国时尚的贡献，威尔士大学授予朱利安·麦克唐纳德荣誉院士称号。2006年6月，这位设计师又被英国女王授予英帝国官佐勋章（Officer of Order，OBE）。

◀ 2011年，古典的蕾丝和雪纺演绎了麦克唐纳德全新的浪漫主义艺术审美。

1999 麦克唐纳德的代表作——性感裸露、极具争议的针织衫广受关注。

麦克唐纳德在其设计中让大部分的纱线自由随意地飘动，只是在需要的地方将它们收紧形成几何形状，或者利用塔克线迹缝合成接缝。该系列通过多种方式探索了秋冬毛衣的各种可能性：层次丰富、带流苏的树形外套，雪花点紧身衣，挂着冰柱的轻薄吊带裙，以及带有热压后形成意大利面条造型的灰白斗篷。

2004 大家闺秀般的优雅端庄气质渗透在花呢和丝缎制成的服饰系列中。

斜裁裸色丝缎裙，外搭双排扣花呢外套，为麦克唐纳德更为传统的红毯作品带来了新的庄重严肃风格。蝴蝶结、铅笔裙和围兜状的上衣为腰间和大腿处开衩的单肩晚礼服带来了稳重的元素。皮草在本次秋／冬系列中被用作配饰，或是用在V型图案染色的条纹外套上。

2001 将黑色皮革、结构硬朗的装饰有意大利面条般的豹纹印花吊带裙、钻石流苏、皮草披肩和羽毛组合搭配，展现了粗犷的魅力。

这条连衣裙由绕在颈部的钻石链组成，腰部用流苏链固定，非常引人注目。这只是本次绚丽的服饰系列中的一个组成部分，该系列还有一件式前拉链紧身连衣裤，臀部和肩部带有刺青般的刺绣。结构简洁、端庄的款式，如宝蓝色尖肩无尾燕尾服、装饰华丽的外套内搭黑色高领毛衣和短裤，赢得了众多关注。豹纹用在了裤装和下摆不对称的吊带裙上。皮草一如既往是该品牌不可或缺的部分，例如及膝裹身大衣、水貂贝雷帽，以及搭配铅笔套装的老式皮草披肩。珠光宝气的国王和王后身着黑白点缀的裤装，而头上的皮帽又增加了硬朗特质。

卡尔·拉格菲尔德

KARL LAGERFELD

www.karllagerfeld.com

当代时尚界享誉盛名的卡尔·拉格菲尔德（1938—）出生于德国的一个富豪家庭。他于1952年迁居巴黎，在赢得国际羊毛局颁发的奖项后，开始了自己的时尚职业生涯。1955—1957年间，拉格菲尔德为皮埃尔·巴尔曼工作。随后，他跳槽到让·巴杜旗下工作了5年。此后，他开始了与蔻依的长期合作，而且从1965年开始，他开始为芬迪设计皮草系列，并为其设计了双F字母标识。目前，拉格菲尔德仍是芬迪的创意总监。

1982年，拉格菲尔德受任以重振香奈儿品牌。他的第一步举措就是重新调整2.55经典款手提包的结构：将品牌标识从包里移到包外，大大的双C标志置于包的正面，带些许挑衅意味，正显示出20世纪80年代的夸耀张扬的消费态度。拉格菲尔德在为香奈儿效力的同时，于1984年开拓了自己的设计业务，并且于1992年再度为蔻依做起了设计，直至1997年。拉格菲尔德有着工作狂的名声，被媒体誉为“凯撒·卡尔”。

目前拉格菲尔德可授权经营的包括卓丹男装、领带、围巾、鞋履，瑞浓的太阳镜、手表、珠宝、皮草，室内织物、墙纸和地毯。此外，合作项目包括与迪赛合作的牛仔裤产品线，以及与瑞典国际时尚品牌H&M合作的服装产品线。

◄ 出自2010/2011的秋/冬时装周，将硬朗的结构和未来主义风格融为一体的长款礼服大衣。

1985

抽褶裙和紧身晚礼服在此次时装秀上大放异彩。

这一时期以夸耀张扬的消费态度著称，定制服装需求高涨，拉格菲尔德与同为高级女装定制设计师的克里斯汀·拉克鲁瓦迎合而上。这段时期，通过电视剧《豪门恩怨》和《家族风云》，大众对时尚的兴趣提升到一个新的层次。拉格菲尔德影响力的扩大，恰逢全球时尚市场的新兴时期。

2009

此次春／夏时装展示了各种图案，同时用束身宽腰带来强调上腹。

在包上剪出一副眼镜的形状，由模特举在自己面前，一幅拉格菲尔德清晰的肖像跃然于手袋上。肖像中拉格菲尔德身穿其标志性款式的白衬衣和领带，但模特的衣袖却是轻盈的丝绸薄纱，还镶有珠宝配饰。全丝硬缎的高腰及膝半裙，前拉链，腰两边还装饰有蕾丝，上身配轮廓分明的白衬衣。其他款式中，腰部仍然是一个有趣的部分：剪裁讲究的白底印花棉质连衣裙上，配以腰部周围不对称的装饰和黑色双扣腰带。此外，白色露脐上衣，外搭海军蓝背带裙，正好露出腰间的肌肤。

2006

细长的廓型，灰暗的色调是秋／冬时装秀男女装的主打。

紧身褶皱真丝针织中长晚礼服，饰有不对称的肩带，再配以褶边丝绸薄纱露指手套。手套这一特征在此次时装秀上反复出现，有时以几条皮革装饰的形式，有时是羽毛点缀的露指手套。此外，还有一系列的黑色羊毛全长修身大衣，衣长及踝，袖长过手，内搭针织裙。灰褐色针织连衣裙饰有绸缎口袋，再配以露指手套，下配扎染打底裤和松口靴。

浪凡

LANVIN

www.lanvin.com

珍妮·浪凡（1867—1946）以其精致的礼服风格闻名，宽下摆是其礼服的特征，改自18世纪的衬裙。1889年，年仅22岁的珍妮创立了法国历史最悠久的高级定制时装屋，现在仍然屹立不倒。起初，浪凡在巴黎的圣奥诺雷郊区街开了一家女帽店，然后于1909年加入法国高级时装工会。浪凡特有的礼服风格最早出现于20世纪20年代。此后的20年间，这种风格以不同的面料反复展现，其中包括真丝塔夫绸、天鹅绒、金银丝蕾丝、玻璃纱和雪纺绸。柔和色彩的礼服，通过贴花、串珠和刺绣进行装饰，由其旗下3个工作室之一制作完成。浪凡的服饰系列还包括茶会礼服、晚宴宽长裤、土耳其式斗篷外套、连帽披风和步兵服套装。浪凡还开设了自己的印染厂，受教堂彩色玻璃的启发，还创造了专属浪凡的蓝色，被称为“浪凡蓝”。

1895年，浪凡嫁给了一位意大利贵族埃米利奥·迪·彼得，2年后，生下她唯一的女儿玛格丽特·玛丽·布兰奇，这是浪凡的第一段婚姻。琶音香水是浪凡的标志性香水。香水瓶上是保罗·伊里巴所画的浪凡母女的金色肖像，于1927年问世，一直都是畅销单品。1946年，浪凡去世，此后她的生意由她的女儿接管。1950年，安东尼奥·德尔·卡斯蒂洛出任浪凡设计师，其继任者依次为朱尔斯-弗朗斯瓦·克拉海、多米尼克·摩罗蒂、奥奇玛·沃索拉托、克里斯蒂娜·奥提兹。2001年，台湾出版业巨头王效兰控股浪凡，任命摩洛哥裔的阿尔伯·艾尔巴茨为艺术总监。

◄ 出自2008年成衣秀，奢华绸缎的罗马长袍式礼服，由阿尔伯·艾尔巴茨设计。

1925

浪凡重新演绎了18世纪衬裙的廓型，从而形成自己特有的礼服风格。

真丝玻璃纱质地的连衣裙，扇形褶边的宽下摆，每片褶边上配以同样的花朵刺绣，与上半身迂回至腰间的花朵交相呼映，正符合当时的时代风尚。凸显脸型的披肩领下，是深V领的紧胸内衣。浪凡借鉴了历史上和文化中的装饰传统，与当代的工艺技巧及服装材质相结合，从而形成了她自己所特有的审美观。

1939

浪凡设计的“旋风”晚礼服，由其女儿让·德·波利尼亚克伯爵夫人穿着展示。

贴身缝合的褶皱紧身上衣，褶边文胸凸显出沙漏造型的女性曲线，缩褶双层硬缎裙，内层长度及踝。腰部的接缝隐藏在细腰带内，腰带边缘有编织饰带点缀，珠宝镶边外口袋更是将整件礼服的奢华风格推至顶点。而且，同样的珠饰包裹成三角形的颈部饰带，在紧身上衣之上形成一个花环。在斜裁丝质礼服流行了10年之后，20世纪30年代开始兴起怀旧和成熟的浪漫主义风格，时装在设计上又再度恢复了腰部的自然曲线。

1957

模特身着浪凡晚礼服在凡尔赛的路易十五国王剧院拍照。

这件全长礼服由安东尼奥·德尔·卡斯蒂洛设计，展现了20世纪50年代社交场合所必需的优雅着装：雪纺绸紧身上衣，几片印花锦缎装饰从高腰处落下。浪凡的女儿邀请德尔·卡斯蒂洛为其母亲在巴黎的公司做设计，希望重振公司的名声。1950—1962年间，浪凡-卡斯蒂洛时装屋以其优雅的服饰、细长的廓型、飘逸的长裙、奢华的面料和精美的刺绣著称。

1996

巴西裔设计师奥奇玛·沃索拉托的首场时装秀。他作为浪凡的设计师一直持续到1998年。

金属纤维提花修身长外套展现出简洁的轮廓，这种简洁严肃的风格贯穿整个日装秀场：两件套西服，外套配以剪裁讲究的双排扣阔腿西裤，且多数搭配薄丝巾作为装饰。前拉链绸缎夹克配以月牙边蕾丝超短裙，又与以上风格形成鲜明的对比。在晚装秀场上，淡紫色与灰白色雪纺绸轻盈地包裹在几乎裸露的身体上，而浪凡蓝雪纺舞会礼服则表达了对品牌创始人的敬意。

2008

卢卡斯·奥赛德瑞弗设计的浪凡男装。

奥赛德瑞弗对比例与大小进行把玩，将不规则剪裁的无领白衬衣套在针织T恤之外。外搭细条纹夹克，下配舒适的裤装，体现了现代的风格与传统的剪裁。此外，还有白短裤搭配金属扣衬衣；蘑菇色尼龙外套，搭配同色调的衬衣和运动裤。宽大的夹克和衬衣穿在褶皱的裤装外，配以宝蓝色与黑色相间的竖宽条纹上衣，完整地塑造了“度假男生”的装扮。

2005

此次高级成衣秀上的服装由阿尔伯·艾尔巴茨设计，展现了低调的女性魅力。

翻边袖口的女士宽松衬衣，其插肩袖延伸到背面的褶襟，形成一个圆形的育克，通过几排线迹固定。下面搭配包臀短裙，臀部以下是逐渐打开的褶裥裙身。本系列其他款式中，还有轻盈的风衣、丝带固定的褶裥，以及珠宝类的装饰。水洗的丝绸罗缎与光面绸缎更为柔软，这种面料的短裙也更轻盈，再搭配同面料的合身短上装，腰部饰以渐变的亮粉色或深蓝色蝴蝶结，体现了女性的柔美。长裙上采用了福尔图尼（Fortuny）式的褶皱丝绸，并用缎带装饰来突出胸部与臀部的线条。用缎带串起的珠宝形成配饰。

2009 艾尔巴茨的设计展现了最少的缝边、大胆的珠宝装饰和未修整的毛边。

在此次秋/冬时装秀中，无缝边的连衣裙没有任何修饰，仅利用臀部周围的褶皱来修饰身形。这种技巧也被应用到黑色无包边短裙和黑色拉链外套上。未包边的淡黄色和灰色缎面连体衣的缝边外露。褶皱连衣裙的褶边，无里衬毛毡外套的翻领也都未经修整。

2011 氯丁橡胶材质的连衣裙飘逸优雅，由阿尔伯·艾尔巴茨设计。

红色针织单肩上装，配以全长褶皱裙，从大腿部开衩，用棕色皮带固定，该系列其他款式中也用于搭配芥末色、卡其色、靛蓝色的上装和短裙。

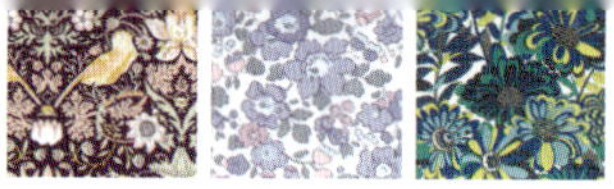

利伯提

LIBERTY

www.liberty.co.uk

自1875年起，伦敦利伯提百货就成为最前沿的装饰艺术奢侈品购物中心。与当代前卫的设计师合作是利伯提的传统，从19世纪的克里斯托弗·德莱塞，到20世纪50年代的罗伯特·斯图尔特，而2009年在前沿时尚设计师亚斯敏·苏埃尔创意顾问的领导下，利伯提公司获得了当代设计风向标的地位。

亚瑟·莱森比·利伯提（1843—1917）当年在伦敦的摄政街上开设了这家东方风格的商场，主营家具、纺织品和服装。当时的美学运动抵制工业革命所带来了大规模生产，而利伯提所出售的商品风格正是受到这一运动的启发。19世纪70年代晚期，公司“利伯提百货”的名字广受关注，并以新奇的服装和新艺术风格的室内设计著称，并一直沿袭新艺术运动的设计风格。

利伯提公司这个模仿都铎式风格的建筑建于1925年，坐落于大万宝路街，内部是一系列连锁式商店，而不是一个大型的百货商店。此后的几十年间，利伯提因经营质量上乘的装饰性纺织品而稳固了自己的领导地位。二战后，公司决定回归艺术与手工艺运动的根本，与敢于创新、反对传统的设计师合作，其中包括露西安娜·戴、杰奎琳·格罗格，以及科琳·法尔。这些设计师均负责时尚面料的设计。利伯提现已不再归家族成员所有，而是由MWB控股集团控股。2005年成立伦敦利伯提新品牌，任塔玛拉·萨尔曼为设计总监。

◄ 出自2001年，利伯提艺术运动风格的裤装。

1958 这套利伯提满底印花套装原作与伦敦时装设计师协会设计的时装和法国高级时装复制品一同出售。

这件不规则剪裁的短上衣，配以满底印花铅笔窄裙，再以袖口的手镯点缀，既体现了20世纪50年代的正式礼节，又展现了女性的凹凸身段。全套装扮和相搭配的配饰在那个年代必不可少，图中有荷叶边洋伞、长手套、珍珠耳钉和手镯。利伯提百货提供全套服装搭配，顾客们可以一边享用下午茶，一边欣赏周围模特们展示的服装。利伯提客户不仅可以购买公司现有的设计，也可以购买服装的版型和坯布在利伯提自己的工作室内现场定制。利伯提的年轻化品牌Young Liberty为了迎合新兴的时尚青少年的需求，设计了紧身连衣短裙、宽松长裤（有些图案与罗伯特·斯图尔特设计的家纺图案一致）、泳装、超宽松马海毛针织衫等一系列服装。

2008 该系列中，日本设计师渡边淳弥颠覆了利伯提的传统的印花风格，尝试有编带装饰的褶皱外套和盖袖娃娃裙。

褶皱交叉的连衣裙有着蓬松的裙摆，采用了柔和色调的Tana Lawn面料，挂脖领采用金色花边装饰，这是众多采用利伯提印花设计的裙装之一。Tana Lawn是一种精细柔软的高支全棉面料，通常是正式的罩衫裙和女童衬衣这类儿童服装的唯一面料。此后，不少设计师都借用了满底小碎花图案的元素，如玛丽·奎恩特、图芬与弗利。而杰拉尔德·麦卡恩在20世纪60年代设计“漂亮的摩登女郎”时装时也曾借用此元素，当时以年轻人为导向的时尚风潮使得宽松的超短裙成为流行。此后的10年间，印花娃娃衫中也常见此元素。当时，利伯提是唯一向家庭裁缝按码数出售印花织物的零售商，这些织物也会同时出现在设计师的成衣秀上，如伊夫·圣·洛朗。

路易·威登

LOUIS VUITTON

www.louisvuitton.com

路易·威登这个品牌总是会让人联想到“头等舱”“奢侈品市场”“高调的时尚标志”等概念，其创始人威登（1821—1892）在19世纪以制作皮箱开启了自己的职业生涯。他当时被委任为尤金妮皇后（拿破仑三世的妻子）的衣箱供应者。自此，他开始为欧洲上流社会服务。1854年，他在巴黎的卡普西纳街上开设了自己的店铺，名为路易·威登之家，在那里，他开始设计自己的箱包系列。

1892年威登去世，此后其子乔治开始接管公司。1896年，路易威登帆布字母组合手提包面市，此后整整一个世纪中，相继推出多款知名包袋：1901年的Steamer手袋、1923年的箱型手提袋、1924年的Keepall旅行袋（周末手提包的始祖）、1925年的车型包，以及1932年的水桶包。1987年，路易·威登与由贝尔纳·阿尔诺掌管的轩尼诗酒业集团合并，成为世界上最具影响力的奢侈品集团公司。路易·威登创始人的曾孙帕特里克·路易·威登为该公司的现任总裁。

1997年，路易·威登进军成衣女装业，任命马克·雅可布监管该品牌。马克凭其敏锐的商业嗅觉，与斯蒂芬·斯普劳斯签约，于2001年推出涂鸦包。2003年，日本设计师村上隆设计的可爱眼睛包系列，为其带来了30亿美元的销售额。

◀ 出自2011春/夏时装周，奢华的中国风闺房系列，由马克·雅可布设计。

1938 路易·威登行李箱系列的广告——扁式硬皮箱、帽盒箱和手提袋，1986年首次推出的标志性交织字母图案设计，在这一系列的箱包上都有体现。

19世纪下半叶，随着旅行的流行与普及，人们对时尚行李箱的需求锐增。路易·威登设计的平顶扁式硬皮箱，替代了之前使用的拱顶皮箱（半球形的箱顶设计，便于水流向箱子两侧）。威登在木箱外层覆以帆布，帆布上的虫漆涂层增强了其防水性，木箱周边还增加了撑杆、镶边和五金。这样的设计是便于堆放和移动，这个产品也因此成为该公司成功的基石。其他行李箱制造商也开始模仿威登的设计风格，因此，1888年，威登通过在素色大方格图案的帆布上印制“L.Vuitton”注册商标来防止盗版。从1901年开始，该公司逐步推出一些小型行李箱。

1968 时尚偶像奥黛丽·赫本手提路易·威登手袋。1963年，路易·威登在斯坦利·多南的侦探喜剧片《谜中谜》中植入广告，而赫本更是激起大众对路易·威登的喜爱。

1959年，经典的商标图案帆布用于小手提包的制造，小手提包也成为行李箱的补充——1901年的Steamer手袋、1924年的Keepall旅行袋（和行李袋类似），这两者都成为之后手提包和旅行包的模板。1932年设计的能装下5瓶香槟的水桶包，此前就曾经生产过。20世纪60年代，标识狂热达到顶点，并一直持续到20世纪80年代。然而，在早期的名人代言之后，富有的潮流达人也迫切地想要获得某种身份象征——古驰的平跟船鞋、爱马仕的女式头巾和凯莉包，以及路易·威登的手提包。爪型（“Griffe”是一个法语单词，意为动物的爪，用于界定享有声望的品牌标识）成为该品牌箱包的识别标识，其中包括交叉的“LV”首字母，内有四叶草的米黄色菱形，以及它的负形，米黄色圆圈内嵌有四叶草装饰。

1998

美国设计师马克·雅可布的首秀。

朴素宽大的白衬衣，搭配舒适的过膝长裙——这是雅可布为知名品牌设计时常见的细腻手法，这也是路易·威登144年来第一次成衣秀。本系列主要包括精致的针织衫和白色、黑色及珠光灰的胶印外套，而白色“LV”交织字母图案仅出现在搭配的斜挎包上。

2004

哥特式的苏格兰高地人系列中，格子呢和花呢成为特色元素。

窗格纹花呢收腰外套，完美修身的斜裁袖，胯部两个贴袋，搭配的皮草围巾上印有LV的四叶花。这个廓型也使用在了皮草内衬的红色格子呢服装中。此外，格子呢露肩上装，内搭黑色绸缎巴斯克衫；天鹅绒灯笼裤，搭配柠檬黄花边毛衣或剪裁随意的浅蓝色多扣夹克。

2001

路易·威登帆布包上的涂鸦使该品牌形象大变，将街头艺术融入高档商品中，创造了新千年的必备单品。

街头涂鸦曾被视为一种破坏行为，直至凯斯·哈林、让·米切尔·巴斯奎特等艺术实践者将其提升到一种艺术形式，从而激起纽约设计师斯蒂芬·斯普劳斯的兴趣。他在1984年的首场时装秀中，融入了签名涂鸦和模版涂鸦，以及其他城市生活和街头艺术的视觉冲击元素。2001年，他受马克·雅可布之邀，用其另类手法设计了一款手包，这款涂鸦包马上成为时尚标识，复制品数量过百万。涂鸦也曾应用到雅可布时装秀的过肘手套中，展示了雅可布一向广泛的灵感来源。他推出的超大玫瑰印花全长裙，是20世纪50年代风格；卡其色及淡黄色的两件套裙装或裤装西服，配以军装细节点缀；舒适朴素的短裤，剪裁随意，搭配素色高领毛衣；驼色抽绳褶边半裙，搭配惊艳的粉色上装。

2008 本次春/夏系列风格多样俏皮，彩虹色是主色调。

真丝玻璃纱的质地打造挺括的双排扣短外套，滚边缝凸显外套的版型，内搭翠绿色上装（激光切割成LV四叶花造型），下装也是透明的短裙，内衬粉红色短裤。一开场，调皮的夜班护士头戴黑色蕾丝面具，身着大理石花纹真丝无肩带连衣裙，外搭塑料质地外套；该系列还包括金银丝面料针织装、铅笔裙、饰有闪光金属片的大衣。

2009 鸡尾酒会礼服裙，大量的褶裥和花边装饰，采用了天鹅绒和丝带。

深蓝色和黑色相间的绸缎连衣裙，贴身的版型，蓬松的下摆，夸张的肩部，配以褶皱的裙边和领边。

2010 优雅端庄的长裙与合身的针织衫搭配，由马克·雅可布设计。

A字型中长公主裙，搭配合身的亮片针织上衣，展现了沙漏型的身段。

路易斯·哥登

LOUISE GOLDIN

www.louisegoldin.com

路易斯·哥登（1979—）采用复杂的结构和裁剪方法，拒绝使用线缝的方式设计针织服装，使其针织品独树一帜。出生于伦敦的哥登是当代针织品设计领域的先锋，推动了这一时尚风格的普及流行。哥登在中央圣马丁艺术与设计学院学习了7年。期间，她对针织工艺做了一些新的尝试，在其2005年的毕业秀上就有所体现。毕业后，她赴巴西任特蕾莎·桑托斯的设计总监，为该品牌服务的2年间，其在技术与艺术上的造诣日益完善。2007年，她回到伦敦，推出自己的首场时装秀，伦敦塞尔福里奇百货将此次时装秀上的所有服装都买下。

2008年，哥登在伦敦时装周上举办了个人秀。她善于发掘利用细针和粗针针织面料的特性，通过立体剪裁和褶皱来打造未来主义的多层服装。她还使用电脑辅助针织技术来设计流苏、镶边和其他装饰。2010年，哥登与苏格兰羊绒及针织品制造商巴兰缇妮合作，推出约40件针织品，将传统的精巧工艺与其标志性的超短紧身针织连衣裙及透明镶钻上衣相结合。此外，哥登还与英国Topshop合作，推出未来主义铆钉鞋系列。2010年，她因其对品牌的贡献，被英国时装协会授予“时尚先锋”奖。

◀ 出自2010春／夏时装周，采用淡雅色调的针织面料，同时将包豪斯的几何建筑风格应用到人体上。

2008

机织彩色三角形衣片拼接成一件短款喇叭背心裙。

哥登利用了各种制作方法，包括挂毯的制作技艺，利用经纱为作品增加生动的色彩和图案，展现了设计师精湛的技巧和复杂的设计。丰富的配色中包含一些极富视觉冲击力的色相，如猩红色和玫红色。设计中使用的图案、肌理和条状的衣片，使得这件裙装极富活力，又有几分凌乱感。透明的塑料腰带和彩色乳胶束发带等饰品，则增强了该系列服装的光怪陆离感。

2007

合体、镶边的花边“女侠”服，这是哥登对“运动奢华”风的解读：弱化身材曲线，强调健美特质。

本次春／夏系列的核心款式为透明针织衫，前胸低领而透明，通过黑白灰的衣片组合缝制，再结合镶边与珠饰，打造极富活力的运动奢华风。在这一系列的其他款式中，哥登利用了褶裥和花边更加柔美的特质，以此展现更加女性化的风貌。不同克重、不同弹性的面料进行交织，整体合身，如同控制身体上肌肉的背带。其他款式则借鉴竞技体育的盛装，如独创的带花纹网眼弹力打底裤。粉色与黑色相间的几何图案，也暗示了与装饰艺术风格的联系。

2010

哥登的这场秀视觉效果显得阴郁，哥特式风格显著。

本次秋／冬时装周上，哥登大胆尝试，将黑色与深蓝色针织衫与复杂的绗缝裙装形式进行结合，其外观更像氯丁橡胶质地的潜水服，而绝非晚会礼服。下身露出一点明亮色系的短裤，点缀着整体深色调的服装，其灵感源于《大都会》（1927）和《华式451度》（1966）这两部科幻电影。哥登创造了一种未来主义风格的武术服。

马克·雅可布

MARC JACOBS

www.marcjacobs.com

出生于纽约的设计师马克·雅可布（1963—），1992年因其为美国运动品牌派瑞·艾磊仕开创性地设计了摇滚风格服装而名声大噪。尽管这次时装秀在商业上并未获得成功，但复古风的碎花连衣裙与马丁靴的搭配，外观似法兰绒的印花真丝衬衣都成为流行单品，也预示着20世纪80年代成熟的过分装扮会逐渐被淘汰。这次时装秀证实了雅可布是一位极富远见的设计师，也加速了他创立自有品牌的进程：1993年，马克·雅可布国际公司成立。

雅可布从帕森设计学院毕业不久，于1986年推出自己的首场时装秀。1987年，雅可布凭借其不羁的手法与多种灵感资源的借鉴，获得美国时装设计师协会颁发的“最佳新人”奖，也是该届奖项中最年轻的获奖者。1997年，路易·威登任命雅可布为LV成衣系列的艺术总监。在雅可布的领导下，路易·威登推广了一系列时尚手包，其中包括2001年雅可布和纽约艺术家兼设计师斯蒂芬·斯普劳斯联手打造的涂鸦包。

2001年，推出Marc by Marc Jacobs产品线，融复古时尚的细节特征、怀旧风的裙装，以及怪异的超大纽扣为一体。旗下的配饰系列则以包、鞋履和手表为主。2007年，雅可布推出童装系列。2010年，雅可布荣登《时代》杂志，入围全世界最具影响力的100人之一。

◀ 出自2011年时装秀，极富垂感的褶皱针织连体衣，饰以巨大的胸花，重温20世纪70年代的复古风。

2001

Marc by Marc Jacobs的本场秀使学生腰带和彩色牛仔布成为流行元素。

效仿学生腰带的条纹弹性腰带，配以苹果形或梨形的塑料带扣，这一元素在本系列中反复出现。本系列其他款式还有松石绿无袖牛仔夹克和褶皱针织短裙。本系列服装单品非常百搭，色彩亮丽——糖果色条纹衬衣搭配修身中裤，低腰七分牛仔裤与简单上衣搭配——赋予了整体系列以青春活力。夹克、背心和印花裙通过鲜明的色彩对比形成层次感；横条纹连衣裙腰部通过弹性腰带来收紧。

1992

这场开创性的摇滚风时装秀，打造了基于手工艺的时尚。

本场秀上，长流苏皮质裙和条纹露肩针织衫搭配，设计师将法兰绒、牛仔布这类廉价面料与牛仔靴、圆球流苏边及踝长裙，以及手绘服装结合在一起。系扣连衣裙与短裤搭配，20世纪50年代风格的条纹棉布蛋糕裙，搭配腰部打结的牛仔夹克，再以斯泰森毡帽作为配饰。

2010

本系列的雪纺裙、军装结构、内衣外穿，都体现了多种荷叶边褶裥的应用。

这件连衣裙几乎布满了贝壳状的荷叶边褶裥，柔和的彩虹色间或泛着珍珠色泽。这种手法在彩虹色长裙和连体衣上也有应用。以闺房为灵感的内衣外穿表现为：肉色衬衣的纽扣端端正正地扣到颈部，下半部分扎在高腰裤袜内，外穿蓝色绸缎文胸和短灯笼裤，灯笼裤的正面增加了一片经过弹性处理的衣片；平针针织短灯笼裤，搭配剪裁利落的开襟羊毛衫，饰以圆形褶边；裤袜的高腰部分也露在Lurex花呢面料制成的中长裙外，玫瑰粉和松石绿绸缎在臀部点缀。

马切萨

MARCHESA

www.marchesa.com

马切萨·路易莎·卡萨提是20世纪末的社交名媛，其声名狼藉，以蛇蝎美人著称。马切萨品牌以其名字命名，通过精巧装饰的礼服，紧身的版型，奢华的面料，成功地将其同名人物的颓废风格传递到现代观众面前。

出生于英国的乔治娜·查普曼（1976—）和凯伦·克雷格（1976—）于2004年推出马切萨高端时尚品牌。这对设计搭档相识于伦敦切尔西艺术学院，当时两人是高中同学。查普曼2001年毕业于温布尔登艺术学院，在进入高端时尚行业前，她曾是一名戏剧服装设计师。克雷格2000年毕业于布莱顿艺术学院，对印花和刺绣设计有着深入的研究，特别是复古纺织品和亚洲纺织品。两位设计师一起设计了一系列光鲜夺目的礼服，各种面料的精巧应用更是凸显了其成熟风格，在好莱坞的顶尖盛会上散发优雅魅力。这两位设计师对装饰的定义非常广泛，从雪纺绸拼接的玫瑰花到多层绢网绣球，从激光切割的玻璃纱“瀑布”到密集的镂空蕾丝。

查普曼与好莱坞电影大亨哈维·温斯坦结为连理，因此有更多机会接触到好莱坞明星，如斯嘉丽·约翰逊、安妮·海瑟薇、西耶娜·米勒。2004年，价格相对较低的子品牌“夜”玛切萨问世，除常规礼服外，手包和婚礼礼服也是其主打产品。马切萨的总部设在纽约，在美国的尼曼百货、波道夫·古德曼精品店，以及英国的哈洛德百货设有专柜。

◀ 这件露肩晚礼服出自2011年时装秀，灵感源于新艺术运动，用黑色贴花镶边装饰。

2008

一丝不苟的手工工艺，该品牌标志性的夸张效果，受到造型师瑞秋·佐伊的青睐，她在为社会名流打造造型时，首选马切萨。

亮红色的大摆露肩礼服，配以焰火似的褶裥装饰——这种工艺在整场秀中都有应用，荷叶边褶皱晚礼服是本系列的主打。其中一件露肩紧身礼服，巧妙地利用多层欧根纱圆形荷叶边来营造模糊的空间感。其他款式还包括：白色紧身全长连衣裙上，饰以黑色盔甲状亮丝刺绣；抹胸紧身连衣裙，配以鸵鸟羽毛与织花玫瑰装饰；钉珠连衣裙，外搭亮片无尾礼服；烟灰色和浅绿色搭配的单肩礼服，裙摆从高腰处落至脚边，形成一个圆圈。

2007

浪漫风格的晚礼服成为此品牌在纽约首秀的主打，色调为黑色、白色、粉色和浅黄绿色。

紧身的短款酒会礼服，饰以浅粉色褶皱面料做成的玫瑰花，泛着金属色泽。这种标志性的手法在本场春/夏时装周上反复使用：有时是短款真丝塔夫绸蛋糕裙肩上一朵绽放的亮粉色玫瑰，有时是浅灰色雪纺绸长礼服上细小的花朵围成的裹胸。

2011

精巧复杂的装饰凸显了20世纪末的红毯光芒。

夸张的巨大圆形褶皱和激光切割的蕾丝花边如瀑布般围绕在身体四周，其夸张效果通过质地偏硬的面料来体现。其他款式中，绸缎抹胸连衣裙，S型的廓型，凸显出女性的胸部和臀部。此外，剪裁利落的黑色夹克，搭配透明蕾丝连体衣，装饰以深黑色的珠饰，如同蜘蛛网一般，脚踝处带纽扣克夫。利用人造钻石打造的类似网状效果还出现在淡黄色真丝雪纺裙上。乳白色的薄纱晚礼服，上衣身装饰有手绘图案，下摆展开如同千层糕效果。

玛格丽特·霍威尔

MARGARET HOWELL

www.margarethowell.co.uk

玛格丽特·霍威尔（1946—）自称是时尚界的圈外人，其同名品牌是英国品牌的典范，以其耐用性、一丝不苟的工艺和传统面料的应用取胜。玛格丽特·霍威尔常用的传统面料包括哈里斯粗花呢、爱尔兰亚麻、府绸、羊绒、海岛棉等，这些面料为人字呢短外套、V领针织衫、前双褶裤装等女装增添了几分阳刚之气，而薄雪纺过膝连衣裙或衬衣的花边领又平衡了这种硬朗的感觉。霍威尔同时也设计标准的英国基本款男装，如连帽式粗呢厚外套。

该品牌于1972年由霍威尔与其当时的老公保罗·伦肖创立，创立之初就获得良好的反响。1977年，她与零售企业家约瑟夫·埃泰德吉合资，在伦敦南摩尔顿街开设第一家男装店。1980年，其首家自己独资的玛格丽特·霍威尔服装店在圣克里斯多福广场开业。紧接其后的是一段扩张时期，在曼哈顿和东京也设有独立的专卖店。

这对夫妻在1987年离婚。同年，伦肖离开了玛格丽特·霍威尔公司。1990年，在山姆·苏格尔和理查德·克雷格（现任董事及总经理）的帮助下，公司进行了重组。2002年，伦敦威格莫尔街上的旗舰店开业，设计师可在此陈列展示21世纪中期的现代设计，包括艾奈斯特·拉斯和厄科的家具，同时还可以不定期举办展览。2007年，霍威尔被授予英国二等勋位爵士，以表彰她对时尚业的贡献。

◀ 高腰短裤搭配薄棉宽松衬衣，出自2009年。这一系列以朴素的基本款为主打。

2001

严谨的军装风格是本次秋/冬时装周的主打。

没有颠覆，也没有嘲弄，霍威尔只是用传统的面料和精巧的工艺，来展现剪裁利落的简单版型：过膝一步裙，搭配两粒扣外套；白色腰带与白色对襟羊毛外套相呼应；黑色华达呢经典款风衣，扣至颈部。衬衣上的肩章和尖顶帽这些配饰，都体现出了贯穿始终的军装风格。

2011

经典白色衬衣、雨衣、牛仔、卡其裤和白色T恤是本次春/夏时装周的主打。

朴素的牛角双排扣外套没有任何多余的修饰，完美地体现了本场秀的特色：朴素、搭配得体。剪裁至腰上的帆布白衬衣，搭配卷边牛仔裤，脚穿棕褐色乐福鞋。其他款式中，剪裁简单的白色比基尼和白色及膝喇叭裙搭配，外搭过臀帆布连帽大衣，以扭花麻绳点缀。轻盈的亚麻针织衫以腰部和袖口的宽罗纹修饰；淡琥珀色海岛棉Polo衫立领，泛着珍珠色泽，下配刀形褶裥短裙；水手蓝和白色条纹相间的衬衣面料，制成一字型领口的及膝连衣裙，穿着舒适，用臀部的横向口袋加以点缀修饰。

2008

本次春/夏时装周上，节制和清爽是经典休闲男装的主体风格。

本系列以蓝色调为主：从以法式工作服为灵感的棉套装，到条纹衬衣，再到剪裁讲究的松石绿或蓝色短裤，而苹果绿棉质长裤和美利奴羊毛V领针织衫搭配，让人眼前一亮。宽松的海岛棉条纹针织衫，下配卡其裤，外搭美利奴羊毛开衫。宽松的衬衣和短裤搭配，外搭派克大衣。西装以穿着舒适为主：黑色两粒扣短外套，或三粒扣轻盈光亮的马海毛修身长外套。

马里奥·施瓦博

MARIOS SCHWAB

www.mariosschwab.com

马里奥·施瓦博（1978—）从柏林的国际时装学校ESMOD毕业后，于2003年至伦敦的中央圣马丁艺术与设计学院继续攻读硕士研究生学位。这位希腊与澳大利亚混血的设计师，受到多种文化的影响，在2005年推出自己品牌的短款紧身硬朗连衣裙时，几乎以一己之力复兴了20世纪80年代流行的紧身风格。

施华洛世奇在2008年举办“T台摇滚”秀时，与施瓦博结为合作伙伴。随后，施瓦博在一系列设计中，都用到施华洛世奇水晶，其中包括2010年纽约时装周期间施瓦博为美国知名品牌候司顿推出的首秀。候司顿的垂坠真丝针织品怀旧优雅，施瓦博也将自己所特有的设计元素融入其中。在施华洛世奇和候司顿的总裁及创意总监莎拉·杰西卡·帕克的支持下，施瓦博的这场秀上模仿了传记电影《超麂皮：寻找候司顿》中的场景，为该影片在2010年3月的翠贝卡电影节上亮相做了铺垫。

无论是为候司顿还是为自有品牌设计，施瓦博都会通过与珠宝设计师及配饰生产商的合作，来实现他以绑带元素为灵感的服装风貌的视觉冲击力。施瓦博所使用的伊莉安娜·马克里设计的吊坠颈圈和贾奎琳·芮宾的银饰便是例证。他还与柏林的眼镜品牌迈基塔合作。施瓦博曾获得2006年的英国时尚大奖之“最佳设计新人”奖，2007年的“瑞士纺织”奖。

◄ 出自2011年的时装秀，皮革和内衣、蕾丝和纹身，展现了机车服、哥特式和闺房风格的融合。

2006

内衣是这一系列的主题：简洁的丝滑质地连衣裙，五金胸托作为装饰。

金属插件和平行的明线，展现出人体的解剖结构。本系列仅选用黑、白、红三色。紧身衣的细节呈现在外，既正式又具装饰性。古希腊风格的褶皱织物、腰带和吊带这类装饰虽与主体风格不同，但通过金属制品的点缀，倒也整体和谐。无论是蕾丝镶边还是金属弯片，每一个装饰的布置都是精心设计的，通过诠释或暗示女性的身段，来展现诱人的魅力。

2010

本系列中，上衣身加入了提洛尔的传统裙装元素。

紧身连衣裙比例的调整，色彩的精心运用，使得传统风格的连衣裙展现出现代感。其他款式中，端庄的褶皱紧身短款连衣裙，饰以方型领和腰间白提花针织装饰。炭黑和深蓝色的长袖短款鸡心领外套，暗示了此前罗登呢面料的流行。不同层次间的简单几何关系，最终塑造了水晶装饰的巴洛克式奢华风。

2008

本次秋／冬时装秀中的紧身针织裙，采用了开孔与裸露的设计手法。

施瓦博通过服装上不同类型的开孔来发掘各种可能性：采用都铎式的设计手法，将面料割开，把内层抽出，或形成激光切割的巴洛克风格金银丝装饰，附着在底层的对比面料上。本系列其他款式还包括：全身镶满水晶的端庄连衣裙，膝盖上剪裁出窗户形状；三种变化款的双排扣大衣；全新版型的超长大衣、金属覆膜颓废风格大衣，以及波莱罗短款大衣。

马克·法斯特

MARK FAST

www.markfast.net

新晋设计师马克·法斯特（1980—）在2009年的伦敦时装周上，因以极少的针织面料条设计服装而获得媒体的广泛报道。他迅速登上各大媒体头条，并受到称赞：其裙装突出女性曲线，并在技术上做出大胆尝试。

法斯特于2008年毕业于英国中央圣马丁艺术与设计学院，获得时装硕士学位，其首场针织品时装秀，因精湛的技术而名声大噪。复杂的结构几乎毫无缝合线，仅通过细节的微小调整，即演变成具有弹性的服装。通过这种方式，法斯特将这一代设计师的蕾丝试验推至顶点，展现女性的迷人身段。在2010年的“新生代计划”支持下，法斯特与Topshop合作，推出了一个副线产品线，法斯特风貌因此迅速进入大众市场。

这位出生于加拿大的设计师现已与意大利成衣品牌Pinko结成天作之合。由彼得罗·内格拉和克里斯蒂娜·卢碧妮创立于20世纪80年代的Pinko，看中了法斯特设计中的创意手工元素可以通过工业化生产实现，两者合作推出了20世纪80年代流行的迪斯科炫目夸张的着装，以及50多种相应风格的时装配饰，其中包括手包、首饰、鞋履等。Pinko在全球有100多家零售店，对新晋人才有一套成熟的政策，擅长将创意与强有力的商业策略结合。法斯特还与保拉·阿卡苏（见第70页）合作过3季的针织品，并为克里斯提·鲁布托设计2010年的春／夏系列。

◄ 2011年的秀中，法斯特描绘了一幅化茧成蝶的图景。

2008

多层次的稀疏针织服装，配以渐变的色彩，修身的版型，又不失优雅。

9套全部为针织服装，这是法斯特在伦敦时装周上作为学生的首场秀。这一系列的核心是利用碎片针织品的伸缩性，使面料有机发展形成结构，在没有剪裁和几乎无缝的情况下也能完美地贴身，这种带状的造型则是设计师精巧设计的意外效果。通过单件针织服装中饱满的深色，为整个系列彩虹似的色彩效果以及略带哥特式的氛围增添了几分阴郁美。

2011

马克·法斯特签约意大利成衣品牌Pinko后，为该品牌设计的2011春/夏时装秀。

马克·法斯特为Pinko设计的连帽连衣裙，镶满水晶，非常适合20世纪80年代的酒吧风格。在与Pinko合作的2年中，设计了50套服装，其中法斯特所使用的制作工艺相比其自有品牌，手工艺的比例更少。织物是本场秀的焦点：平绒针织紧身衣，金银线浮纱和光滑的金属纤维针织紧身衣，非常绚丽夺目。每套服装都搭配高跟镀金短靴、大量水晶和宝石手镯等配饰。

2010

都铎式风格剪裁的衣袖，灰褐色与裸色的网状针织外衣，露出白色的基底层。

法斯特针织服装的软结构工艺，技巧精湛，塑造了新颖的视觉效果。除了他熟练的碎片针织法，本场秀上还展示了一系列其他时装制作工艺：窄版衣片用粗纱线扭织连接，以形成一系列的镶边圈结。这些圈结再用链条串起，勾勒出女性的婀娜身段，其装饰效果类似于抽纱法。另一特色则是在针织服装的袖口或领口，用方形大水晶或网孔来进行装饰。

玛尼

MARNI

www.marni.com

标新立异的色彩组合，层次分明、统一协调的图形印花，以及手工艺的细节，是意大利品牌玛尼的特色。各款式之间交相辉映，但通常会有一件关键性的服装，凸显整个系列的廓型，特别强调腰间的曲线。玛尼是米兰斯微皮草公司的延伸品牌，该公司由普里莫·卡斯蒂格里奥尼创立于1970年，并于20世纪80年代成为行业内首屈一指的公司，由卡斯蒂格里奥尼的儿子詹尼继承并出任总裁。在善待动物组织（PETA）反皮草运动的高峰时期，詹尼的妻子孔苏埃洛推进了公司从单一的皮草制造向多元化的转型，并推出新品牌玛尼。玛尼和其他奢侈品牌的时装一样，皮草只是成衣的配件。

1994年，孔苏埃洛·卡斯蒂格里奥尼推出了玛尼的首场时装秀。该品牌定位成功，并被行业刊物誉为奢华的嬉皮士，其客户群体更年轻，比传统的中产阶级皮草消费者的身份意识更淡薄。波西米亚的别致风格，尤其是由树脂与纺织品制成的夸张饰品，成为流行主导。孔苏埃洛是智利与瑞士混血，加上与意大利人的婚姻，使她融合了多种文化的灵感。

兼收并蓄的品牌玛尼在1999年成为独立的产品线，现已成为世界知名的时装公司，并设计生产首饰、手包、眼镜等一系列时尚配饰。2007年，玛尼推出男装和童装。

◄ 出自2011春／夏时装秀，由自行车齿轮变化而成的醒目图形展现出几分另类。

1999 柔和的廓型，层次分明，同时带有标志性的另类细节。

樱桃印花真丝裙，搭配素雅的盖袖T恤，外搭一件透明蝉翼纱印花背心——这种多层搭配贯穿整场秀。其他款式中，过膝长裙内着真丝裤装，上配雪纺绸背心，外搭鲜艳的松石绿夹克。夸张大T恤搭配宽松围裹短裙，展现了天真少女的特质，与结实的凉鞋等鞋类配饰产生对比。

2008 该系列中使用了丰富的手工艺技术：大理石花纹和扎染印花，鲜明的几何造型，表面的纹理与高科技面料形成对比。

塌肩宽松直筒连衣裙，衣袖宽大，明亮的松石绿、芥末黄色圆圈，覆盖于大理石纹印花帆布之上。其他款式中，经线扎染的无袖直筒裙上衣身有珠宝装饰，或者毫无装饰，仅通过图案塑造效果。服装造型都很简单：四四方方的无锁边夹克，下配喇叭短裤，内搭朴素的T恤。光滑高科技面料所制成的束腰外衣和宽肩细包边及膝连衣裙，展现出该品牌对印花的热衷。而其知名的夸张配饰更是随处可见：大块的几何形状树脂做成另类的项链、树莓粉色与黄绿色条纹装上的宽克夫等。

2005 本场秀上，剪裁随意的夹克和宽松版型的外套是主打，垂褶晚礼服让人眼前一亮。

浅翡翠绿的晚礼服，不对称的领口，配上同样不对称的项链，由大小不一的橘色和棕色圆圈树脂串起。其他款式中的饰品则更为柔和：织物胸花点缀着剪裁随意的夹克，布花系成及腰长的项链，或卷进细皮带中。粉绿色调、蘑菇花和白色复古风印花，塑造了飘逸灵动的外套，内搭宝蓝色紧身上装，下配宽松随意的裤装，使得质地和色彩都层次分明。

马丁·马吉拉

MARTIN MARGIELA

www.maisonmartinmargiela.com

特立独行、不走寻常路的设计师马丁·马吉拉（1957—）通过解构高级时装制作技巧、展现服装的基础结构、展露缝合线来挑战传统的服装观念，表现出对细节的一丝不苟。马吉拉将粗糙的亚麻布剪裁成紧身上衣，其效果类似于裁缝的人台，或将针织短袜改造成毛衣，其前卫风格打破了表现、艺术装置与时装之间的界限，颠覆了理性的服装结构设计手法。虽然如此，马吉拉也有一些经典优雅的服装设计，但通常也会被他的解构试验所掩盖。

这位出生于比利时的设计师毕业于安特卫普皇家艺术学院，与安特卫普六君子并称。马吉拉1979年毕业后，当了5年的自由设计师，然后一直为让·保罗·高提耶工作至1987年。他于1988年创立了自己的品牌。

内敛的马吉拉一直都拒绝媒体的采访或拍照，出于对他的尊敬，其70人的强大团队都尽量避免公开场合，他们与巴黎总部的沟通也都通过邮件进行。尽管他的设计手法颇具革命性，但传统的奢侈品牌爱马仕（见第146页）还是在1997年聘用他为设计师，以增添品牌的活力。2002年，马吉拉品牌被迪赛（见第108页）收购，此后马吉拉离职。

◄ 出自2010 / 2011秋 / 冬时装秀，“隐姓埋名”的马吉拉团队颠覆了经典的剪裁手法。

2001

马吉拉对服装结构的理论与技巧提出质疑。

皮手套重组制成合体的束腰上衣，长度至腰部，腰带与水平方向的口袋缝合在一起，下半身是褶皱落地长裙。在本场春/夏时装秀上，设计狂想随处可见，对人体的比例进行重新界定。超大号的夹克，解构的塌肩风衣，都体现出极具趣味性的比例变化技巧。

2008

模特们身着裸色和黑色的横条状紧身衣，凸显身形，在黑色背景幕的衬托下，身体仿佛脱节一般。

紧身衣长度刚好及大腿根部，和配套的手环齐平，并展现出胯部下方的线条。弹性紧身衣形成的横条，将身体横向分割。紧身衣领、露趾高筒靴、撕破的长裤都利用了绑带元素，而Incognito公司制作的眼镜，外形似眼罩，更是加强了这一点。裸色紧身衣长度刚过臀部。上装和夹克肩部未来主义风格的翅膀造型，是通过强缩绒或绸缎面料来塑造的，有的款式中通过褶皱雪纺绸使棱角更加柔和，搭配贴身长裤。夹克和短裙上随处散落的亮片形成了幻觉的光影效果。

2006

马吉拉一如既往地反对时尚概念和昙花一现的流行趋势。

单肩白色真丝风衣演绎成长度及踝的吊带晚礼服，臀部附近是一片扩散开来的染色，由半块冰染料融化形成。其他款式中，宝石状的彩色冰块将颜色渗到服装上：松石绿色的项链，在白色丝绸上留下一条印迹；粉色耳环的颜料滴到露背领上。树莓粉色的单肩连衣裙其衣领的位置被改变，衣扣也偏离了中心。利用了正负形的理念：裙装上硬币大小的图案，其搭配的打底裤上采用了与之相反的图形。

马修·威廉姆森

MATTHEW WILLIAMSON

www.matthewwilliamson.com

亮丽的色彩与醒目的图案设计，是马修·威廉姆森（1971—）时装的核心元素。1997年，他首次携其“电子天使”系列在伦敦时装周上亮相。这场秀上，凯特·莫斯、杰德·贾格尔、海莲娜·克莉丝汀森等名模为威廉姆森展现了各种色彩亮丽的服装。该系列剪裁宽松，飘逸而灵动，品红、橘色、淡紫色和松石绿等多种颜色在极简主义的单色年代顿时大热，受到各大时尚媒体的大力推崇。威廉姆森坚持使用一流的模特及演员的合作。2003年，他与自己的灵感女神，同时也是好友的西耶娜·米勒掀起了一股波西米亚风。

威廉姆森从小就立志成为一名设计师，是中央圣马丁艺术与设计学院年纪最小的毕业生之一。毕业后，他在英国商业街连锁零售品牌摩诗恩工作了2年，积累了宝贵的商务管理经验，也为创立自己的品牌做好了准备。1997年，威廉姆森在约瑟夫·韦罗萨的帮助下，成立了自己的奢侈品时装工作屋。

他的风格通过副线产品线“蝴蝶”成功地转化为主流时尚，这也是他与英国德贝汉百货公司和瑞典H&M公司广受关注的合作的结果。2004年伦敦旗舰店开张，备受赞誉。此外，在纽约和迪拜，也有马修·威廉姆森时装专卖店。威廉姆森在设计一系列手包时，还曾与珠宝品牌宝格丽合作。

◄ 大理石花纹的短款宽松酒会礼服是威廉姆森2010年的设计，展现出精致、时尚、优雅的气质。

1997 威廉姆森的首场秀，展示了一系列荧光色色块拼接女装。

双色连衣裙选取了色环中的互补色，形成视觉冲击力。该系列其他款式中，松石绿色堆领修身上衣与亮粉色斜裁高腰裙连成一体，长度于膝上，极具魅力。这是威廉姆森的首场秀，主题为“电子天使”，共11套服装，T台上的展示时间仅7分钟。

2004 威廉姆森采纳了灵感女神西耶娜·米勒的意见，设计出孔雀印花连衣裙。

本场春／夏时装秀上，孔雀印花贯穿始终：无论是曳地长裙还是利落的棉夹克，或是短款土耳其长衫，以及威廉姆森最具特色的真丝雪纺裙，飘逸灵动。其他款式中，卷边牛仔裤的口袋边用迷你小彩球装饰，并配以珠宝装饰的拖鞋。全白套装上的荧光粉细腰带，则起到了画龙点睛的作用。

2002 威廉姆森在纽约的首场秀，印花雪纺和亮片晚礼服中融入学院风条纹元素。

多色渐变条纹毛衣，将针织品引入威廉姆森式的印花与设计中。该系列融合了学院风元素，如松石绿苏格兰褶皱短裙和超短条纹西装，刺绣装饰的外套式连衣裙，则是威廉姆森标志性的波西米亚风。马海毛松紧领口毛衫，边缘装饰有拉拉队的小彩球，与修身版牛仔裤搭配。20世纪80年代风格的超大天鹅绒T恤衫，双罗纹针织腰带从肩部落下。设计师最爱的粉色系通常与明亮的松石绿色搭配。晚礼服则秉承威廉姆森一贯的风格，将印花雪纺绸系成小结，像纱丽一样缠绕身体四周。精致的直筒连衣裙长度及地，裙摆剪裁随意，并配以手工钉珠装饰。

麦丝玛拉

MAX MARA

www.maxmara.com

低调的服装风格，一丝不苟的制作理念和奢华的面料，传递了意大利品牌麦丝玛拉高品质时尚的永恒价值。驼色双排扣外套，采用海狸毛与羊绒混纺，名为101801，是完美展示经典冬装外套的单品，受到狂热追捧。麦丝玛拉时装屋由意大利裔设计师阿希尔·马拉莫迪（1927—2005）正式创立于1951年。19世纪末，阿希尔·马拉莫迪的曾祖母玛丽娜·里纳迪曾在瑞吉欧·艾米里亚的中心地区，经营一家奢侈品时装店，对时尚的热情已然成为其家族传承的气质。马拉莫迪的创业理念源于其预见到了大批量生产成衣品质的重要性，而且要设计巧妙，不受季节变化的影响。马拉莫迪首次设计的系列包括驼色外套和天竺葵红色西装，均融合了未来制造的理念。

麦丝玛拉也曾请卡尔·拉格菲尔德、让-夏尔·德卡斯泰尔巴雅克、纳西索·罗德里格斯等知名设计师为其设计，但他们的加入并未对外公开，因此严格保持了该品牌一致的风格。麦丝玛拉共有35条不同的产品线，但其女装产品线仍然是公司的核心业务。其他还包括Sportmax、SportmaxCode、Weekend Max Mara（休闲风格，比主牌更便宜）、S Max Mara、Max Mara Studio、Max Mara Elegante，以及针对体型偏胖女士的Marina Rinaldi，也是此领域内为数不多的成功时尚品牌。2005年，创始人去世，该公司仍然由家族持有，创始人的儿子里奇·马拉摩提为现任总裁。

◄ 出自2011春／夏系列，全橘色长裙，搭配同色腰带，廓型简洁。

1996

本次春／夏时装周上展示的灰白色亚麻和棉质单品，剪裁利落，风格清新。

简洁利落的箱式上装搭配短裙，本系列和20世纪60年代中期杰奎琳·肯尼迪的着装风格相似：A字型短裙，搭配淡紫色或淡黄色七分袖单排扣短外套。全口袋衬衫式连衣裙，其卷边袖展现出运动风。修身版牛仔裤，搭配的抹胸上衣，在透明雪纺绸内若隐若现；驼色阔腿裤，搭配合身的淡紫色衬衣，显得更为正式。

2006

长款毛衣裙、阔腿裤和简单的针织品是这一系列的主打，风格简单随意，以自然色调为主，同时加以更为鲜明的色彩点缀。

深开领带帽宽罗纹毛衣，下配高腰阔腿裤，再搭上别致的布洛克平底鞋。这身运动装打扮朴素舒适。在该系列其他款式中，细横条纹修身套头毛衣裙，上半身通常是背心或松紧领口。无肩带直筒连衣裙由翠绿色、树莓粉、钴蓝色等明亮色块拼接而成。在这个专注低调的极简主义系列中，明亮色调的绣花朵花是唯一的装饰——穿过毛衣的下摆或肩部，或在白色过膝长裙上形成斜条纹。连体衣有两种造型：一种是灰色亚麻工装服，保留了毛边；另一种则是时尚连体衣，有钴蓝色褶皱吊带连体衣，以及棕色和米黄色相间的背心连体衣。

2010

奢华的外套与西服，采用开司米羊绒。

经典的驼色外套与麦丝玛拉品牌有着千丝万缕的联系，尤其是由设计师安娜·玛丽·伯莱塔在1981年设计的101801外套。这款外套自那时起，就一直是意大利品牌的经典象征。本次秋／冬时装系列中，这款经过改良的大衣，以腰带替代纽扣，但仍然保留了原版的宽松剪裁、宽大的插肩袖和领部的明线特征。

密海姆克希霍夫

MEADHAM KIRCHHOFF

www.meadhamkirchhoff.com

密海姆克希霍夫这对设计搭档的作品，展现了在新哥特式中性风格和浪漫奢华风格之间的转换。当时尚媒体开始习惯他们的阴郁色调、如雕刻般的硬朗皮草、男子气概特质时，这对毕业于中央圣马丁艺术与设计学院的设计师画风一转，推出的系列兼具了娇媚甜美风与媚俗惊悚电影中栩栩如生的玩具娃娃特质。棉花糖色的连衣裙，融入了郝维辛小姐式的颓废风，搭配涂鸦短夹克、特大号的印花T恤和松垮的袜子。灵感源自《一千零一夜》的服装系列：层层褶皱的面纱，加以浓郁色彩的穗边、流苏和绒球修饰，头顶配以冕状头饰点缀，具有迷幻新娘的意味，更适合闺房风格，而非街头风格。

该设计搭档的女装中体现的两性风格的转换反映出他们各自的背景：艾德沃德·密海姆（1979—）学的是女装设计，而出生于法国的本杰明·克希霍夫（1978—）则走的是男装设计路线。他们在2002年首次合作的是本杰明·克希霍夫的同名品牌男装设计，直到2006年，他们才联手推出自己的女装品牌。

在2010春／夏时装周上，密海姆克希霍夫的单色调颓废风，渗透到英国Topshop连锁店的胶囊系列中，包括T恤、短裙、连衣裙、夹克等。这对设计师组合以其出其不意的服装设计而闻名。

◀ 出自2008年，利用对比的表面肌理来展现朴素的奢华，无论是色调还是服装体量，都是绝对的中性风。

2007 春／夏系列的主要面料：蜡光绸、色丁、绢网、牛仔等；色彩：蓝黑色、深黑、宝蓝，以及金盏花图案等。

造型硬朗的超短连衣裙采用了多种面料、多种色彩搭配，展现出混搭主题，并贯穿整场春／夏时装秀。裙摆通常在大腿中部；腰线通常在高腰和自然腰部之间。其他款式中，还有背后有蝴蝶结装饰的高腰衬衫式连衣裙，以及蜡光绸A字型连帽褶边风衣。做旧修身铆钉牛仔上衣、短裙和连衣裙，都露出肩胛骨部分。有的服装利用特定面料打造透明效果。富有弹性的经纱针织网眼面料缠绕在蜡光绸和哑光紧身衣外，以凸显身体的线条。黄褐色皮鞋上的蕾丝缎带、深蓝色和黄色衣片上的褶皱花边，展现了西部牛仔风和竞技风。

2011 整个系列绚丽多彩，层次丰富，借用了电影和音乐元素，如Daisy Chainsaw乐队的《粉红花》MV和达里奥·阿基多的惊悚电影《阴风阵阵》（1977）。

上装的衣袖被裁断，通过粗犷的锁边绣缝法形成凸起的缝线，闪亮服装上薄纱衣片交错层叠，再配以饱和色调的雪纺绸蕾丝荷叶边。本场秀讲述了一则故事：亭亭玉立的公主娃娃在人工彩色花园中漫步，身着精美蕾丝真丝绉缎礼服，细抽褶将从腰而下的剑褶收紧在一起，衣袖上采用细褶和缎带装饰，梦幻糖果色碎片布条在颈部和腕部缠绕。其他款式中，纳西尔·马兹哈设计的打底裤，细小的芭蕾舞鞋，以及花冠上的玻璃饰物又带来了不一样的审美感受。卡其色工装服也压抑了洋娃娃般的甜美。紧随色彩艳丽的涂鸦口号“宝贝！”“靓妞！”出现之后，是黑白配色的家仆风格服装。整场秀中，重工刺绣装饰的鞋子贯穿全场。

迈克·高仕

MICHAEL KORS

www.michaelkors.com

迈克·高仕（1959—）自1981年创立迈克·高仕品牌以来，一直致力为美国人提供服饰必需品，奢华的便装是其产品定位。他矜持简朴但不失精致的风格，使其品牌持续获得成功。2009年3月，米歇尔·奥巴马为自己首个官方形象选择了一件迈克·高仕的黑色直筒连衣裙。迈克·高仕设计的衬衫式连衣裙、圆翻领超大毛衣、超大针织衫等都是柔和的中性色调，且用色较少，并选用真丝、羊绒和麂皮绒这类奢华面料，迎合了当代时尚界的极简主义风格。

高仕出生于纽约长岛，原名卡尔·安德森。在早年积累了一定的时装设计经验后，他在纽约时装学院继续学习。1997年，他被任命为法国时尚品牌赛琳旗下成衣女装的首席设计师兼创意总监。他为此品牌设计的服装低调优雅，并推出一系列配套饰品，推动了此品牌的复兴。2003年10月，高仕离开赛琳，集中精力推广自己的品牌，并在2002年推出男装系列。

除了迈克·高仕的秀场系列以外，该品牌还在2004年推出MICHAEL Michael Kors和KORS Michael Kors产品线。KORS产品线定位为中等地位，介于秀场系列和MICHAEL产品线之间。MICHAEL产品线包括女士手包、女鞋和成衣女装。KORS则以鞋履和牛仔为主。2010年，高仕获得美国时装设计师协会颁发的终身成就奖，他也是史上最年轻的获奖者。

◀ 出自2010/2011年秋／冬时装秀，奢华的便装选用皮草、羊绒、马海毛材质，色彩以驼色、奶油色和灰色为主。

1994

高仕将经典的美国便装色彩融入其泳装系列中。

在与特拉维夫（Tel Aviv）的Trulo泳装品牌签订授权许可协议后，高仕将其主产品的随意风格融入了以设计师为导向的泳装零售市场，这源于他与客户直接交流所积累的专业经验。对面料的关注，反映了他整体设计的气质：风格简单、品质上乘。他设计的泳衣通常是高腰剪裁紧身衣，运用硬朗的线条和接地气的细节来展现自然体型，如曲线条纹或蕾丝领口。

2000

闪亮的金银丝面料，配以皮草装饰，展现出极简主义低调奢华的魅力。

红宝石色的硬缎连衣裙，柔和的抽褶高领，低腰部位搭配莱茵石腰带，再配以黑貂披肩。本场秀展示了高仕高端、低调奢华的风格：细长版型的及踝羊绒毛衣裙，真丝领巾塞进领口。简洁的针织衫以毛领装饰，搭配印花A字裙，再镶以多排珍珠。该系列其他款式还包括：极简主义的紧身廓型直筒裙采用了闪亮的金银线织物；铅笔短裙搭配金色素面上衣；白色斜裁硬缎连衣裙，细肩带和堆堆领是亮点。

2008

硬朗的廓型、奢华的面料，展现了棕榈滩的夏日风情，灵感源自20世纪50年代空中飞人的着装风格。

白色网球情侣装：女装用柠檬黄过肩和肩带装饰；男装则以带帽上装配短裤，外搭经典藏蓝色羊绒西装外套，其色彩组合也体现出厚实的板球毛衣特征。该系列其他款式中，柠檬黄、黄绿色、橘色宽条纹针织连衣裙，长短款都有，也有超短款上装搭配紧身短裤，每套服装都配以对应条纹的太阳帽。此外，阔腿裤、带细腰带的紧身毛衣、简洁利落的短裙则适合更为正式的场合。

米索尼

MISSONI

www.missoni.com

意大利品牌米索尼的针织品独树一帜，这源于其专属的织物设计——在长达半个世纪里，其主要的设计中都采用了彩色横条纹经编针织面料。米索尼是最早推出针织品的品牌之一，其改变了针织品粗糙手工的形象，在20世纪70年代更是将其魅力推向台前。1953年，奥塔维奥·泰（1921—）和罗莎塔·米索尼（1931—）在意大利加拉拉泰他们的家中地下室创立了一个小工作室，工具为仅有的三台针织机，专门为米兰的La Rinascente百货生产品牌服装。

在传奇时尚编辑安娜·皮亚姬和*Arianna*杂志的帮助下，米索尼的业务蓬勃发展。罗莎塔在一次去纽约的途中，结识了法国前卫造型师埃曼纽勒·康恩，两者在1966年合作推出首场全新的T台秀。1967年，米索尼应邀参加佛罗伦萨皮蒂宫的时装秀，由此确立了其时尚品牌的地位。这场秀中，精美的针织品在灯光下显露出透明的特质，引起轰动。

米索尼公司的地位日益巩固，1969年，这对夫妻创始人在苏米拉戈为其品牌开设了一家工厂。1970年，纽约布鲁明戴尔百货开设米索尼专柜；1976年，米索尼在米兰开设首家专卖店。此后，米索尼专卖店在全世界逐步开起来。

1997年，安吉拉·米索尼适时出任创意总监，米索尼品牌再次复兴。安吉拉在其时尚产品中注重印花面料的使用，而罗莎塔·米索尼则注重内部结构。

◀ 出自2009年时装秀，米索尼回归本源：奢华的针织品，图案间交相辉映。

2003

庆祝米索尼标志性的条纹和Z字形针织品诞生50周年，米索尼推出了这个怀旧系列。

彩虹条纹挂脖上装，下配同花色裤装，搭配的头巾上是其标志性的火焰图案，这套服装的灵感源于意大利未来派艺术家的棱角艺术。米索尼是首个硬朗结构针织夹克的品牌，它开创性地使用了针织皮草，制造出一种花呢效果的针织面料，兼具梭织面料的特质。泰·米索尼推崇包豪斯主义，他认为建筑、纯艺术、工业设计这些创意学科不应该进行区分，从而保持设计、技术和灵感源的一致性。

1996

针织结构的多功能性在本场春/夏系列中展现得淋漓尽致。

这件露脐装体现了米索尼品牌标志性的段染技术，在这件服装中，单色的几何图案采用了段染工艺，有的地方是平稳的条纹，有的地方则是呈视错觉的波浪形。其他款式中，在前拉链的连衣裤和简洁的嵌花修身毛衣搭配中，也应用了这种工艺。图案则包括20世纪70年代风格的裤装上的喷印大花朵，挂脖全长舞会礼服上的印花图案。这是罗莎塔退休前推出的系列，此后，米索尼品牌重新进行了调整。

2005

米索尼在标志性图案中增添了印花，充满纯真年代的风格。

本场秀上20世纪30年代风格的褶边晚礼服系列尽显女性魅力。短款真丝针织开衫搭配及踝印花雪纺绸连衣裙是其中一套。这一系列的服装保留了该品牌标志性的针法，但融合了更柔和的手法——拉舍尔经编面料的芭蕾舞上装，搭配柠檬黄褶边短裙；锯齿形火焰图案在夹克或20世纪70年代风格的喇叭裤上都有体现，通过钩针编织的颈链和透明的雪纺绸上装，融入了嬉皮士风格。

缪缪

MIU MIU

www.miumiu.com

前卫品牌缪缪以其趣味性的细节，以及在装饰和面料上的各种试验著称，并擅长使用碎片图案和独特的面料组合。缪西娅·普拉达（1949—）于1992年创立缪缪，是普拉达（见第250页）旗下的二线品牌，该品牌名称是缪西娅小时候的昵称，目标客户是比较喜欢冒险的年轻人。

以手工艺为灵感的波西米亚风绗缝与钩编服装、马鞍包、羊皮夹克、木底鞋和靴子，这些早期的服饰系列一开始就与优雅成熟的普拉达品牌相差甚远。以年轻的时尚偶像科洛·塞维尼为模特的摄影大片，由前卫的时尚摄影师科琳·德和尤尔根·泰勒拍摄，进一步巩固了这种品牌形象。设计师将刻板与隐约的性感结合起来，用连衣裙搭配短袜和雕塑般的鞋子等奇异的细节，颠覆了传统的保守风格。缪缪的成功，促使普拉达集团在20世纪90年代的规模和经营范围都大幅扩张。1996年，缪缪分别在巴黎、米兰和纽约苏荷区开设专卖店。此后，该品牌在全世界范围内陆续开设了40多家专卖店。

起初，缪缪和普拉达都在米兰参加时装秀，但缪缪在2006年转战巴黎，以突显两个品牌的不同审美观。2010年，缪缪掀起时尚界史无前例的风暴，该品牌的一件连衣裙——橘色和浅紫色超短连衣裙，上半身饰有皮革贴花——同时登上三本顶级时尚杂志封面：英国的《时尚》《世界时装之苑》和美国的*W*杂志，成为当年秋/冬季的必备单品。

◀ 出自2011春/夏系列，星形图案的苏格兰式短裙，配以罗伊·利希滕斯坦式风格的贴花，展现出华丽的摇滚风。

1996 纯真年代的着装风格，颠覆了时尚女性的着装准则。

鲜艳的橘红色、经典苏格兰式的活褶短裙，搭配胭脂粉衬衣，扣至颈部。这一系列服装融入了端庄的风格，通过貌似刻板的着装，展现前卫而低调的时尚风，通过尤尔根·泰勒开创性的时尚摄影手法展现出来。刻板朴素的简洁风在其他款式中也有所体现：提花针织大衣内搭过膝衬裙，加以丝带蝴蝶结装饰；男性风格的裤装与素色衬衣搭配。

2010 20世纪60年代风格以花朵为灵感的系列，利用几何造型的花边和花瓣造型装饰下摆。

宽松钟型羊毛连衣裙利用毛毡和金属制成的层叠荷叶边装饰下摆，上镶雏菊状珠宝；分离式裸色衣领，以花束状系于颈上。整个秋/冬时装系列廓型柔和，立体雏菊图案重复出现，如装饰在蕾丝花边上，或者做成花型珠宝形状装饰在鞋包上。

2005 怀旧风格的贴花，以领口和腰带上的珠宝点缀，将20世纪70年代风格的印花和另类的色彩设计抽象化。

宽松上装和不对称搭配短裤上放大的复古几何图案，让人联想起20世纪70年代早期的室内装饰和小古董。这种风格也体现在对襟外套、及膝短裤和端庄的A型外套上。一系列挂脖内衣和无袖直筒裙上采用了简单的墙纸图案。芥末黄、卡其色和棕色等柔和的色调运用在剪裁简单的A型外套、开襟明钮连衣裙、泰国真丝塔夫绸铅笔裙中，偶尔点缀紫色、金色和翠绿色珠宝，进而突出服装本身的色彩。浅薄荷绿、黄褐色、深蓝色拼色麂皮连衣裙，腰间用彩色圆盘串起的腰带装饰。宝蓝色宽松直筒半裙和灰色Polo衫、高腰华夫格针织毛衣裙搭配，打造较为柔和的廓型。

莫斯奇诺

MOSCHINO

www.moschino.it

喜欢戏谑嘲讽的意大利设计师弗兰科·莫斯奇诺（1950—1994）被媒体誉为“时尚界的坏男孩”。他用颠覆性的眼光看待时尚业，同时又充分利用自己想要讥讽的时尚法则。

1991年，莫斯奇诺设计的红色西裤，将文字“腰间的金钱”绣于腰身部分。他在1988—1989年的广告活动中，采用了幽默和图形双关的手法，展示了饰有微型泰迪熊的连衣裙和帽子，这位设计师喜欢将时尚作为表达自己想法的载体。

莫斯奇诺出生于伦巴第的一个小村庄，1967年前往米兰美术学院求学。1971年毕业后，他在詹尼·范思哲当了几年插画师。1977年，他应邀出任意大利品牌卡德特的设计师。1983年，他离开卡德特，创办了自己的品牌，并参加了米兰时装展。1986年，他第一次推出自有品牌的男装。1988年，其品牌带有讽刺意味的Cheap and Chic（意为廉价的时尚）系列问世，虽然其价格低于其主线品牌，但仍定位在高端市场。

1994年，这位设计师英年早逝，享年44岁，公司由其友人兼长期的合伙人罗塞拉·贾蒂尼接管。罗塞拉自1981年起就与莫斯奇诺合作，她选用了一些略微保守的方法，但是延续了该品牌独特的风格，如错视画效果和超现实主义手法。莫斯奇诺品牌现已被艾菲集团收购。2008年，莫斯奇诺在纽约开设旗舰店，除主线产品外，还有Moschino Cheap and Chic、Love Moschino和Moschino Uomo产品线。

◄ 出自2010年的时装系列。20世纪80年代风格的链环图案、柔软蝴蝶结和镀金首饰。

1988 看似随意的着装，展现莫斯奇诺变化多端的风格。

在浮夸放纵的年代，莫斯奇诺使用丰富的色彩搭配和奢华的面料来体现超现实主义效果。他的灵感源泉丰富，经常出乎人意料，如经典的泰迪熊外套（2011/2012年秋／冬系列中再次推出此款，领部改为可拆卸衣领），配以刀叉形状的饰扣；又如1994年，他将36C的文胸改制成一条连衣裙的裙身。

1996 心形和花朵装饰，将权贵时尚和西班牙风格融合，这种文化上的混合，展现了秋冬着装的多样性。

蕾丝两件套搭配心形的链锁式项链（本系列中这一元素反复出现），下落的腰带位于正中的位置。低调浪漫的女性主义通过一系列变化多端的款式体现出来：荷叶边小黑裙腰背部装饰有红玫瑰；地毯图案的皮风衣；英式乡村雏菊刺绣裹裙外搭灰色法兰绒针织短外套等。此外，还有花色真丝克米兹束腰外衣，搭配纱丽裤装。

1997 本场秀灵感来源非常丰富，将不同地域的主题相互融合，增添神秘色彩。

艺术大师以花朵来阐释转瞬即逝的美，一开场便是黑色套装，配以玫瑰花环头饰。从泰姬陵图像三拼画印花礼服，到覆满玻璃纸反向花束的紧身连衣裙，其装饰面料被赋予故事的情节。本场秀上，丰富的面料使用，将东西方文化的碰撞充分体现出来：西裤套装和斯泰森毡帽伪装成砖墙；虔诚的佛像印花衣片，用锁缝线缝制成坚固的和服。服装上还印有东京、德克萨斯，或两地旅游区园艺工人和花朵的照片。

2001

西班牙风格是本次春／夏时装秀的主题；莫斯奇诺标志性的黑、白、红圆点图案和条纹也是其重要元素。

由杂志封面拼接成图案的弗拉明戈一次性晚礼服，肩上的褶皱和裙上的多层装饰也都是用杂志封面制成的。该系列其他款式中，还有窄领带、白衬衣和黑色西服搭配校服款式，配套的前扣式巴斯克衫或背心，凸显了胸部的线条，又颠覆了学生形象。此外，乡村风格的露肩衬衣，配以丝带串起的马德拉刺绣装饰；松紧领口上衣，搭配黑白竖条纹休闲裤，小腿部位有一圈褶皱装饰。

1999

借鉴了电影《佐罗的面具》（1999）中佐罗的面具和斜线元素，是此次秋／冬时装秀上的主旋律。

故事以清晰的远景开场，模特们身着剑术服套装：夹棉紧身上装、紧身长裤和必备的佐罗面具。开缝的印花头巾在一系列黑色套装之后不再出现。黑色套装配以修剪过的簇状薄纱镶边，或意大利宪兵制服上的圆纽扣修饰细节。黑色礼服款式多样，有短款的，有流苏边装饰的，有分层的，有斜裁的，还有轻薄的钩针编织款。黑白拼色套装中，配有大量的监狱服裤装；朴素正统的套装被严重撕裂。撕裂的上装搭配黑色长连衣裙，镶嵌树叶状水晶或饰以网格编织物。

2002

该系列由文森特·戴尔设计，锋利的剪裁和雪纺绸的应用是其特色。

一件印有“奢侈是相对的”文字的超大号T恤，下身搭配抽褶牛仔裙，延续了莫斯奇诺对时尚法则的颠覆。其他款式中，设计师以嘲讽的手法表达了对香奈儿的敬意，服装上以法语写到：“莫斯奇诺不是一种风格，而是模仿拼凑！”端庄的深蓝色长礼服大衣和饰以不对称纽扣的西裤搭配，与解构的抽褶和垂褶连衣裙形成鲜明的对比。

2004 极富趣味性的时装系列，既有轻佻的连衣裙，又有香奈儿风格的套装。

深紫色彼得潘领郁金香型公主外套，端庄典雅，展现出20世纪50年代的意味。本次秋/冬时装秀还包括优雅的粗花呢套装：铅笔裙搭配对襟短外套，外套用镶边贴袋和颈部挺括的蝴蝶结点缀装饰。皮草披肩落在一侧肩上，以衬托鲜艳的印花连衣裙和黑色真丝上装。

2007 学院风的传统剪裁，将连帽防风大衣和西服巧妙地结合在一起。

修身两粒扣短外套，饰以黑色天鹅绒翻驳领，内搭印花T恤，其图案是印上去的衬衣和领带图形，下配修身黑色牛仔裤，腰间用银色皮带点缀。

2011 本场时装秀融合了多种时尚元素：斑点、条纹、荷叶边，以及墨西哥式贴花。

黑、白粗花呢套装，边缘装饰有红条纹荷叶边，内搭同色系巴斯克衫，郁金香造型的裙子下摆装饰有黑白条纹花边。

迈宝瑞

MULBERRY

www.mulberry.com

英国皮草公司迈宝瑞设计的新潮手提包受到追捧，但该品牌同时保留了传统的手工技艺与原料。该品牌推出的升级版邮差包，以《时尚》杂志的封面模特艾里珊·钟命名，名为艾里珊包，预定数量已过千件，成为一款畅销包。

迈宝瑞品牌由罗杰·索尔（1950—）创立于1971年，当时主要销售手工制蛇皮项链和皮带。前期获得成功后，罗杰在巴斯市的奇尔康普顿开始使用传统马具的制作工艺来制造麂皮和牛皮包。萨默塞特郡仍是迈宝瑞公司的大本营，其每季的产品都由Rookery工厂技术娴熟的工匠制作，该工厂于1989年开设。

迈宝瑞曾与多位手提包设计师合作，推出多种创意产品。2002—2004年间，尼古拉斯·奈特利任设计总监，负责Bayswater、Roxanne和Elgin系列。原意大利奢侈品公司宝缇嘉创意团队成员斯图尔特·维弗斯2004—2007年间在迈宝瑞任职。他设计的作品包括Maggie、Mabel、Roxanne 手提袋、Calder手提袋和Emmy系列。英国设计师卢埃拉设计的吉赛尔手提包（以世界上现身价最高的模特名字命名），是一款大手提包，外表用多层皮带包裹，并饰以双心标志，掀起了2002年的“It”包风潮。

在现任创意总监，英国设计师艾玛·希尔的带领下，迈宝瑞开始进军成衣界，其产品囊括皮夹克、鞋履和外套。2010年，迈宝瑞旗舰店在伦敦新庞德街开业。

◀一套焦黄色裙装，搭配Tillie包，出自2011春／夏时装秀。

1997

经典的英式剪裁花呢大衣，饰以天鹅绒领，由罗杰·索尔设计。

迈宝瑞是最早的英式风格品牌之一，创造了英式时尚——通过定制设计，体现了对传统价值的表达。1991年该公司增加家居系列后，这种传统延伸到室内装饰产品中。随后便有了各类产品之间创意的交融，如时装系列中大花型的使用，厚型织锦布与金银线流苏的运用等。

2010

纯真年代是本场春/夏时装秀的主题，由艾玛·希尔设计。与服装搭配的双搭带艾里珊包是时尚必备品。

裸粉色麂皮收褶裙，以一对宽大的滚边口袋装饰，搭配舒适的外套，饰以相同的口袋。内搭的多色印花上装，大圆领下饰以平整的大蝴蝶结，略带嘉年华风格，整个套装展现了少女的温柔。该系列其他款式中，柔软的麂皮单件连衣裙，饰以怪异风格的旋转木马马头印花，也同样透着几分柔美。天蓝色紧身低腰牛仔裤，搭配奶黄色或裸色有前口袋的牛仔夹克。牛仔热裤的口袋上饰以蝴蝶结；印花连体衣搭配松紧裤，将观者带入20世纪70年代的青少年梦境。

2009

这场富有活力的春/夏男女装秀是艾玛·希尔的处女秀。

紧身牛仔裤搭配驼色双排扣无领短皮夹克，袖口抽褶，搭配的流苏围巾增添了几分时尚学生味。该系列其他款式还包括高腰裙、剪裁随意的缩褶裙和超短皮夹克。橘色宽松直筒超短连衣裙和较为正式的套裙，都加入了旅行风格的褶皱、臀部偏上部位的宽口袋，以及镀金纽扣等时尚元素。该系列中还包括畅销的Bayswater包的各种变化款。

纳西索·罗德里格斯

NARCISO RODRIGUEZ

www.narcisorodriguez.com

当纳西索·罗德里格斯（1961—）1996年为小约翰·F·肯尼迪的妻子卡洛琳·贝塞特设计婚纱时，他还是一位不太知名的设计师。斜裁白色紧身连衣裙，简洁的线条，时髦而又低调，展现了罗德里格斯在复杂服装结构方面的天赋。罗德里格斯出生于新泽西，是古巴与美国的混血。他在帕森斯设计学院接受正规教育后，曾在安妮·克莱因工作，跟随设计师唐娜·卡兰（见第114页），以此开启了自己的职业生涯。随后，他跳槽至卡尔文·克莱恩，于1995年出任TSE的设计总监，同时兼任巴黎切瑞蒂的设计总监。在切瑞蒂任职期间，他凭借设计的婚纱登上头条。

1997年，罗德里格斯和意大利制造商艾菲集团合作推出自有品牌，并于1998年首次在米兰春／夏时装周上登台亮相。简单的建筑式线条、浓郁的色彩和奢华的面料融合在一起，形成设计师的自有风格。对服装体量的调整和精湛的剪裁技术取代了花哨的细节与装饰。

罗德里格斯于1997年获得《时尚》杂志与美国VH1电视台合办的“时尚大奖”的“最佳时尚设计新人”奖，以及美国时装设计师协会颁发的“女装最佳新人”奖；2003年获得美国时装设计师协会颁发的“年度女装设计师”奖。2001年，罗德里格斯与艾菲集团解约，回到纽约举办时装秀。

◀ 真丝无袖宽松长裙，由淡紫色、钴蓝色和红宝石色拼接印染而成，出自2011年。

1998

流线型的亮片裙，颜色包括咖啡色、浅绿色、粉红色和淡黄色。

整套裙装线条流畅，没有多余的修饰，由细针针织真丝面料制成的宽罗纹围脖领紧身上衣，搭配金银线针织铅笔裙。罗德里格斯的自有品牌通常在巴尼斯纽约精品店和尼曼等高端百货设有专柜。该设计师也为罗意威设计整个女装成衣系列。罗意威是1846年在马德里创立的西班牙奢侈品牌，1997年1月之后为路易·威登集团所有。

2009

连衣裙运用了忍者风格图案和绑带元素，凸显身体曲线，其灵感源于摄影师荒木经惟的绑带元素摄影照片。

胸部和臀部十字交叉的绑带，将翡翠绿色、碧玉色和柠檬色相间的贴花马赛克图案分割，形成这件紧身酒会礼服的结构。该系列其他款式中，耸肩袖拉链外套搭配黑白横条纹打底裤或绑带短裙，也体现了这一系列的武术元素。极简主义的和服上装和铅笔裙搭配。焦橘色对角线拉链口袋的宽松直筒连衣裙，以及黑色绸缎无袖外套都是以和服为样板。石灰绿色束腰外衣和棕色绸缎盖袖紧身连衣裙的正面都有拉链装饰，如蛇般蜿蜒向上。而且，绑带围裹的部分比露出的身体部分更能体现绑缚效果。

2001

出自纽约秋／冬时装周，该系列极具都市风格，剪裁巧妙。

酒红色无袖羊毛外套，以黑色后背育克修饰，搭配黑色皮腰带。简洁的线条，毫无多余的修饰。该系列其他款式中，短款长袖外套搭配棕色或黑色前褶修身裤装。七分袖短款双排扣外套内搭褐色羊毛弹力抹胸，下配灰白色西裤。镶有施华洛世奇水晶的连衣裙和简单造型的垂褶中长晚礼服形成对比。

尼科尔·法伊

NICOLE FARHI

www.nicolefarhi.com

尼科尔·法伊（1946—）出生于法国。法伊的女装设计含蓄却不乏冲击力，采用丰富的肌理和低调高贵的色彩。法伊的服饰能同时满足女性的职业着装需求和生活着装需求，实现从工作日到精致晚宴的无缝对接。

法伊就读于巴黎Studio Bercot服装设计学院，学习时尚插画。毕业后，她最初为《嘉人》和《世界时装之苑》杂志的裁缝纸样板块设计服装，并为这些杂志的高级定制时装绘制插画。此后，她结识了史蒂芬·马克思，并为其公司工作。该公司随后推出了French Connection品牌。因20世纪70年代早期东方文化的影响，市场对东方风格的服饰需求剧增，该品牌当时的面料大多是从印度采购的。法伊与马克思的合作发展成友谊，当1983年French Connection上市时，法伊也在马克思的支持下推出了自有品牌和首家精品店。

法伊的自有品牌定位于较为成熟、追求精致生活的顾客，力图能与成功的French Connection形成差异。1989年，法伊品牌推出男装系列，以典雅朴素的都市风、精致的细节和高品质的面料为特色。同年，她获得英国时尚大奖颁发的经典设计师奖。1991年，她获得英国设计大奖。此后，该品牌进一步多样化发展，旗下产品包括鞋履、配饰、泳装、室内装饰、晚礼服等，甚至还涉足餐饮业。尼科尔·法伊在伦敦有好几家直销店，在全球进行特许经营。2010年OpenGate Capital收购该品牌，法伊仍任创意总监。

◄ 柔软的灰色束腰外套，出自2008年时装秀。

1985 尼科尔·法伊为史蒂芬·马克思设计的20世纪80年代魅力女装。

这套西服裙具有20世纪80年代权力着装的基本要素：宽垫肩、镀金纽扣、富有活力的色彩。纽扣钉在外套下边缘，西服领开到此处，突出了窄臀宽肩的倒三角形廓型。夸张的大耳环为整体阳刚的外形增添了几分女人味。

2001 本次春／夏时装秀以简单的单品和低调的连衣裙为主，包括斜裁条纹、一字领、透明的黑色雪纺绸等时尚元素。

剑褶滑冰裙搭配金银丝面料黑白宽横条纹毛衣，其风格源自低调的法式时髦。类似的搭配还有同款毛衣搭配焦橘色短裙或修身裤装，令人联想起让-吕克·戈达尔的电影《筋疲力尽》（1960）中珍·茜宝的形象。铅笔裙和A字裙在本场秀上各占一隅：铅笔裙搭配白色深V领灯笼袖宽松上衣；A字黑皮裙的裙边裁成楔形，搭配黑白斜条纹不对称露肩上装。简洁利落的淡黄色外套搭配合适的时髦超短裙，内搭透明上装；白色短西裤搭配黑色皮夹克；全黑套装采用半透明上装。宽松舒适的低腰连衣裙上装饰有时尚的朵花图案，臀部以下用风琴褶点缀。

2011 该品牌被OpenGate Capital收购后的首场秀。

粉红色的及膝真丝雪纺连衣裙用褶裥隐藏缝合线，裙摆不整齐，这种清新且富有活力的服装风格和反光面料的应用，令人联想起20世纪20年代的时髦装扮。该系列其他款式中，微微发亮的面料与几何图案或柔和的数码印花图案相得益彰；同时，绸缎宽松上装、风衣、金银丝面料西服和全白套装为该系列注入了未来主义意象。

莲娜丽姿

NINA RICCI

www.ninaricci.com

莲娜丽姿由玛利亚·莲娜·丽姿（1889—1970）和她的儿子罗伯特（1905—1988）于1932年创立于巴黎，其经典的轻盈雪纺绸连衣裙，打造了永恒的浪漫主义风格。玛利亚·尼纳出生于意大利都灵，1904年嫁给珠宝商路易吉·丽姿后，迁居法国。1908年，她加入拉芬工作室，任设计师，最终成为该工作室的合伙人。她在49岁时离开该工作室，并创立了自己的设计公司。

此后的几十年间，该公司迅速发展。罗伯特·丽姿于1948年推出的“比翼双飞”（L’Air du Temps）畅销款香水，完美地展现了品牌的女性化特质，至今仍是法国排名前20名的香水。香水瓶瓶塞上的两只水晶鸽子外形由知名水晶品牌莱俪（Lalique）制作。

1998年，普伊赫时尚集团收购莲娜丽姿。此后的几年间，其设计总监也多次更换。2006年，比利时裔设计师奥利维尔·泰斯金斯出任创意总监。他成功地将该品牌的浪漫风格与自己的前卫偏好融合在一起，将棱角分明的剪裁手法应用于轻盈的多层雪纺绸上。泰斯金斯离开之后，彼得·考平继任，他是莲娜丽姿10年内的第5任设计师。考平毕业于中央圣马丁艺术与设计学院、皇家艺术学院，在索尼亚·里基尔（见第280页）工作3年后，跳槽至路易·威登（见第190页），任副总设计师，在那里与马克·雅可布共事12年。2010年，他的首次时装秀沿袭了莲娜丽姿的传统，将柔和色调的褶裥裙、丝带、荷叶边、蝴蝶结融入到设计精致的款式中。

◀ 2009年奥利维尔的告别秀，凸显身段的时装廓型，加以珠宝装饰，尽展女性魅力。

1947 修身全长真丝绸缎连衣裙用黑色蕾丝装饰，展现出中世纪的魅力。

这件露肩晚礼服用黑色蕾丝手套取代衣袖，凸显上身部分的水平线条。衣身部分的绸缎面料底布上饰有同样的蕾丝贴花，外形似深领口的巴斯克衫；衣裙部分是自然褶皱的绸缎伞裙。这种剪裁与细节，体现出设计师的极其女性化的设计手法，迎合战后时尚界对沙漏型身材的偏爱。

1996 米莱安·谢弗为莲娜丽姿设计的第二场成衣秀，为该品牌重新注入活力。

骑马风格的外套、裤装和白色皮鞭，隐隐传达出女施虐狂的盛气凌人气质。其他款式中，黑色PVC的铅笔裙套装也同样如此。这种搭配完全改变了这家法国时装屋此前（1995年春任命谢弗为创意总监以前）的定位：服务法国上流社会的资产阶级。谢弗之前在高提耶的工作经历，已体现出他在结合反传统的剪裁和奢华晚礼服方面的造诣。硬朗的黑色西服饰以皮草衣领和配套的袖口，或搭配皮草披肩，增添了几分柔和的气质。

2007 奥利维尔·泰斯金斯的首场秀，将剪裁技巧与轻盈的雪纺绸相结合。

黑色真丝西裤套装饰以飘逸的翻领，搭配过膝长靴，展现出硬朗的轮廓。这一系列服装中，如蛛网一般轻盈的雪纺连衣裙是主打，颜色以珍珠色、灰色和白色为主，未完工的下摆，形成面料的须边随意飘荡。醒目的对角线条自左上盘旋而下至右下角，贯穿整场秀。其表现形式丰富多样：拉链、细褶、三角布、轻薄的针织罗纹和缝合线，给人视觉上以轻盈和运动的错觉。

奥兰·凯利

ORLA KIELY

www.orlakiely.com

出生于都柏林的设计师奥兰·凯利（1964—）以其与众不同的图案风格和特有的明亮色系著称。其同名品牌从最初为英国哈罗德百货供应几款帽子，发展到世界知名的时尚生活品牌，涵盖男女成衣、配饰、家居用品及香水系列。凯利的图案设计，包括奥兰·凯利品牌商标上简单的叶子和根茎图案的变化，已不着痕迹地融入各种应用中：从定制的墙纸到雪铁龙的DS3。

凯利从爱尔兰国立艺术与设计学院毕业后，继续在英国皇家艺术学院深造，并于1993年获得硕士学位。1997年，奥兰·凯利与其丈夫德莫特·罗温联手推出同名品牌奥兰·凯利。同年，该品牌参展伦敦时装周，并获得首个出口订单。2000年，凯利·罗温有限责任公司成立。2004年，凯利·罗温成为上市股份有限公司。

凯利还为英国家居饰品连锁店哈比泰（Habitat）设计陶瓷制品和墙纸，也是多乐士设计协会成员。她为泰特现代艺术馆设计了3套胶囊系列，与她的夏季展结合。凯利曾2次获得英国时尚商品出口奖和英国时尚服装出口金奖；近期，她还被皇家艺术学院授予纺织品客座教授的荣誉头衔。

奥兰·凯利在日本开设了2家店，在香港有一家旗舰店。2005年9月，奥兰·凯利在伦敦科文特花园的时装店开业，2006年增加了陈列厅。美国的零售业务快速增长，但欧洲市场仍是凯利的最大出口市场。

◀ 出自2011春／夏系列，一场纯真少女风的时装秀，采用了“一天一苹果”的图案设计。

2009

本系列服装体现了设计师在色彩、面料和图案上的巧妙应用，将20世纪60年代的款式和中世纪图案相结合。

印花打底裤是超短娃娃裙和中袖A字型短外套的过渡元素。印花超短连衣裙以白色领和多扣袖口修饰，借用20世纪60年代的简洁线条和修身版型，类似的还有深蓝绿色修身喇叭裙，以白色凸纹领、口袋和袖口修饰。深蓝色的连体短裤搭配橘色针织衫；淡粉蓝缩绒羊毛披肩搭配松石绿和棕色相间的印花短裙。

2006

本场秋／冬时装秀上，设计师用中性色和棕灰色调做背景色，以突出更明亮色系的裙装。

灰绿色哑光绸缎高腰连衣裙端庄优雅。高腰线用丝带蝴蝶结固定，微微收褶的袖口和上衣两边对称的几排细褶加以点缀。手包上的图案设计考虑周到，体现出设计师独特的色彩应用和平面图形设计手法。此外，松石绿色的色块印花短裙中使用了较为醒目的色彩；树图案连衣裙上使用了标志性的各种色阶的橘色；而该品牌所特有的单向层叠图案树状廓型，则简化为单纯的几何造型。本场秀中另一件泡泡袖连衣裙上也采用了相同的图案。灰色毛衣外搭单色印花高腰背心裙，体现了该品牌典型的简单中世纪风格。

2010

简洁的廓型，配以精致的细节。

前褶双面针织短裤搭配黑色羊毛开衫，饰以牡蛎白色假领。该系列其他款式中，服装都是典型的秋季色：具有肌理感的黄褐色开衫上印有四方连续落叶印花；焦橘色A字型外套饰以夸张的方扣，且臀部故意露出缝合线；紫罗兰色开衫上印有艺术风格的大叶图案，带有淡黄色口袋和扣眼，底部则以灰色荷叶边收边。

奥斯卡·德拉伦塔

OSCAR DE LA RENTA

www.oscardelarenta.com

奥斯卡·德拉伦塔（1932—）的精致晚礼服略带拉丁风格，极富女人味，并因此在时尚界的名声持续近半个世纪——从1965年的首套成衣系列问世，到获得美国时装设计师协会1990年颁发的终身成就奖，2000年和2007年颁发的“年度女装设计师”奖项。出生于圣多明各的德拉伦塔，18岁就离开多米尼加共和国，到马德里的圣费尔南多学院学习艺术，此后在巴黎世家（见第56页）旗下马德里的高级时装定制工作室伊萨（Eisa）为时装秀绘制草图。1960年，德拉伦塔至浪凡任安东尼奥·德尔·卡斯蒂洛的助理。在此期间，他设计浪漫晚礼服以展现女性魅力的才能进一步提升。1963年，他迁居至纽约，为伊丽莎白·雅顿设计了一套高级定制系列。1965年，他成为简·德比股份有限公司的合伙人。同年，他创立了自有成衣品牌。

1993年，德拉伦塔出任法国高级定制时装屋皮埃尔·巴尔曼（见第60页）的设计师，并因此名声大噪。1977年，德拉伦塔推出他的首款香水，并凭借此款香水获得1991年香水基金会颁发的常青奖。然而，正是他的Ruffles香水使其服装突出体现女性魅力。2001年推出的配饰、包袋、腰带、珠宝、围巾和鞋履，表现出他对多米尼加共和国本土华丽装饰的热爱。

◄ 出自2011春／夏系列，纯真少女风格的轻薄多层蕾丝连衣裙，饰以黑色塔夫绸蝴蝶结。

1969 德拉伦塔标志性的荷叶边，在早期推出的黑色酒会礼服上充分展现。

长度在膝盖之上的酒会礼服以多层真丝玻璃纱圆形荷叶边装饰；其夸张效果的服装廓型，表现出德拉伦塔在西班牙学习和在巴黎世家工作期间所受的影响。该系列其他款式中，还有演绎奢华嬉皮风的服装，如流苏斗篷，或用莱茵石镶有“和平”等字样的礼服背心。

2010 染色皮草面料制作而成的奢华外套。

小羊皮因其具延展性的特点，被大量用于装饰艺术风格的服装上，本次秋/冬时装系列中的中长大衣，就是应用实例之一。宽横条纹黑貂皮草分别在大衣边缘、袖口和领口形成相互呼应的装饰。德拉伦塔最爱的红色，也以光泽的镶边形式嵌入大衣中。本场秀以精美的便装为主，皮草是贯穿整场的特色。过膝铅笔裙外搭的中长大衣，其衣边也用皮草装饰。晚礼服则成为奥斯卡·德拉伦塔特展现女性魅力的集中代表。

2011 单色舞会礼服，紧身上衣，裙身部分饰以多种褶皱，领口则是德拉伦塔标志性的鸡心领。

自20世纪80年代起，罗纳德·里根总统的就职典礼预示着娱乐元素将逐步融入正式场合，德拉伦塔则以其奢华的服装风格闻名。此后，德拉伦塔在推出的服装系列中，继续展示其波浪般的裙装设计，进一步凸显晚礼服的光彩照人风格。同时，他也推出优雅的日装，其工艺的精准并不亚于他的高级定制时装。本场秀上300多套服装几乎涵盖了所有的服装风格：性感的单色印花及膝连衣裙；经典的深蓝色和白色搭配的运动套装；浓郁色调的酒会礼服，用不对称的褶皱修饰全身；凹凸褶皱印花连衣裙，搭配流苏装饰的轻薄针织外套，再配上缎带硬草帽，尽显年轻时髦风尚。

保罗与乔

PAUL & JOE

www.paulandjoe.com

法国品牌保罗与乔的服装风格趋于保守，但以标新立异的印花、怪异的细节，或卡通纽扣、新奇的靴子和色彩鲜艳的袜子这类醒目的配饰来突出其特色。保罗与乔由出生于巴黎的苏菲·欧布（1967—）创立于1995年，品牌名称以欧布两个儿子的名字命名。

欧布在父母创立的品牌Le Garage工作6年后，推出自己的男装系列，以展现自己对复古怀旧风格的偏爱，以及对特殊面料的见解。不少女性买欧布男装穿，欧布受此启发，在1996年推出自己的首个女装系列，其风格与男装类似，但增加了一些女性化的细节。

2001年，欧布的首家店铺开业，位于巴黎时尚的左岸区的圣教父街；同年，保罗与乔的彩妆上线。2005年，她推出小保罗与乔（Little Paul & Joe）产品线，定位在4～12岁的儿童服装。2008年，第二家位于蒙田大街的店铺开业。其副线品牌保罗与乔姐妹（Paul & Joe Sister）则针对中心城区的客户，以印花上装和装饰连衣裙为特色。2008年，保罗与乔推出鞋履、包、泳装、围巾等配饰；同年，欧布开启与传奇品牌皮尔·卡丹的长期合作。本次合作中，欧布将皮尔·卡丹经典款式进行重新改造，并以保罗与乔之皮尔·卡丹的名义出售。

2009年，保罗与乔的家居产品线问世。对于一直对生活方式有着鲜明立场的保罗与乔而言，这是一次品牌的自然拓展。

◀ 出自2009春／夏系列，保罗与乔本场服装以连体衣为主，风格随意俏皮；饰有褶边的抽褶连体衣独具一格。

2001

本次春／夏系列中，收臀裤搭配宽大的衬衣。

印花衬衣开至腰间，搭配白色收臀裤，或者搭配拉链敞开的紧腰短夹克，展现出嬉皮士风格的男子气概。“坏男孩”贝雷帽与衬衣交相辉映：有犬牙花纹，也有几何图案，或单一色彩（如亮红色无袖衬衣）。印花棉质西裤则展现了“夏之恋”的主题，搭配卡其色军旅风格外套。

2008

为巴黎时装展准备的首个秋／冬系列，斗篷、另类的印花，以及复古风格的淡雅色调格子呢外套都是本场秀的特色。

本场秀的风格多样：蛇皮卷边短裤，荧光橘色的本土民族风系带连衣裙，内搭白色蕾丝衬衣。传统的蓝灰淡雅色调格子呢，有时被做成随意的披肩，有时被制成流苏包臀裙或礼服风格的外套。工艺精致的格子衬衣，外搭驼色羊毛斗篷或圆领毛衣（卷起的袖子展现内搭的色彩对比），下配阔腿休闲裤。印花斗篷的图案让人惊讶，包括带花环的独角兽和在森林中休息的鹿；其他印花还包括20世纪60年代风格的超短连衣裙上亮片装饰的粉色大叶植物，或者是白色的，外搭男友风外套。

2011

小猫图案和花朵图案及地裙，尽显女性魅力。

真丝雪纺连衣裙，满幅的牡丹印花流光溢彩，宽腰带凸显了女性身段，飘逸的灯笼袖在袖克夫处抽褶。其他款式中，印花短裤搭配的宽腰带和露肩褶边芭蕾舞连衣裙上，都有金属丝流苏点缀。挂脖阔腿连体衣为橘色绸缎质地，剪裁讲究，腰间醒目的红色细皮带起到画龙点睛的作用。

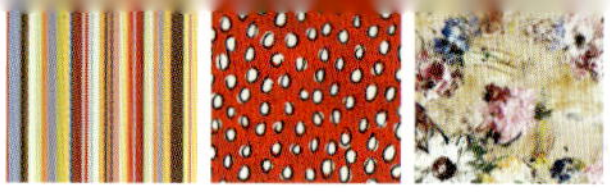

保罗·史密斯

PAUL SMITH

www.paulsmith.co.uk

作为设计师、创意零售商，以及服装企业家，保罗·史密斯（1946—）以其另类又兼收并蓄的风格著称，被誉为英国最成功的商业设计师。1970年，保罗在家乡诺丁汉开设了自己的第一家服装店，每周营业两天；1979年，他在伦敦的时装店开业，也是首个使科文特花园成为购物目的地的零售商。

20世纪80年代，人们的消费观发生改变。年轻的都市人（雅皮士）的可支配收入大幅增长，保罗·史密斯把握商机，开始为这些喜爱张扬的人士设计男正装，以及随身携带的物品，如记事本、钢笔等。史密斯将自己设计的西装称为“经典的演变”，应用传统的剪裁技巧，再融入细腻而标新立异的细节，如夹克的亮色涡纹图案衬里或彩色的扣眼。

1993年，史密斯推出女装系列以满足大众需求。女装系列仍延续史密斯的英式审美观，在正装中加入怪异的元素，具有活力的印花也是其特色之一。保罗·史密斯标志性的14色横条纹图案，通常应用于其服装系列中；此外，在手包、瓷器、地毯中也有应用。

与以建筑设计为特色的零售商场相比，史密斯拒绝进入同质化的商业街。1998年，他在伦敦诺丁山开设西布恩馆，提出了将店铺视为“个人空间”的概念，在当时尚属新潮，推动了“生活方式”营销策略的理念。2000年，保罗·史密斯因其为时尚行业所做的贡献被授予爵士封号。

◄ 出自2008年学院风时装秀，彩色格纹西装搭配格纹西裤，内搭条纹T恤。

1989

夏季的色彩，百慕大短裤，未穿袜子，露出晒黑的脚部皮肤。

本场春/夏时装秀展现了20世纪80年代经典风格的男装：色彩明亮的印花宽松衬衣搭配五分裤，体现了“尽情玩耍”这一常见主题，也是国际男装设计师经常表现的主题。以吉普赛国王合唱团的“Bamboleo”为背景音乐，保罗·史密斯所特有的大胆色调生动地展现了度假风情，与范思哲和毕伯劳斯类似风格呼应。长期受追捧的白色帆布系带鞋在本场秀上与各式服装搭配。

2010

经典的乡村风格，其灵感源于骑马装。本场秀上展出的传统粗花呢、针织品、拔染印花连衣裙，均借鉴了20世纪50年代的着装风格。

真丝酒会礼服布满盛开的玫瑰，内搭透明的罗纹针织毛衣，伞群下摆被网眼布内衬撑起，脚穿胶鞋——乡村女孩的休闲着装。柠檬色巴斯克衫（柠檬色是乡村人所穿背心的常用色），外搭手工缝制的舒适开衫，或短款安哥拉兔毛毛衣，饰以小马图案的刺绣。巴斯克衫外搭多尼戈尔花呢或淡雅色调的窗格花呢短外套，下配及膝百褶裙；一条黑色宽皮带将披肩、灯笼裤、针织上衣束在一起；贝雷帽、绿色紧身裤和马靴则塑造了一种马场情境的美。

2005

横条纹和花苞图案相结合，展现了典型的英式印花风格。

多色错位横条纹短款羊毛开衫中包含黑色横条纹，搭配花朵装饰的短裙，展现了花园舞会的装扮风格。此外，横条纹与写实的园艺花朵图案相结合，应用于泳装、单排扣真丝短外套，以及罗纹罩衫和条纹短裤中。利伯提Tana Lawn面料的应用，给硬朗的风衣和仿男士女衬衫增添了几分柔美气质。不对称的白绿印花的短袖紧身上衣，其衣袖部分是浅蓝色灯笼袖。

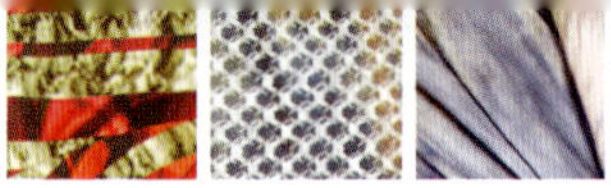

彼得·皮洛托

PETER PILOTTO

www.peterpilotto.com

未来主义印花雪纺绸和真丝质地的精美垂褶酒会礼服，是彼得·皮洛托设计的主要元素，但他偶尔也会通过裁剪与结构设计特征来加以缓和。这个伦敦品牌的创立者是设计师皮洛托（1977—）和其安特卫普皇家艺术学院的校友克里斯托弗·德沃斯（1980—）。他们毕业于2004年，并于2009年首次合作举办时装秀，不过此前皮洛托曾举办个人秀。刚毕业时，皮洛托在薇薇安·威斯特伍德实习；德沃斯则任薇薇安的私人助理。

皮洛托是澳大利亚和意大利的混血，而德沃斯是比利时和秘鲁的混血。丰富的文化背景，使得这两位设计师拥有更多的灵感源泉。尽管图案与服装设计之间的界限并不明确，但皮洛托还是更侧重于借鉴科学和自然现象制作复杂的数字化图案；德沃斯则主要负责服装设计，运用复杂的立体剪裁、褶皱技巧，在紧身衣中融入树脂玻璃（Plexiglas）的雕塑性特征，并采用斯科特·威尔森设计的首饰加以装饰。

2009年，这对设计师组合获得英国时尚大奖颁发的施华洛世奇潜力新人奖。2011年，他们和鞋履设计师尼可拉斯·科克伍德合作推出鞋履系列。彼得·皮洛托行销于全世界29个国家，并且在巴黎的柯莱特时尚店、伦敦的哈维·尼克斯百货和纽约的萨克斯精品百货店设有专柜。

◀ 出自2009年的时装秀，灵感源于自然史，图案与装饰极富感染力。

2008 本场春/夏时装秀展现了单色不同色阶的服装，配以未来主义的图案设计。

橘色紧身连衣裙，臀部周围用复杂的褶皱和横向口袋修饰，是本场秀的一个亮点。本系列既有复杂的折纸造型廓型（文胸式上衣和褶裥裙），又包括简单造型的连衣裙，装饰有各种未来风格的图案设计：管道、扭绳和蒸汽痕迹。同样灵感来源的图案也出现在莱卡上衣上，以及大圆领无尾礼服内搭的打底裤上。

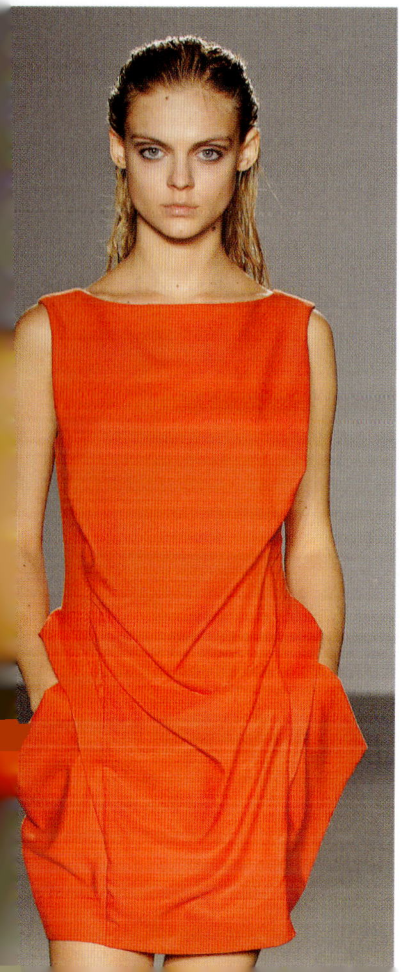

2011 运动风是本系列的主题，充分利用了定制针织品的特性。

拼色乔其纱连衣裙配以敞开的插肩袖，堆领用金属项圈固定。限于松石绿、浅蓝和深蓝的三色贯穿全场。合体的针织服装利用故意歪编的双色罗纹流苏生动地展现身体线条，并搭配抽象图案塑身上装。飘逸的及膝连衣裙外搭机车夹克。

2010 渐变的金属蓝色与铁锈色工业效应印花雪纺绸，镶嵌施华洛世奇水晶，褶皱包裹全身。

利用光影效果、由错视效果的锁子甲图案面料制成的及膝连衣裙，由前片延展出柔和造型的披肩领，前面故意扭结，露出素色的面料反面。这种图案还应用于灰色缎质紧身衣，以及轻盈的表面微微泛光的褶皱半裙中。尖肩连衣裙以渐变色形成图案为特色：从灰色到铁锈色到黄色，或从绿色到蓝色。这种渐变色也应用于窄青果领的对襟短外套上。钉珠上衣外搭粗花呢效果的无袖连衣裙，下配合身裤装。铆钉装饰的银色飘带“穿梭于”黑色、蓝色和铁锈色印花欧根纱褶皱中，工艺复杂精巧，与黑色真丝斜花边形成对比。金属扣皮带贯穿全场。

菲比·菲罗

PHOEBE PHILO

英国设计师菲比·菲罗（1973—）就职于法国时尚品牌赛琳（见第84页），其设计尽展成熟女性魅力。她与蔻依（见第90页）的汉娜·麦克吉本和斯特拉·麦卡特尼（见第284页）这两位英国女设计师都擅用更冷静、更朴素、更简洁的手法来重新定义当代时尚。这3位设计师均于20世纪90年代初期在中央圣马丁艺术与设计学院学习，她们都推崇舒适与休闲风。

1997年，麦卡特尼任蔻依的创意总监时，邀请校友菲罗任其助理——这是蔻依颇受争议的一项决定，因为当时两人都较缺乏经验。2001年，菲罗继麦卡特尼之后成为蔻依的创意总监。她用菲罗标志性的高腰牛仔裤凸显了蔻依品牌标志性的少女柔美气质，一改麦卡特尼的性感结构设计。菲罗的设计甜美而不感性，其产品包括以细褶或丝带装饰的柔软女式衬衣、军旅风夹克，以及轻盈的真丝连衣裙，引领了时尚潮流。时下大热的“锁头包”也出自菲罗的设计。

2006年，菲罗离开蔻依，将更多的时间呵护家人。2008年，她再度回到时尚舞台，加入赛琳旗下。自2004年迈克·高仕离开后，赛琳就失去其重心，外加经济衰退的大环境，重振旗鼓成为菲罗的首要任务。在这种情况下，菲罗凭借其流线型的单品系列一举获得成功。2010年，菲罗获得“年度英国最佳设计师”奖。

◄ 出自赛琳2011年的时装秀，宽松清爽的男性化亚麻裤，搭配简洁的皮上衣。

2002

菲罗为法国品牌蔻依设计的首场时装秀，颇具影响力。

柔软宽松的喇叭袖女衬衣，臀部以下用宽松的抽绳装饰，裙摆为镂空花边，其效果类似装饰布垫。这种装饰在长喇叭裤的裤脚上也有应用；条纹棉罩衫的羊腿袖也用这种装饰做出褶边效果。扇形边的一粒扣白色亚麻短外套直接穿在内衣外；荷叶边超短裙搭配透明背心。

2010

奢华的极简主义是赛琳本场秀的主体风格，颜色以棕褐色、米黄色、黑色为主。

剪裁利落的驼色外套饰以黑色皮衣边和口袋，下搭黑色裤装——这一系列服装都以这种风格为主。服装款式包括高领夹克、外套、背心裙，质地则以羊绒、毛圈呢和缩绒羊毛为主；其中部分服装搭配及膝半裙或修身裤装。此外，部分包臀裙、简单T恤，以及宽松双排扣外套也采用黑色皮革精心制作而成。

2004

蔻依重新演绎20世纪70年代风格的一场秀：石磨水洗的高腰牛仔裤搭配粗棉衬衣，融入拼布工艺元素和编织皮带装饰。

石磨水洗牛仔热裤，前口袋用细褶点缀，再加以双层编织腰带装饰，搭配低领条纹粗棉布衬衣——这种复古元素贯穿全场。这一系列的拼布工艺连衣裙、前扣过膝牛仔半裙和及膝裙裤也都体现了20世纪70年代的风格。这个年代的主要服装款式还包括粗布工作服，上身部分是紧身效果，至脚踝处成喇叭状，用白色花边抽绳装饰。白色亚麻五分裤搭配女士透明蕾丝衬衣，分别用背带和腰带固定。喇叭裤则搭配剪裁讲究的蕾丝短外套。复古香蕉印花应用于低领T恤和针织连衣裙上。粉色与黑色相间的横条纹橄榄球衫，被改造成深袖窿的夏季短连衣裙，或裁短至胸部以下，外搭条纹泳装。

皮尔·卡丹

PIERRE CARDIN

www.pierrecardin.com

意大利设计师皮尔·卡丹（1922—）、伊曼纽尔·温加罗，以及安德烈·库雷热共同推动了20世纪60年代高级定制的现代化发展。1954年，卡丹设计的“蓬蓬裙”大受赞誉，但在1959年，他为巴黎春天百货设计了成衣系列，因此而被禁止参与高级时装定制业务，而后又被复职。1964年，他推出“太空时代”系列，进一步挑战了时尚界的现状。卡丹创造的立体时装，棱角分明——短款塔巴德式外衣穿在紧身罗纹连体衣外——展现了他的现代主义服装设计手法。

1945年，卡丹迁居巴黎，与珍妮·派奎因和艾尔莎·夏帕瑞丽共事。1947年，他加入克里斯汀·迪奥的定制女装工作室。1950年，他创立了自己的工作室，并于1953年开始自己的高级时装职业生涯。1966年，卡丹从高级时装协会辞职。1971年起，他开始在巴黎的卡丹空间这个自己的场地展出自己的设计。整个20世纪70年代，卡丹巩固了自己在时尚界的名声，由他设计的时装系列融入了流行文化和街头风格。卡丹很早就开始倡导以生活方式营销，并试图通过广泛的全球许可经营来推广品牌。然而，尽管卡丹获得了商业上的成功，但因卡丹对市场上的产品完全失去控制，该品牌最终贬值。1991年，皮尔·卡丹被联合国教科文组织授予“亲善大使”称号。

◀ 1966年的高级定制连衣裙，采用橘色山东绸面料，加以亮片和刺绣装饰，腰部镂空点缀。

1965

皮尔·卡丹的“时尚大杂烩”系列，在整个1963—1968年的“高调60年代”都大受欢迎，展现了时尚界的未来主义情景。

利用建筑中稳定的几何造型，卡丹将立体的服装结构和自然人体形态之间的关系合理化。在中性风格当道的年代，外部为基本合身造型的无袖连衣裙，内搭弹性稍差的打底衣（通常是针织类），而打底内衣通常透过背心裙胸前的镂空露出——这一手法被反复应用，验证了现代主义的设计法则。1965年推出的女装系列大量使用了大块镂空设计，偶尔通过花朵造型镂空，凸显与打底衫的色彩对比。有纹理的彩色打底裤与全身搭配浑然一体。此外，特别的头盔、设计奇特的太阳镜，以及配套的鞋履也是展现卡丹理念的必备元素。20世纪60年代巴黎的时尚风貌和同时代伦敦的大众化摩登时尚不同，其更偏向中产阶级。

1968

亮色乙烯材质女士紧身连衣裤、一体式长筒靴和打底裤是这一系列服装的主体风格。其灵感源自对太空的探索和同时期的电影《2001太空漫游》（1968）。

1963年，卡丹最初展现其“时尚大杂烩”系列，试图将科技与时尚结合，其中包括白色针织连体衣、塔巴德式外衣搭配紧身弹力裤或直筒连衣裙。男女装廓型相结合：中性概念仍是那个时代的重要组成部分。金属感的表面和夸张的硬件配饰也是未来主义时尚的特征，在此处被应用于外露的拉链和皮带上。此外，卡丹还借用20世纪60年代维克托·瓦萨雷里、布里奇特·赖利等艺术家的欧普艺术手法，如黑白象棋棋盘印花半裙和短外套。随着时代的发展，卡丹开始对人造纤维感兴趣，将其越来越多地应用于未来主义的廓型和面料中，其中包括发明于1968年的卡迪纳（Cardine），这是一种耐压的无纺布面料，能够塑造复杂的几何造型。

1973 出自春／夏系列，高级定制嬉皮士风格的土耳其长袍选用印花雪纺绸面料，配以金线刺绣，由安德鲁·奥利维设计。

至1973年，皮尔·卡丹的太空漫游系列在整个20世纪60年代已经成就斐然，一度达到顶峰。异国航空旅行带来的生活上的变化再次给这位设计师带来灵感。在1973年的春／夏系列中，男士西服的夸张塔形轮廓和前拉链短上衣，还留有几丝时尚“大杂烩”的痕迹。此外，卡丹还将许可经营多样化，他在为美国汽车公司“标枪”的内部模块设计中融入了美国国家航空航天局的痕迹。卡丹在全球的成就获得认可，1973年获得Basilica Palladiana奖，被誉为当年最具影响力的威尼斯人。

1988 由该品牌艺术总监安德鲁·奥利维设计的高级定制系列。

花朵结构的怀旧系列，工艺精细，柔软的花瓣状披肩搭在紧身连衣裙上。引人注目的帽子预示夸张的晚装将成为流行。此外，该系列中还包括无肩带蕾丝蚕丝连衣裙，其紧身造型延续至裙摆处，双层裙撑外加长托裙。自1987年起，奥利维开始负责高级定制系列。他将晚装的结构和柔软面料感性地结合在一起。奥利维与卡丹的合作长达40余年，大获赞誉。

2000 本系列的特征为简约的剪裁，柔和的色彩，印花或花边雪纺绸。

这一系列由塞尔吉奥·阿尔蒂里设计，重叠的正方形是本系列的特色：露脐套装的上衣用正方形面料块装饰。其他款式中，放大的黑边正方形凸显出吊带连衣裙、不对称的无袖束腰连衣裙或包裙的几何层叠边。宽褶皱印花雪纺为其赋予了荷叶边的元素，形成鲜明对比，此外还有极简约结构的外套和夹克搭配配套裙装，并饰以扇形褶皱裙边。

2006 经典的宴会礼服在塞拉宫展出，展现伊斯坦布尔的历史风情。

亮片装饰的宝塔状连衣裙泛着深珍珠光泽，内衬是窄三角衬裙——卡丹对建筑风格服装的偏爱在这件连衣裙上得到重现。这一系列通过立体形式，再现设计师对基本几何外形的应用。硬朗的弧线荷叶边或裙边，沿着身体螺旋上升，引人注目。该系列其他款式还包括：长方形流苏塞拉普毛毯披肩，搭在直筒上衣外；优雅的黑白配色晚礼服中，两种颜色严格按对角线分割，红丝带胸花点缀于黑白对角线交汇处。

2009 歇业15年后，卡丹重出江湖，在其戛纳的家中举办时装秀。

由宽大的正方形面料裁剪而成，这件长袖连衣裙长度及膝，黑白印花在人体上展现其自身的动感。这一系列包括男女装，以造型变化的套装为主，将建筑与服装相融合。

普拉达

PRADA

www.prada.com

缪西娅·普拉达（1949—）凭借其始终如一的简单理念，将一个制作奢侈皮箱的小店变成时尚界首屈一指的品牌，其服饰销往80多个国家与地区。普拉达最初由缪西娅的祖父创立于1913年。学过哑剧并拥有政治学博士学位的缪西娅，继承了祖业。该品牌成功的重要转折点，是其引进Pocono黑色工业用尼龙制成的背包，并在其上附有设计考究的小三角形商标，迎合了20世纪80年代奢侈品的时尚审美观。

1988年，普拉达推出首套成衣系列。1992年，其姐妹品牌缪缪问世，以设计师儿时的昵称命名。缪西亚非传统的设计，严谨克制，摈弃了绚丽的奢华，以细腻的手法展现女性魅力。缪西亚将大幅印花融入其服装设计中，且很少暴露身体，其衣边的细节展现出优雅淑女的魅力。

普拉达通过并购进一步扩充旗下业务。普拉达收购了英国鞋类制造商Church & Co，持有设计师品牌海尔姆特·朗一半以上的股份，并全资控股吉尔·桑达直至2006年，同时还持有古驰的股份。而后，普拉达将其所持有的古驰股份出售给路易·威登，并与其联手于1999年收购了芬迪。其进一步的举措还包括与阿瑟丁·阿拉亚合作收购Carshoe。而后，2001年，普拉达将其持有的芬迪股份出售给路易·威登。

◀ 出自2010年，借鉴了20世纪50年代和60年代早期的沙漏造型，应用了抽象图案。

1991 长衫搭配工艺精巧的短裤，部分款式附有装饰。

针织连帽外衣隐藏了合身短裤上的立体装饰；其他款式中，毛衣连衣裙内搭双色浮雕图案短裤。这种日光浴后穿着的随意舒适的款式还包括：及膝针织背心套在同质地的连体泳装外，搭配的凉鞋鞋带系至镶有雏菊花造型的护胫套处。

1996 连衣裙、Polo衫和半裙上都装饰有以20世纪50年代为灵感的图案。

端庄的双色调衬衣式连衣裙采用了巧克力色丝缎，与白色凸纹织物的衣领、育克和扣门襟形成对比，为整体服装增添了几分商务风。该系列的前扣式连衣裙、A字裙和罗纹毛衣也都是这种风格。紫色的刮花风格图案或棕色、灰绿色和奶油色分割的造型，应用于紧身连衣裙和A字半裙中，搭配有纹理的梭织粗花呢上衣。

1992 摄影师史蒂文·梅塞拍摄的宣传照，引发人们对长发的偏爱。本系列展示了20世纪60年代简·诗琳普顿式的简单洋娃娃打扮。

朴素的超短外套连衣裙定下了本系列简单的基调。这一系列服装的简化细节，让人想起洋娃娃衣柜里的服装。服装的色彩也都是很清新的颜色：桃红色、桃白色、柠檬色、樱草色和漂白色。日常穿着的暗色调西装精致优雅：简单大方的上衣搭配修身超短裙，或是白色亚麻盖袖方领外套，剪裁利落，长度至大腿中部。该系列也很注重剪裁上的细微差别：小圆领西服外套，连贯的曲线分割其正前方的衣边。运动装仍是简洁的轮廓，色彩为纯色。剪裁讲究的短裤和短款背心搭配纯白色或雏菊链式凉鞋。白色运动装配以白色雏菊浮雕装饰。针织服装不仅限于两件套，还有针织短裤；针织开衫当做披肩随意搭在肩上。

1999

该系列兼具了实用主义和女性化的风格。

舒适的短裤外侧印有普拉达的商标，上配带口袋的军旅风无袖外套，用黑色皮革装饰，搭配同样装饰的织物背包。其他款式中，高科技面料百褶裙搭配纽扣式背心上装。与之相比，及膝连衣裙飘逸而婉约，采用了公主线设计，丝带从腰身垂下，飘至衣摆。

2003

这一秋/冬系列正统端庄，利用传统工艺美术运动的印花及经典的棕色和绿色针织花纹。

端庄的高圆领五分袖及膝连衣裙，采用灰绿色与豆绿色相间的威廉·莫里斯式工艺美术运动风格的印花，外加稍许粉红色，给整件裙装带来灵动与生机。该系列其他款式中，另一件宝蓝色和橘色相间的衬衣也采用同花型的印花，束在宽松低腰花呢裤中——这是本系列的一个特色，且用巧克力色和薄荷渐变色菱形花纹毛衣来增加其层次感。中性羊绒针织衫用细腰带束起，下搭印花短裙，外搭短款经典花呢外套或及膝风衣外套，有棕褐色光面皮质地的，也有奶棕色麂皮质地的，配饰则是花呢毡帽和棕色及膝长靴。紧身连衣裙和飘逸的花卉纹样真丝阔腿裤则为该系列增添了几分温柔气息。

2001

本系列强调上腹部的线条，将细腻的色调和含蓄的剪裁风格融合在一起。

深灰色毛圈质地短外套以同质地的宽腰带束起，扎入粉红色活褶伞裙中。对上腹部线条的强调贯穿全场：超短款开衫露出上腹部肌肤；束腰上衣搭配飘逸的收褶裙；用宽腰带束起的针织运动衫；绿黄色单色花卉图案过膝铅笔裙搭配珍珠灰Polo衫；剪裁精巧的橘色衬衣则带来色彩上的冲击。

2007 非洲风格的印花与20世纪40年代的款型相结合，配以皮带装饰。

奶油色宽松上衣，束在翡翠绿色高腰半裙内，用腰带固定，出自2007年春／夏系列。红宝石色和紫水晶色这两种宝石色，应用于绸缎短裤、无袖上装和塌肩双腰带束腰连衣裙中。该系列的裙装还包括棕色光皮纵向衣边包裹的连衣裙和军旅风的连衣裙，配以皮带装饰。

2009 男装系列包括皮质T恤和精致的针织衫，经典的剪裁是其特色。

该系列是全灰色套系，图中展示的是一件浅灰色铆钉装饰衬衣，搭配中灰色铆钉装饰裤子。

2011 该系列采用大胆的横条纹和怪异的印花，展现热情和顽皮的风格。

橘色与粉色的撞色横条纹背心裙饰以深褶荷叶边，搭配条纹皮草披肩。

普林

PREEN

www.preen.eu

贾斯丁·桑顿和西娅·布雷加兹在合作设计海伦·斯托里1996／1997秋／冬时装秀之后，推出英国品牌普林，将硬朗外观与不同克重、质地的面料结合，体现其中性风。两人都来自英国属地曼岛，桑顿毕业于温彻斯特艺术学院，布雷加兹毕业于中央兰开夏大学。这对搭档通过在服装中融入透明和镂空的衣片凸显身体的自然曲线。他们频繁使用绑带元素，如2010年灵感源于日式绑缚的系列，使本就复杂时尚的外表更具挑衅意味。为庆祝合作10周年，他们撰写的《年代》一书，于2006年出版面市，其中记录了一些客户的故事，包括凯特·莫斯、艾米·怀恩豪斯、北极猴子乐团和科洛·塞维尼。

从伦敦波多贝罗·格林工作室开始，这对设计师就频繁在服装中引入政治和文化现象。普林的每一个系列都含有对先前设计在色彩、质地和体量方面的借鉴。每一季都会对标志性的款式进行重新演绎，如翻驳领裹身连衣裙和透明雪纺绸男士衬衣。2008年，普林推出其副线产品，价格更亲民，并于当年2月参展哥本哈根时装周。在纽约时装周参展的紧身服装清新精致，保留了该品牌中性风的同时引入印花元素，增添了几分柔美。

该品牌销往25个国家，零售商和批发商达120个。2010年，普林与萨维尔裁缝街的君皇仕（Gieves & Hawkes）合作，推出其男装系列。

◀ 出自2011/2012秋／冬时装秀，该系列采用活泼的色调及手工刺绣的版画图案。

2004

该系列借鉴了20世纪50年代的内衣风格，主打色是裸色、奶油色、白色和黑色。

无肩带连衣裙，其错位的不对称文胸罩杯以折纸状包裹身体。内衣风格是这一系列的特色，包括不对称吊袜带、错位的文胸罩杯，以及错视画效果的吊袜束腰带。背心式上装沿身体形状扭曲延展，搭配宽松的印花长袜，用吊带袜撑起，或搭配不对称中袖夹克。做旧的黑色光皮短夹克搭配修身长裤。

2001

本系列强调衣袖细节及不对称的剪裁。

拼接皮草的短款塔巴德式外衣，用麂皮流苏和肩部的小绒球装饰。羊腿袖、宽荷叶边和褶边衣袖是该系列的另一特色。双前褶休闲裤搭配窗格纹衬衣或轻柔的蕾丝上装；奶油色光皮过膝半裙的侧面，用不对称三角形布装饰，上身搭配修身衬衣或其他款式的修身上装。

2010

君皇仕首次与女装品牌合作，将传统的剪裁与女性化的印花相结合。

在本次秋/冬时装秀中，款式包括弹力针织面料制成的紧身服装，凸显身材曲线：针织高腰裙连接黑色文胸上装，肩两侧用紫色收褶衣片包裹，使文胸上下的肌肤时隐时现。其他款式中，黑色紧身开衫遮盖住肩部与手臂。该系列还借鉴了彼得·萨维尔为“新秩序”乐团的*Power, Corruption & Lies*专辑做的花卉图案封面设计，花卉图案的使用为黑色工装外套硬朗、阳刚的款型增添了几分柔美，用黄色衣领点缀，内着蕾丝连衣裙和印花衬裙。短款毛衣长度刚过胸部，内着紧身胸衣，下搭黑色休闲长裤。印花连衣裙的镂空剪裁正好露出身体正面皮肤和背面的文胸吊带。

普林格

PRINGLE OF SCOTLAND

www.pringlescotland.com

普林格由罗伯特·普林格创立于1815年，是世界上历史最悠久的奢侈品牌之一。现由前卫影星蒂尔达·斯文顿代言，这增添了该品牌的当代特色。

该品牌在19世纪主要制造袜类和内衣，20世纪30年代推出由好莱坞明星格蕾丝·凯利和奥黛丽·赫本穿着的标志性两件套。此后，便开始涉足外衣领域。普林格还发明了嵌花设计，其菱形图案成为20世纪20年代的高尔夫服装的流行元素。20世纪50年代，普林格在为莱德杯高尔夫球赛设计时又再次运用该图案，这标志着该公司开拓了男士针织外套的系列。而后，20世纪80年代，该公司还与职业高尔夫球手尼克·佛度建立了合作关系。

1958年，行将就木的普林格被香港肇丰纺织有限公司收购，更名为普林格有限公司，并通过一系列转型举措，再度成为高端时尚品牌。2005—2011年间，克莱尔·维特·凯勒任创意总监，助力于普林格复兴。

首个女装系列在2002年伦敦时装周上亮相后，在2003年的米兰时装周上推出了首个男装系列。2007年，普林格1815系列问世。2010年，普林格组织了“195项合作”——邀请当代艺术家设计一次性的针织胶囊系列，其作品在伦敦蛇形画廊（Serpentine Gallery）展出，并售出了195个限量版。

◄ 出自2011年羊毛披肩和斗篷系列，图中是一件提花针织裙。

2003 传统的菱形方格、苏格兰风情的连衣裙，以及当代风格的嵌花针织品是本系列的特色。

该品牌标志性的菱形方格（其灵感源于苏格兰花格长筒袜，起初是将梭织面料剪裁缝纫后，与苏格兰方格呢短裙搭配穿着）被应用于经典款风衣、夸张的大毛衣、剪裁随意的背心中。黑色或白色的苏格兰方格呢连衣裙外套，肩线倾斜，腰部用双扣腰带固定活褶，内着朴素的平纹针织上装和紧身半裙。简单结构的毛衣连衣裙、披肩、背心，配以柔和的粉色和蓝色玫瑰图案嵌花针织服装。

1964 时髦的“希金斯”开衫，芥末黄色羊绒质地，模仿电影《窈窕淑女》（1964）中的希金斯教授的穿着。

针织服装成为男士时尚品而非实用品，源于战后人们对服装设计感的要求增强，且穿着休闲和运动装的机会增加。正面饰有菱形方格图案的V领毛衣，配以带商标的Polo衫，成为经典搭配；20世纪60年代，高翻领毛衣中混入晴纶类纤维，也成为男士休闲装的主流。在两次世界大战中间的这段时间，国际针织行业快速发展，普林格针织品以其首屈一指的质量著称，因在款式上欠时髦，于是聘请维也纳出生的奥托·维兹为其设计，奥托也因此成为英国针织行业首位全职的专业设计师。

2008 该系列以茧型外套和夸张大廓型的针织衫为主，结构简洁。

低腰丝绸连衣裙上衣宽松束腰，裙身收褶，全身覆满浓郁的渐变蓝色抽象扩散图案；另一件类似剪裁的上装也是同样的花色。茧型全长风衣外套的灯笼袖形成一个卵形——这种形状在另一件藏蓝丝绸连衣裙上也有体现。其他款式中，该品牌标志性的梯形宽松毛衣加长成短款连衣裙。

普罗恩萨·施罗

PROENZA SCHOULER

www.proenzaschouler.com

作为高端时尚品牌，普罗恩萨·施罗将精湛的工艺、传统的剪裁技法和时尚自信的外表结合在一起。拉萨罗·赫尔南德斯（1978—）和杰克·麦考卢（1978—）于1998年在帕森斯设计学院求学时认识。当赫尔南德斯在迈克高仕实习时，麦考卢在马克·雅各布实习，期间，两人与工厂及供应商建立了重要的业务关系。这对设计搭档合作创作了毕业秀，其作品被独家经营的巴尼斯纽约精品店当场买下。

普罗恩萨·施罗最初因其对女士紧身胸衣和紧身上装的现代化演绎而大受欢迎。现在该品牌的产品以剪裁讲究、面料奢华的外套为特色，如浣熊毛皮、印花光面皮、铅笔裙、撞色雪纺晚礼服等。最近，他们的风格回归到美国校园风的风貌，在其设计中融入羊角扣羊毛大衣、格子裙、苏格兰短裙等经典元素。他们设计的畅销背包PS1，订单络绎不绝，迎合了极简抽象派艺术的流行趋势。

2007年，其45%的业务被华伦天奴时装集团收购。该品牌获得美国时装设计师协会颁发的“年度最佳女装设计师”（2007）和“年度最佳配饰设计师”（2009）奖项。克里斯汀·邓斯特和黛米·摩尔也是该品牌的粉丝。2009年，普罗恩萨·施罗与朱塞佩·萨诺第合作推出一套鞋履系列。

◄ 裤子上的胶印涂鸦图案，灵感源于克里斯托弗·沃尔2010年的画作。

2003 普罗恩萨·施罗在纽约举办首场秀。

黑色包边修饰的紧身胸衣束进高腰金银线面料针织半裙内。在本场春/夏时装秀的其他款式中，紧身胸衣通常搭配修身铅笔裙；柔软的加长麂皮裤，配以丝带交叉装饰。阴郁的灰色、柔和的棕色、黑色和白色为该系列的特色，而金属银色的应用则带来几分活力。

2009 运动风的花呢外套和标志性的加捻雪纺紧身衣在本系列中都有呈现。

驼色和黑色拼接的外套展现了创新的剪裁工艺：双排扣、宽立领上配以拉链装饰，同时形成大衣的兜帽。花呢与皮革质地的五分裤和花苞裙搭配灰色羊毛紧身衣，外搭一件稍短的同款外套。连衣裙的上衣身造型感极强，完美贴合身形。

2007 该系列体现了设计师善于挖掘、利用已经成功的设计方案，并将其推到一个新的高度。

黑白锦缎连衣裙外套，配以皮毛大袖口和遮挡脸型的立领，从中可以看出保罗·波烈对设计师的影响。茧型外套上20世纪20年代风格的低腰线，外加整洁的小头饰，再一次印证了保罗·波烈对其的影响。其他款式中，简单的无袖连衣裙，裙身是锦缎质地，紧身衣上身饰有几排多面黑色串珠装饰，其灵感源自21世纪之交的着装风格。雪纺质地的剑褶、垂褶或收褶包裹胸部；金属渐变色飘带主要以红铜色与铁锈色组合，或以烟灰蓝和深粉红组合。宽松的男友风裤装，腰裤低至胯部，上配黑色光面皮质运动夹克；品牌标识代替字母，其男性化的剪裁与整场秀形成鲜明的对比。此外，针织袖短款连帽粗呢厚大衣和一粒扣短款外套也与上述裤装搭配。

璞琪

PUCCI

www.emiliopucci.com

艾米里欧·璞琪，巴尔森托侯爵（1914—1992）采用独特的印花和创新的轻盈面料展现其休闲服饰的设计，兼具舒适与魅力，迎合了奢华休闲风的时代需求。玛丽莲·梦露、奥黛丽·赫本、杰奎琳·肯尼迪等社会名媛都钟爱该品牌。与同时代拘谨的服装不同，璞琪通过增强其面料的弹性来体现“艾米里欧造型”。他在1960年研发的有弹性的山东绸，将女性从束身衣和多层内衣中解放出来。

璞琪曾在意大利空军服役。在接受飞行员训练的时候，有一次在瑞士度假，被拍到身着自己设计的滑雪服装，该照片还登上美国时尚杂志《时尚芭莎》。璞琪退役后，他在时尚度假胜地卡普里的La Canzone del mare开启了自己的创业生涯，随后迁至罗马，公司总部设在佛罗伦萨。

因市场上充斥着低廉的仿冒版，外加这一时期时尚界对极简主义的崇尚，璞琪时装大受冲击。尽管如此，璞琪在时尚界还是颇具影响力，其也是斯蒂芬·斯普劳斯和詹尼·范思哲的灵感源泉。艾米里欧的女儿劳多米亚·璞琪现任璞琪时尚帝国的总裁。2000年，法国奢侈品牌集团路易·威登成为其控股股东。2002年，艾米里欧逝世10周年之际，克里斯汀·拉克鲁瓦（见第96页）出任艺术总监，其市场形势开始好转。2005年，马修·威廉姆森（见第210页）接任艺术总监。2008年，彼得·邓达斯出任该职。

◄ 2011年由彼得·邓达斯设计的土耳其式长衫，正面蕾丝镂空，饰以流苏皮草，尽显奢华的嬉皮士风。

2002 2000年上任的艺术总监胡里奥·埃斯帕达的收官之作。

本系列重温了20世纪60年代的休闲服饰风格，纵向剪裁的泳装搭配相同图案的宽檐帽。其他图案还包括从头到脚零散的横条纹。束腰宽摆裙上黄、黑、白相间的大理石纹呈漩涡状，上身搭配文胸式上衣。同样体现复古风的还有：前开衩绸缎七分裤搭配浅绿和松石绿渐变图案束腰外衣；抹胸搭配雪纺高腰哈伦裤。罗马风格的凉鞋绑带交叉及膝，使整体搭配更完整。

1966 土耳其式长衫、泳装、沙滩裹巾等度假着装，采用艾米里欧·璞琪所特有的印花和色系，展现奢华的休闲风。

艾米里欧·璞琪独特的印花设计灵感源泉丰富，其中包括文艺复兴时期的画作、锡耶纳的派利奥赛马会徽章，以及巴厘岛土著风格的色彩。设计师将这些元素转换成抽象的表现形式：迷幻的色彩漩涡和大小各异的印花，其色彩形成鲜明对比，再配以简单的“艾米里欧”签名。璞琪在色彩运用上享有盛誉，他将多种颜色生动搭配，其手法前无古人：紫红色与天竺葵色、宝石蓝色和珍珠黑色、卡其色和薰衣草色。这些千变万化的印花与防皱面料结合，使每件衣服的重量都不到250克，从而成为非常受欢迎的旅行着装。

2006 威廉姆森的首场秀，主要选用紫色与黑色的渐变色。

多色S型螺旋图案短款收腰长衫，饰以黑色的领口和袖口，这是21世纪的新版璞琪图案。这套秋冬系列运用了紫色全色系，从丁香紫到罗兰紫，并以黑白灰为辅助色。其他款式还包括高腰超短裙，配以宝石装饰的腰带，以及马海毛褶皱领连衣裙。

瑞格布恩

RAG & BONE

www.rag-bone.com

倡导生活时尚的新兴品牌瑞格布恩，以英国俗语“拾荒人”（音译为“瑞格布恩”）命名，将英国传统和美国工艺相结合，打造经典时尚的运动服饰，兼具实用性和浪漫风，色调以军旅风的饱和色为主。出生于英国的马可斯·温莱特（1975—）和大卫·内维尔（1977—）在走访已关闭的肯塔基服装厂后，于2002年创建了他们的品牌。

温莱特负责设计，内维尔负责业务。该品牌与传统制造商合作，其中包括布鲁克林的马丁·格林菲尔德、博尔曼帽饰公司、萨维尔街的诺顿父子，以及美国历史最悠久的纽扣制造商沃特巴里纽扣。这些供应商的产品成为这个信奉质量至上的高端休闲服饰品牌的坚强后盾。该品牌现已行销全球，旗舰店设在纽约。

瑞格布恩于2004年推出男装产品线；2005年品牌扩张，当年秋季推出全套女装系列。2007/2008年的秋／冬系列标志着男女装中正式引入配饰系列。2006年，瑞格布恩入围美国时装设计师协会“时尚基金”奖；2007年，赢得“施华洛世奇男装新兴设计师”奖；2010年，马可斯和内维尔赢得美国时装设计师协会颁发的“年度最佳男装设计师”称号。

◄ 传统粗花呢多层斗篷式针织衫，出自2010年。

2006

含蓄简约风的系列，采用极简主义的剪裁手法。

骑马装风格的套装：花呢骑马夹克搭配米黄色马裤。米黄色是本系列的主打色，深牛仔色是辅助色，通常用于长度至大腿中部的收腰外衣和修身长裤上。及膝铅笔裙搭配干净利落的真丝衬衣；男装则是前拉链短夹克搭配同色系或白色裤装，外搭及膝长外套。

2007

将传统剪裁工艺应用于自然色调的面料中，同时兼顾男女装的实用性，配以细领带和丝巾点缀。

窗格花纹两件套西装内搭系扣领衬衣——这一细节在本系列的其他女装中也反复出现。干净利落的外套，窄翻领、斜插袋、高位纽扣、弧线前襟，男装搭配高腰裤，女装搭配及膝苏格兰方格呢半裙。旅行风格的夹克男女装均适用，质地轻盈的开衫，穿在修身裤装外，用腰带束起。帽子、卡其裤、机车靴为经典的剪裁增添了几分粗犷风格，配以无指手套，造就了时尚男士的实用户外工作服；同款短版女装搭配五分裤。此外，男女套装均有白衬衣或牛仔衬衣外搭中性马甲。更为女性化的设计通过圆下摆的钩扣修身外套体现，内搭A字型收腰连衣裙。

2008

镀金纽扣和腰带装饰，外加军旅风的意象。

19世纪的男士骑马装风格：前下摆圆剪裁的夹克露出群青色的短裙。本系列以灰色、卡其色和灰褐色为主，色调逐渐减弱，短裙的颜色突出而醒目。在这个秋/冬系列中，军旅主题得到进一步拓展：对襟外套、小圆领褶皱衬衣、光滑的斜纹棉布前拉链夹克外搭男士双排扣大衣。

拉夫·劳伦

RALPH LAUREN

www.ralphlauren.com

拉夫·劳伦（1939—）将低调奢华融入古典风格之中，重塑了另一种复古风，其高档休闲服饰展现了美国版的英国乡村风情。多年来，劳伦的服饰借鉴了多种运动元素：槌球、划船、肯尼亚探险、苏格兰狩猎，以及马球也是该品牌标识的灵感源泉。1972年推出的短袖网眼汗衫销量过百万。

拉夫·劳伦出生于纽约布朗克斯区的一个移民家庭，原名拉夫·吕本·利夫希茨。劳伦的全球时尚帝国始于1967年他的首个领带店；此后，他将业务扩展至裙装；1971年，他推出其女装品牌。劳伦曾为1974年版的电影《了不起的盖茨比》设计服装，进而巩固了他作为美国历史诠释者的声誉。而且，诠释美国历史也是他所有设计的主要组成部分：草原风针织衫搭配牛仔、米黄色羊绒开衫搭配白色网球服，以及藏蓝色和白色相间的横条纹水手紧身衣中都有所体现。1981年，劳伦推出“圣特菲”系列，采用美国西南部纳瓦霍族印第安人着装的色彩、肌理和花纹。

该品牌于1997年在美国上市，劳伦是最大的股东。该品牌现有拉夫·劳伦马球男装、马球运动装，以及拉夫·劳伦系列。

◄ 2010年的美国“黑色风暴挽歌”系列，将面料做旧、褪色，并染成牛仔面料的色彩。

1988

嵌花针织上衣搭配格子呢半裙，打造冬季的草原装扮。

过膝格子呢缩褶裙，荷叶裙边，内衬法兰绒裙撑，搭配厚实的花纹针织衫，再加上手套、花呢袜，共同营造冬季草原风情。格纹流苏围巾、圆边帽，还有从外层服装探出花边的领口和袖口，都增强了其效果。针织品以传统针法为特色，融入费尔岛风情；格纹短夹克所运用的浓郁色调则体现了朴素的乡村风。

1974

拉夫·劳伦在为罗伯特·雷德福出演《了不起的盖茨比》设计服装时，再现了1922年夏季爵士乐时代的优雅。

三件套西服内搭的双排扣马甲，下摆笔直，其棕色细条纹展现出怀旧时尚。西奥尼·V·阿尔德雷吉因电影《了不起的盖茨比》获得奥斯卡最佳服装设计奖，而拉夫·劳伦在电影中的设计则推广了自己的品牌，尤其是雷德福以一身盖茨比的着装登上男装时尚杂志《智族GQ》的封面后，更加深了观众对该品牌的认知。电影中展现的经典服装包括：卡其裤、真丝领带、亚麻西服、橄榄球衫，其色彩以粉红色、淡黄色、淡蓝色和米黄色为主。品牌中融入高雅的男士气概，展现了美国上层社会的着装风格，开启了学院风的潮流。

1996

修长干练的西服套装下配西裤或铅笔裙。

单排扣西服套装涵盖了所有男装的结构要素：笔挺的衬衣领、领带、袖口和口袋里的手帕。这套中性化的秋/冬系列以藏蓝色、黑色和驼色等暗色调为主。挂脖和无肩带的长紧身连衣裙贯穿全场。此外，还有奢华的特大号驼色风衣。

2001

本系列借鉴了20世纪70年代的风格；棕色渐变色的都市风粗花呢毛衣、超短裙和长外套的搭配是主打。

格纹超大号外套内，短皮裙搭配学生最爱的黑色高领毛衣——借鉴艾丽·麦古奥在感人的浪漫电影《爱情故事》（1970）中的着装风格。劳伦在本系列中展示的还有超短裙、短版苏格兰格呢裙、飘逸的全长大衣、披肩和学院风的花呢骑马上装。此外，合身的马裤、红色夹克、黑色天鹅绒衣领则延续本系列的骑马风主题。穿着舒适的衬衫式连衣裙，有的是及膝长的褐色皮革裙，有的则是及踝长的黑色羊毛裙。米黄色和棕色相间的毛衣连衣裙配以低腰腰带，增添了几分年轻都市风采。佩兹利图案的天鹅绒细褶紧身连衣裙则打造了晚装装扮。

2005

本次春／夏系列中，浅色展现出复古魅力。

月白色衬衣扣至颈部，搭配及膝铅笔裙，展现了劳伦对20世纪30年代运动休闲装的理解。该系列还囊括了当代风格的骑马裤和白色网球服。粉白色、银色和淡黄色不对称剪裁的绸缎连衣裙，饰以蓬松的雪纺绸盖袖，完美地展现了这个时代的魅力。及膝连衣裙以微鱼尾的裙摆点缀，外加彩色细腰带修饰腰部曲线。淡黄色运动上衣、七分裤、麻质短裤及其他夏装的剪裁都十分讲究。

2009

狩猎风系列，选用了东方元素。

本次劳伦的春／夏时装系列，以20世纪70年代风格的狩猎装和马拉喀什的多褶哈伦裤为主。与众不同的是一件精美的无肩带及膝紧身连衣裙，腰两侧以横褶勾勒出身体的曲线，全身只有黑色的头巾体现该系列的主题。

2010 重新诠释的20世纪30年代学院风。

从赛艇俱乐部毛衣到报童帽，再到圆领衬衣，拉夫·劳伦借鉴了盖茨比时代赛舟会所特有的徽章。男装系列的剪裁、色彩和面料，重现了以往学院时代的神话，而女装系列的破旧工作服则凸显了黑色风暴时期的艰辛。

2011 20世纪早期的西部大开荒风格，以蕾丝和流苏皮草装饰。

公主线紧身连衣裙，荷叶边盖袖，大腿中部以白色蓬松状的雪纺绸修饰。本系列注重突出美国西部风的细节，如流苏与奢华的蕾丝相结合。精致的面料与栗棕色麂皮搭配，再以印第安风格腰带和平底凉鞋装饰。锁缝是贯穿整场的细节，奶油色的皮草被制成合身的正装西裤，或被用于点缀夹克的衣边。

理查·尼考尔

RICHARD NICOLL

www.richardnicoll.com

理查·尼考尔（1977—）将基本款和基础面料重新设计，展现不同的服装比例与搭配。他的服装设计风格源于西方，且注重结构，但并没有明显的性别特征。一件男装无尾礼服的翻领可能会变成一件轻薄的单肩酒会礼服上固定肩带的装饰。尼考尔为了强调其重新塑型的细节，通常会将一个系列的颜色限制在单一色调的渐变色中，通过多种面料肌理和表现形式来展现其颇具趣味性的对比。如一件轻薄的几何造型衬衣可能会套在一件剪裁考究的绸缎文胸式上衣外，下搭平纹针织陀螺裤。

身为澳大利亚裔的尼考尔出生于伦敦，于2002年取得中央圣马丁艺术与设计学院的硕士学位。杜嘉班纳收购了他学生时期的全套设计。尼考尔在路易·威登与马克·雅可布合作后，于2004年推出了他自己的女装系列。

尼考尔服装设计的主题元素包括垂坠感、不对称的垂褶造型、紧身衣、珠缀，以及内衣的应用。尼考尔偶尔也会使用强烈的色彩——有时是强烈的对比色，有时是不同色系的碰撞，从而为其设计注入新的元素，给人不同的视觉冲击力。尼考尔凭借其自己的产品线赢得了成熟高端设计的名声。2009年，他与切瑞蒂签下三季合约，亲自操刀，重新推出他们的女装品牌。2011年，这位设计师为运动品牌弗莱德·派瑞设计了“Laurel Wreath”系列。

◄ 出自2010年，紧身文胸上衣搭配几何造型的半裙，与整个系列的运动风格形成鲜明对比。

2004

尼考尔在其首场秋/冬时装系列中，选用丝绸制成未来主义风格的连衣裙。

紫色的短裤剪裁考究，其配套的T恤外搭丝绸上衣，并采用麻花的文胸造型。这种文胸打结的技法贯穿整场。另一件收腰连衣裙中也应用了这种技巧，塑造出盔甲般的太空服造型。本系列采用粉色与蓝色，也有从樱桃色和淡紫色，到鲜红色的其他色彩。夸张的彩虹色耸肩短夹克、垫肩派克大衣，以及涂层宽松束腰女上衣充分体现了这种配色的特点。束腰外衣的衣边、修身裤的裤脚，以及简单夹克的袖边都以细小的褶皱修饰。

2007

中性风格和多层结构相结合：舒适的超大前围裙以黑白条纹和星星点缀。

细条纹衬衣裙摆上以五角星装饰点缀，外搭腰带和褶皱装饰的罗纹毛衣，其深V领露出窄衬衣领和衬衣内的白色围兜。该系列的其他款式中，紧身裤的前面采用了塑造身型的双接缝，脚踝处以蕾丝点缀。流苏衣襟、肩章和正面的花边，都为本系列的夹克增添了西部粗犷风格。本系列以暗色系为主，唯一的一抹亮色是橙黄色的流苏项链和配套的细皮带、打底裤。在一些款式简单的T恤中，星星形状的口袋是其唯一装饰。

2011

经典风格系列，结合了褶裥、花边和考究的剪裁。

浅裸色褶裥连衣裙，腰部用深粉色腰带收紧，外搭及膝长飘逸披肩，其衣领与腰带颜色相同。此外，另一件同色及膝连衣裙，则融入了一些偏暖色的橘色。透明波点雪纺上装透出内着的黑色文胸；搭配的白色过膝蓬蓬裙，腰部及口袋处以黑色点缀。大圆领连衣裙则用花边修饰其衣领。复杂的前围兜衬衣搭配雪纺阔腿裤，外配百褶裙。

瑞克·欧文斯

RICK OWENS

www.rickowens.eu

出生于美国加州的瑞克·欧文斯（1962—），最初在奥蒂斯艺术设计学院学习美学；此后，又选修了服装制板的课程，并在当地一家运动服装公司工作。瑞克·欧文斯同名品牌于1994年在洛杉矶成立，但直到2002年欧文获得美国时装设计师协会颁发的最佳新人奖后，才逐渐享有国际声誉。该品牌特征为：夸张的包裹手法、系结与垂坠的针织品、做旧皮革，以及淡雅色调的真丝平纹针织面料。欧文独创的前瀑布式开衫款式让不少设计师纷纷效仿，他在用面料为人体造型方面有着独特的天赋，兼具了新哥特式的风格，又不失优雅。

2001年，欧文与意大利经销商埃奥·博奇联合公司签署了全球经销协议，并将其制造部门迁址到意大利。2002年，他的首场女装秀在纽约时装周上亮相。随后，2003年，他的首套男装系列也在纽约时装周登台。欧文在参加2次纽约时装展后，将其工作室迁至巴黎，以便于参加巴黎时装展。在此期间，他也开始与设计师帕诺斯·伊雅潘尼斯的长期合作。帕诺斯几乎参与了欧文的所有时装秀。欧文为纪念第10季时装秀，出版了一本回忆录*How Did You Like My Descent*。2007年，他获得库伯·休伊特国家设计奖。

欧文在巴黎皇宫花园街区的首家店铺还推出了家具系列及该品牌的各种服装产品线：从高级成衣的副线品牌Lilies到牛仔系列的DRKSHDW，再到唯一的皮草系列Palais Royal。

◄ 出自2010年，不对称的绗缝盔甲装，柔软的垂坠面料为其增添了几分柔美。

2002

该品牌备受青睐，技艺精湛，在纽约举办首秀。

多层奢华面料——柔软的麂皮与光面皮革、真丝针织运动衫——几乎打造了修道士般的装扮，而以棕色为主的色调、头巾、喇叭领、包裹得严严实实的拖地长裙，以及做旧裙边等元素更是强化了这一效果。此外，简单的包裹式外套，其颈部用大头针别住，下摆随意飘动，打造出飘逸的侧面轮廓。

2008

通过创新的剪裁、塔克和褶裥展现造型的细微变化。

使用丝缎这种薄、透且挺括的面料，通过折纸般的褶裥和塔克包裹身体，塑造出蓬松的廓型。该系列其他款式中，单色欧普艺术风格图案的雪纺绸上衣内搭多向条纹收腰长衫或披肩上装，其外层的透明面料透出内层服装的条纹。极简主义的全白或全黑套装打造出严肃的感觉。

2006

不对称的垂褶透明真丝和雪纺及踝半裙，搭配柔软的同色光面皮革上衣。

做旧的褶皱光皮直接包裹身体，并在臀部收紧，其下部蓬松部分打造出立体造型，配搭针织过膝紧身直筒裙，将硬朗与柔美结合在一起。平纹针织和麂皮两种面料结合，紧身衣袖仍能活动自如。本系列中还有用超大安全别针固定的麂皮夹克，下配厚羊毛或灯芯绒阔腿裤。裸色雪纺绸与灰色、淡黄色或粉色透明真丝拼接，胸部和臀部的褶皱打造出随意的内衣造型。褶边和贴花元素、柔软的麂皮和欧根纱面料被应用于配套的夹克和裤装中，其服装的结构（如口袋）在透明的面料下清晰可见。此外，欧根纱和真丝塔夫绸在修身外套的臀部打造出贝壳般的波浪、花边和曲线造型，搭配垂坠飘逸的真丝裤装。

罗伯特·卡沃利

ROBERTO CAVALLI

www.robertocavalli.com

出生于意大利佛罗伦萨的罗伯特·卡沃利（1941—）一直倡导张扬的艺术风格，2010年举办的40周年红毯秀体现了他解读时尚的独特的意大利方式。卡沃利设计的服装通过大量使用动物图案和面料装饰，公然展现极具挑逗性的外表，散发出热情洋溢、活力四射的魅力。1970年，他在巴黎举办自己的首场秀；1972年，他在圣特罗佩开设了自己的首家精品店。

法国的里维埃拉是卡沃利出售其作品的绝佳地点，服装上饰以创新的皮草印花工艺，早在20世纪70年代初期，他就为这种工艺申请了专利，还因此获得爱马仕（见第146页）和皮尔·卡丹（见第246页）支付的专利费。20世纪70年代“设计师牛仔”风潮兴起时，卡沃利成功地把握住这一商机，并融入装饰与拼布元素，打造了一系列性感单品。从20世纪90年代早期开始，卡沃利在其妻子（也是其商业合伙人）伊娃·迪林格尔的鼓励下，设计了活力四射的动物纹图案超短连衣裙，深受当代时尚人士的喜爱。

卡沃利主线产品行销全球50多个国家，旗下年轻化品牌Just Cavalli也于1998年问世。2002年，他在佛罗伦萨开设了自己首家咖啡店，室内装饰有其标志性的动物纹图案。此后，他又在米兰开设了Just Cavalli咖啡店和一家精品店。2010年，卡沃利与Ittierre集团签订了全球独家许可经营协议，授权其生产经销Just Cavalli品牌的男女装及其他服装、包袋、鞋履和配饰系列。

◀ 2010年的动物纹皮草盛宴：部分是印花，部分是真皮草图案。

1995 半透明的修身黑色晚礼服，露出内着的内裤。

卡沃利与米兰的范思哲和阿玛尼不同，他一直参加佛罗伦萨时装秀，一直到1994年。这也表明在低调极简主义的年代，该品牌被边缘化的地位。20世纪90年代中期，卡沃利品牌开始复兴，而卡沃利的第二任妻子伊娃则成为这次复兴的主角。正因为如此，才有了90年代末广告女郎身穿的标志性动物纹图案礼服。该品牌颇受新一代名人的青睐，如麦当娜、詹尼佛·洛佩兹、克里斯蒂娜·阿奎莱拉等明星。

2007 墨西哥风情系列，跃动的色彩与流苏和抽纱相结合。

老虎纹印花图案运用于飘逸的土耳其长衫式裙装中，动物图案依然是整个系列的不变法则，其印花灵感源于墨西哥画家弗里达·卡罗。该系列其他款式还包括：胸前褶皱用淡蓝色绸缎丝带在颈部收起的衬衣，外搭夹克，再以箍状耳环和钉珠皮带点缀；钴蓝色丝绸上衣搭配翠绿色半裙；黑色流苏衣袖与弗拉门哥舞风格的荷叶半裙交相辉映；雪纺绸及地晚礼服的裙摆飘逸而灵动。

2003 如霓虹灯般绚丽的超短裙与皮草搭配，饰以喷涂式图案，打造了拉斯维加斯的舞女时尚。

敞开的亮蓝色鸵鸟毛外套，露出内搭的露肩深V领紧身亮片连衣裙，长至大腿，下配长靴。该系列其他款式中，女士紧身连衣裤上沃霍尔风格的喷涂印花、钉珠硬衣领凸显了张扬的性感特质。牛仔裤的臀部和大腿上以亮片装饰，上配剪裁随意的羊毛外套。光皮打底裤搭配亮片超短裙；蓬松的灰绿泛黑色的鸵鸟毛外套使内着的亮片宽松直筒裙若隐若现。卡沃利标志性的动物纹图案被应用于透明的连衣裙中，其上衣身为挂脖紧身衣。

罗达特

RODARTE

www.rodarte.net

美国品牌罗达特的T台秀不同于普通的商业时装秀，更偏向概念化，因创始人凯特·穆里维和劳拉·穆里维的文科教育背景，其设计中融入了传统文学特色。凯特专攻19世纪及20世纪的文学艺术，而劳拉则研究现代小说的发展。两人的专业背景成为这对设计搭档的灵感源泉：从哥特式小说到桃乐丝·帕克的智慧，不一而足。罗达特首场时装秀并不被看好：她们超脱凡尘的精美艺术，如蛛网般的蕾丝和跃动的花瓣状面料，对细节的一丝不苟，甚至被一些时尚编辑评价为毫无可穿性。

尽管如此，该品牌却受到眼光敏锐的美国《时尚》杂志主编安娜·温图尔的赏识，而美国零售巨头波道夫·古德曼、巴尼百货、内曼·马库斯也是该品牌的早期支持者。直至2005年，当罗达特赢得一系列行业奖项，并与盖璞（Gap）和塔吉特（Target）成功合作后，业内才消除了对该品牌的质疑。2008年，这对来自帕萨迪纳市的姐妹赢得“瑞士纺织”奖——这是首次非欧洲的女性设计师获得该奖项。近期，她们又与诺尔·洛克斯合作，设计了3种窗帘布和5种家具装饰面料，并以她们喜爱的作家命名。比如名为“桃乐丝”的一款面料就是以桃乐丝·帕克命名的。这种新型的轻盈面料，在她们2008/2009秋/冬时装秀中就有应用：针织衫的针织纹理串起多层薄纱。2009年，米歇尔·奥巴马在美国总统办公室接见约旦王后拉尼娅时，身着罗达特品牌的时装，米歇尔成为罗达特知名度最高的客户。

◄ 出自2009春/夏时装秀，其灵感源于太空、河流汇合的景象，以及德加的芭蕾舞者。

2010

本系列以多层拼接的粗制面料为特色，突出展现手工纺织品，其灵感源自墨西哥户外工人的着装。

粗加捻纱线编织的方平组织粗犷面料和厚实的钩编面料织成的披风，大翻领在肩上高高耸起，搭配印花垂褶半裙，露出打底的大花呢或修身裤装。该系列其他款式中，精美的印花多节连衣裙套在厚实朴素的紧身女胸衣外，外搭马海毛针织衫或带装饰的羊皮夹克。色彩包括性感的玫瑰色、淡褐色和自然色，通过将多种面料混搭的手法，展现即兴着装风格。每套服装上几乎都有手工装饰，如流苏、钩边，或其他镶嵌装饰。此外，还有随意拼凑的装饰：透明蕾丝打底裤、印花裤装、皮边手套。搭配的厚底鞋的丝带缠绕至脚踝——此款鞋是罗达特与尼可拉斯·科克伍德联手设计的。

2008

本系列将另类的浪漫风与宽松的花纹针织衫结合，其灵感源自宫崎骏的电影《千与千寻》（2001）。

3条基本款的及地连衣裙，其灵感源自日本动漫故事：流动的雪纺面料上布满亮片，象征性的装饰染色与刺绣营造一种迷离的氛围。穆里维姐妹的设计理念多以文学为基础。在与盖璞的日本设计之行之后，这个系列深受东方文化的影响。其设计风格多变：既有轻薄透明的精美彩色雪纺绸衣，又有造型感强的硬质百褶裙和裙撑式灯笼裙。粉色与黑色混合的色系，穿插多种蓝色点缀。通常采用预制结构的面料——隐喻电影中的社会混乱。其他套装中还采用了毛边的编织结构和跳针针织面料。除此以外，小资风格的连衣裙则反复出现，形成呼应。

洛克山达·埃琳西克

ROKSANDA ILINCIC

www.roksandailincic.com

埃琳西克的设计不拘一格，其夸张的丝绸礼服颇具舞台风，并融入多种古怪奢华元素，如多层绢网宝塔状衣袖，在臀部或肩部装饰有丝硬缎制成的如象耳大小的蝴蝶结。半高级定制的服装，将硬朗的廓型与重装饰相结合，手工缝制部分则由塞尔维亚共和国贝尔格莱德的女裁缝完成，而贝尔格莱德也是埃琳西克的家乡。

埃琳西克是模特出身，最初在贝尔格莱德大学学习应用艺术与建筑，随后迁居伦敦，并在中央圣马丁艺术与设计学院学习深造。2002年，埃琳西克推出她的自有女装品牌，此后的3季服装均由伦敦东区时尚机构赞助。在Topshop新生代创业基金的帮助下，埃琳西克于2006年在伦敦时装周的首个T台秀上展出了自己设计的13件连衣裙，从此一炮走红。

此后，埃琳西克的时装系列剔除了多余的元素，简明利落的风格日益凸显。她在与Whistles的珍·谢佛德森（之前就职于Topshop），以及与奢侈内衣品牌Damaris合作时，都展现了这一设计风格。埃琳西克颇的设计颇受社会名媛的偏爱，其中包括克劳迪娅·希弗、凯特·布兰切特、格温妮丝·帕特洛，就连芭比娃娃也曾在2009年50周年庆典时身着由埃琳西克设计的时装，她的时装在巴黎柯莱特时尚店和伦敦的丹佛街集市出售。埃琳西克行销全球22个国家，旗下还有包袋和泳装系列。

◀ 出自2008年，夸张的造型与内衣结合，面料以光亮的丝绸和塔夫绸为主。

2007 该系列服装另类而华丽，工艺复杂。

双层粉色荷叶边绸缎裙环绕头部，掩盖身躯，颠覆了廓型的概念，展现了埃琳西克极具趣味性的设计手法。该系列其他款式中，丝绸薄纱贴花大量应用于纤细质地的及膝紧身连衣裙上，或垂直贴于公主线连衣裙的缝合线上。带披肩的黑色连衣裙在胯部切断，搭配珍珠灰色紧身打底衣，头戴的礼帽以薄纱羽毛装饰。

2011 采用柔和色调打造的飘逸系列，增添了唯美气质。

泡泡糖粉色连衣裙，饰以细小的流苏边，其风格与此前的系列大不相同。20世纪70年代的风格在本系列中有所暗示：真丝土耳其袍式长裙（有时搭配阔腿裤）、垂褶打结头巾。薄透的衬衣搭配麻质裤装或及踝长裙；轻盈的雪纺细带装饰裹身裙，或者飘荡于褶皱饰边连衣裙的上衣身。

2008 该秋／冬系列通过标志性的珠光宝气丝缎面料，塑造扭曲的外部结构细节，极具雕塑感的服装形式既能凸显身型，又能掩盖身型。

包裹式的连体衣形成紧身外壳，搭配的巧克力色与黑色横条纹相间的短款波列罗上衣饰以超大的灯笼袖，打造出夸张的廓型，配套的手套则加强了其效果。该系列其他款式中，高领高腰的礼服裙身部分以及踝伞裙或鱼尾裙边为主。对襟外套的腰部以收褶装饰，搭配修身裤装或过膝条纹半裙。造型不断变化的主题在披肩茧型外套上得到延续，更在陀螺形半裙或连衣裙上得以进一步强调：臀部周围灯罩形状折叠的面料与身体间隔一段距离，突出体现造型变化。惊艳的粉色绸缎连衣裙与披肩或由肩而下的裙拖形成对比。过膝黑色连衣裙上翡翠绿色的镶嵌装饰在其正面成蛇状，蜿蜒向上。

罗兰·穆雷

ROLAND MOURET

www.rolandmouret.com

设计师罗兰·穆雷（1962—）设计的流星炫彩连衣裙于2005年首次登台时，便轰动一时。20世纪40年代风格的收腰连衣裙标志着波西米亚风的完结，并成为时尚经典，几乎受到所有时尚达人的青睐，其中包括娜奥米·沃茨和卡梅隆·迪亚茨。

穆雷是天生的设计师。他仅于1979年在巴黎时装学院接受过为期3个月的培训。他整个职业生涯中所运用的剪裁技术，以及在直角上包裹面料，打造出修饰身形的垂褶连衣裙的技法都是自学的。1998年，穆雷推出自己的品牌。同年，他的作品首次参展伦敦时装周。2000年，他与莎丽，以及安德烈·迈尔斯建立合作关系。5年后，穆雷迁居纽约，并在2005年的春季推出流星炫彩连衣裙。

流星炫彩连衣裙首次登台不到2个月，穆雷就从该公司离职，并无权将自己的姓名用于任何商业用途——这一新闻震惊了整个时尚界。此后，经过2年的空白期，穆雷为波道夫·古德曼精品店设计了一个单独的系列，并亲自在这36条连衣裙上签名；他还为盖璞设计了一个限量版连衣裙系列。

2007年，他与娱乐界的大亨西蒙·福勒合作创立了一家新公司，名为19RM。由罗兰·穆雷设计的RM系列于2007年首次在巴黎参加时装秀。2010年，穆雷重新获得使用自己全名的权利，并推出男装Mr.系列。

◄ 结构柔和的2011年罗兰·穆雷系列，再次使用了罗兰·穆雷自己的全名。

2005 享有盛名的流星炫彩连衣裙，版型凸显身材，颇受社会名媛的喜爱。

穆雷将设计彻底回归至沙漏造型，打造出时尚连衣裙，引领了时尚的新时代潮流。刚刚过膝的长度，修身的版型，内衬强有力的支撑件塑造了裙装的结构，而露肩方领和耸肩袖进一步平衡并修饰了腰臀的线条。该系列其他款式中，黑色或格纹高腰铅笔裙也是其衍生版，膝后用鱼尾裙摆修饰。

2002 丝绸与雪纺绸的内衣风格系列，配以柔和的色调。

宽松的短款连衣裙，腰部收紧并用丝带装饰，其长袖延展成瀑布般的褶边——这些细节特征在本次秋/冬系列中反复出现。淡雅精致的主色，用巧克力棕色的绸缎、蕾丝及黑色丝绸装饰，展现出服装的闺房特质。

2010 本次秋/冬系列的特色是将褶皱衣片直接包裹身体，而无需使用印花面料。

本系列的点睛之款是叶子形状的面料像扇子一样打开，形成渐变色的圆圈，装饰在修身裙装上。本系列主要采用方形面料进行剪裁与围裹，打造出收腰上衣、短裙和带帽外套的版型。该系列其他款式中，穆雷回归于他最爱的浅灰色系，通过夹捏、缠绕、缝褶、垂褶等手法，应用裸色、粉色和灰色的平纹针织面料，打造修身全长晚礼服。其中，灰粉色长款露背连衣裙的后背则用黑色丝带装饰；灰色印花两件套包括短款毛衣和长款开衫；有弹性的管状半裙搭配同色斑点夹克和打底裤；淡雅的紫红色打造时尚连帽无袖连衣裙。

索尼亚·里基尔

SONIA RYKIEL

www.soniarykiel.fr

索尼亚·里基尔（1930—）于1968年在巴黎左岸开设了她的首家同名精品店，现已成为知名法国品牌。1970年里基尔被《女性日常着装》杂志誉为“针织女王”。在该品牌创立的年代，女性比较反感拘束的高级时装，一心寻求更年轻时尚的服装。里基尔是首个解构时装的设计师之一，未镶的衣边和故意露出的缝骨是其特色。20世纪80年代早期，该设计师用文字装饰服装，并推出一套水钻装饰晚礼服的系列。里基尔以其趣味性的细节与轻松的设计手法而闻名。横条纹针织衫、羊毛开衫连衣裙、夸张的织花装饰，以及一系列亮色与黑色搭配的错视效果均是其特有风格。

1975年，里基尔的业务多样化，扩展至家居床品；1990年，她在圣日耳曼大道开设了一家旗舰店，同年，姐妹产品线Sonia by Sonia Rykiel问世；1993年，里基尔童装、男装、鞋履和香水系列的所有产品均在其旗舰店出售。1996年，她获得法国荣誉军团勋章军官勋位，并于2008年升级为司令勋位。1998年，该设计师的30周年庆典时装秀在法国国家图书馆举行。2005年，纽约精品店亨利·班德尔为索尼亚·里基尔女装设立了店中店。2009年，索尼亚·里基尔与瑞典零售品牌H&M合作推出内衣系列。2010年，该品牌推出室内陈设产品线，展现出该品牌的左岸风格。索尼亚的女儿娜塔莉是该品牌的现任总裁兼艺术总监。

◀ 出自2009春/夏系列，也是该品牌40周年庆的系列。采用了标志性的横条纹元素和珠宝装饰的贝雷帽。

1986

整个20世纪80年代，里基尔逐渐形成了自己标志性的风貌。

相比同时代造型感较强的服装，里基尔喜欢更宽松一点的廓型：长款开衫饰以罗纹袖口和衣边，内搭的V领针织衫，其彩色横条纹宽度不一；搭配的平纹针织裤装，臀部饰以水平方向的贴袋。当时的休闲装也需要耸肩的造型，所以在这套针织衫中也应用了维克罗垫肩。

2006

本次春／夏系列将里基尔最喜欢的事物融合起来——音乐、黑色和美人。

印有“le beau”（美人）的一字领露肩平纹针织上衣，其腰部用珠宝装饰的皮带束起，搭配黑色软毡帽，帽檐饰以夸张的大胸花——里基尔的标志性设计。该系列其他款式中，红色滚边装饰的黑色外套配以紫红色、橘色和黄色的拼色衣袖，内搭宽横条纹梯形宽松连衣裙，其上衣部分是黑色蕾丝抹胸。其他服装上的横条纹则多数为细条，如明黄色运动衫过肩上的细条纹。连衣裙和外套上多有褶皱修饰。搭配的鞋履的鞋带系至脚踝，配以大量蝴蝶结装饰。运动风的宽松落肩袖黑红相间宽横纹毛衣连衣裙，则与优雅的渐变色横条纹雪纺连衣裙形成对比。

1998

本次春／夏系列中，运用了罗纹针织衫和印花雪纺绸，打造时髦的日装。

桃红色马海毛深V领罗纹短毛衣连衣裙，搭配相配套的礼帽。开衩的裙摆外用一对针织树叶装饰——同形状的装饰也应用于藏蓝色罗纹夹克中。此外，淡蓝色和粉色的外套，其克重和纹理也与桃红色针织衫相同。较为轻盈的精美细条纹针织品则应用于女士西装，搭配嘉宝式礼帽。飘逸的印花茶会礼服营造出20世纪30年代的氛围。

索菲亚·可可萨拉齐

SOPHIA KOKOSALAKI

www.sophiakokosalaki.com

在2004年雅典奥运会的开幕式和闭幕式典礼上，印有索菲亚·可可萨拉齐（1972—）名字的7000套服装，承载了其设计风格，可可萨拉齐也因此声名大噪。在此之前，她的才华在业内早已备受认可。

在其祖国希腊攻读文学专业毕业后，可可萨拉齐开始设计一些连衣裙系列，并在当地的精品店销售，从此，开启了她的服装设计生涯。1997年，她获得前往伦敦中央圣马丁艺术与设计学院进行学习的机会。至1999年，她已创建了自己的公司，并与意大利奢侈皮革品牌Ruffo Research签订了设计合同，但在双方合作推出6个颇受欢迎的系列后，可可萨拉齐却与该公司解约。

可可萨拉齐设计作品中反复出现的主题源于东地中海文化——以希腊文化为主，同时也涉及克里特岛和古埃及的装饰图案。她反复借用古希腊雅地加的民族特色展现出独特的理念。其设计从一开始就广受赞誉，并一直保持这样的势头。2002年，她赢得*ELLE*设计师奖和艺术基金颁发的时尚奖；2004年，她被誉为新生代设计师。2006年秋至2007年春，可可萨拉齐曾任薇欧芮（Vionnet）的创意总监。

可可萨拉齐品牌曾被Only the Brave集团控股2年，之后可可萨拉重新获得掌控权。自2009年起，可可萨拉齐一直担任迪赛黑金（Black Gold，见第108页）的设计总监。

◄ 出自2010年，古希腊式的单肩长外衣，采用褶裥装饰手法，极富垂坠感，重现经典。

2004

本系列体现了设计师的希腊文化背景，利用扭结的手法，通过雪纺面料塑造身型。

双层贝壳粉色丝绸面料打造富有动感的女装：卷边短裤搭配细丝带装饰的上衣，饰以浅陶土色和黄色相间的编织腰带。该系列其他款式中，短裤则搭配奶黄色、粉色、牡蛎色和浅蓝色的褶皱雪纺绸。其中，浅蓝色是该系列的主打色。多层生绸雪纺面料打造文胸式上衣，内搭雪纺无袖紧身打底衫；修身连衣裙的衣身为文胸式造型，裙身则是富有光泽的精美褶皱绸缎筒裙；浅蓝色和陶土色的垂褶单肩上衣套在牡蛎色半裙外。施华洛世奇水晶散落在无袖连衣裙和透明收腰外衣上。

2009

埃及风格系列，天青石色和金色为主打色。

蟒皮短上衣搭配精美的垂坠褶裥短裙。迷你连衣裙也引入了镀金蟒皮纹元素，同时饰以耀眼的心形亮片和铆钉。黑色紧身连衣裙上的假领，利用抽纱和钉珠工艺，展现了皇室风采；低腰紧身裤搭配插肩袖露脐短夹克，其高立领则用简单的硬质圆圈固定。

2008

以哑光黑色为底色，希腊风格的细节处理和图案，打造收腰外衣、裤装和打底裤。

轻薄透明的欧根纱晚礼服，细节精美：华丽的洛可可式贴花从裙边垂直而上，直至颈部，营造出秋冬季的哥特式魅力。该系列其他款式中，哑光黑色及膝连衣裙或全长连衣裙上领围线部分装饰有镂空的花饰和绗缝的胸花。衣袖始于精美褶皱的漩涡处，这种设计手法也运用在扭结印花连衣裙中。银色全长斜裁真丝缎连衣裙的衣身部分印有七弦竖琴图案。

斯特拉·麦卡特尼

STELLA McCARTNEY

www.stellamccartney.com

出生于英国的设计师斯特拉·麦卡特尼（1971—）以其利落的剪裁、凸显女性魅力的性感服装闻名。而且，她是严格的素食主义者，因此其设计的所有服装均未应用皮草。麦卡特尼在克里斯汀·拉克鲁瓦短期实习后，在萨维尔街裁缝爱德华·塞克斯顿的工作室工作过一段时间，而后至中央圣马丁艺术学院学习艺术设计。其毕业秀因为由2位著名的模特，也是其家人好友的娜奥米·坎贝尔和凯特·莫斯担任模特而广受关注。

1997年，毕业2年后，她出任蔻依的创意总监，而蔻依因此受到时尚媒体的批评。但是，这位设计师以其萨维尔街的剪裁风格和复古的蕾丝衬裙很快就证明了自己在蔻依的权威地位。她在蔻依任职期间，菲比·菲罗（见第244页）任其助理，菲罗在她离任后接任创意总监一职。2001年，麦卡特尼在古驰集团的资助下，创建了自有品牌。随后，推出配饰和香水系列，而有机护肤品产品线CARE也于2007年问世。

2000年，斯特拉·麦卡特尼获得VH1频道颁发的年度时尚设计师奖，而颁奖嘉宾正是其父亲保罗·麦卡特尼。2004年，她与阿迪达斯合作推出一条产品线；2007年，他们又推出健身瑜伽产品线。2005年，麦卡特尼为高街品牌H&M设计了一系列服饰和配饰。2009年，她与零售商盖璞合作推出童装系列。2010年，她推出自有童装品牌“斯特拉·麦卡特尼童装”。

◄ 出自2010年，奢华的面料和极简的细节打造展现成人魅力的舒适服装。

1995

麦卡特尼在中央圣马丁艺术与设计学院的毕业秀。

这件由娜奥米·坎贝尔演绎的两件套，彰显出麦卡特尼未来标志风格的所有元素。精确的剪裁在这件过臀长度的一粒扣翻边领外套上得以体现；过膝铅笔裙则打造修长的身型；内搭的20世纪70年代风格真丝衬衣饰以大翻领和尖尖的袖口，既高雅，又极具女性魅力。凯特·莫斯展示的则是一件连衣裙，紧身胸衣式的衣身配以缩褶裙身。该系列被伦敦精品店Tokio全部买下。

2010

麦卡特尼受到母亲琳达的启发，设计出牛仔与印花结合的连衫围裙。

两种长度的单排扣牛仔半裙（迷你裙和及膝裙）引领了时尚潮流，从大众品牌到设计师品牌，纷纷效仿。本场秀上的牛仔裙上配蕾丝花边打底衫，外搭剪裁讲究的西装外套。简单的收褶裙、背心上衣、飘逸的白色衬衫裙和舒适的平纹针织衫则延续了设计师一贯的非正式休闲风格。由淡黄色、宝蓝色和火焰橘色真丝塔夫绸打造的高腰热裤和荷叶边装饰的穆穆袍则与该系列其他服饰形成对比。

2008

利落的剪裁与荷叶边、满地英式田园风格印花相结合。

多色印花雪纺绸连体衣，其荷叶边修饰的衣身以及细肩带均表现出设计师对20世纪70年代风格的迷恋；该系列其他款式中，高腰无褶裤和旅行风格的斜纹棉质短袖收腰夹克也是此风格的延续。此外，还有超大水洗蓝真丝衬衣和极具趣味性的印花连体衣。线条简明的A字裙搭配白色平纹细布女式衬衣，再配以20世纪70年代风格的坡跟鞋；针织羊毛泳装上有四方连续的鲨鱼图案；经典两件套则做了一些改动：毛衣改造成连体衣，再搭配轻型面料的开衫，从而使套装更加时尚、前卫。

坦波丽·伦敦

TEMPERLEY LONDON

www.temperleylondon.com

品牌坦波丽·伦敦凭借其地道的英式时尚设计手法在全球市场中占有一席之地。坦波丽·伦敦在设计中折中地融入多种装饰灵感源，并谨慎地将波西米亚风与怪异风相结合。设计师爱丽丝·坦波丽（1975—）与其丈夫拉斯·冯·贝尼格森于2000年的伦敦时装周推出该品牌，其特色为精美的钉珠与刺绣、嵌花针织，以及品牌所特有的印花与皮料。

坦波丽从中央圣马丁艺术与设计学院的艺术设计专业毕业后，在伦敦皇家艺术学院继续学习面料与印花技术。最初，她创立的是自己的同名品牌爱丽丝·坦波丽。1999年，她获得英国年度印花设计师奖；2004年，她获得*Elle*风尚大典颁发的“年度新生设计师”奖。2002年，第一家坦波丽精品店在伦敦的诺丁山开张。此后，三家独立精品店相继在纽约（2003）、洛杉矶（2005）、迪拜（2008）开业。她每年设计4个系列，其中包括成衣系列、婚纱系列、配饰系列和独特的黑标晚礼服系列。

2010年，坦波丽的姐妹品牌爱丽丝（ALICE）问世，每年也推出4个系列。该品牌的设计在伦敦诺丁山完成，将英伦风融入价格适中且便于穿着的单件服装中。2009/2010秋／冬系列中，坦波丽用为期2天的在线发布会取代了传统的T台秀。

◀ 出自2008年，蕾丝与皮料的结合是其标志性的装饰手法，打造出性感的外形轮廓。

2003 白俄罗斯风格的貂皮帽，再融入莱昂・巴克斯特芭蕾舞元素。

淡褐色公主线舞会礼服饰以黑色钉珠和圆形的镂空贴花，体现出坦波丽对单色图案的偏好。该系列其他款式中，黑色毛衣连衣裙饰以白色流苏状钉珠，搭配的白色缩绒羊毛短款外套用黑色点缀，展现出哥萨克传统裙装的风格。带有纹理的高领毛衣，颈部收边，袖口饰以黑色包边，下搭黑色过膝荷叶边半裙。

2010 意大利即兴喜剧里的角色风格。

亮红色单肩连衣裙饰以沿衣肩落下的荷叶边，搭配的宽腰带上用慢跑的小马点缀；铜制铆钉布满裙边和领边。该系列其他款式中，丑角图案嵌花针织和条纹上衣衬在紫色背心上衣和无袖连体衣内。紫色衬衫裙饰以竖条纹围裙，搭配灰色夹克，并配以马戏表演帽。

2007 本次秋／冬系列运用轮廓分明的剪裁和大胆的色彩——钴蓝色和橘色，并融入蕾丝及镀金装饰。

钴蓝色雪纺衬衫裙饰以细微收褶袖和黑色编织衣领，上配丝绒波列罗上衣，下搭挺括的收褶包裙，黑色宽腰带穿过裙上的钉扣腰环。该系列其他款式中，鸽灰色男性风格马裤也饰有绸缎腰带环，在过膝处收紧，搭配黑色雪纺衬衫裙，并饰以黑色蕾丝边。端庄的外套和连衣裙饰以特大的彼得潘领，插肩袖，搭配皮草围巾，同时装饰有包边纽扣和镶边口袋。紧身连衣喇叭裙选用明亮的橘色或奶黄色双层雪纺绸，饰以重工钉珠育克，长款至脚踝，短款则搭配丝绒紧身裤。真丝罩衫连衣裙的裙边印有抽象佩兹利图案，外搭结构简单的黑色外套。

塔库恩·帕尼克歌尔

THAKOON PANICHGUL

www.thakoon.com

从2004年品牌创立之初，塔库恩的定位就很清晰：简洁的造型，通过结合面料的纹理和色彩对比，塑造别具一格的风格。设计师这种随性的设计吸引了不少粉丝，也使得该品牌被誉为低调耐用的女性品牌。2008年，米歇尔·奥巴马也成为该品牌的客户。美国《时尚》杂志的掌门人安娜·温图尔也对该品牌赞誉有加，从而使得塔库恩于2007年获得与盖璞合作的机会。

塔库恩·帕尼克歌尔（1974—）出生于泰国清莱，11岁时迁居内布拉斯加州的奥马哈市。1997年在波士顿大学获得商科学位；2001—2003年，他在帕森设计学院继续深造。2004年9月，塔库恩设计的第一个成衣系列问世。塔库恩擅长处理服装的比例与结构，凭借自己成功把握市场发展机遇的能力，他很快成为时尚媒体、顶尖时尚编辑和造型师们的新宠。

除了与盖璞的合作以外，2006年，塔库恩还与玖熙合作推出配饰产品线。2010年，他还展开了与霍根、塔吉特，以及Aloha Rag的合作。2009年推出的二线品牌Thakoon Addition价格较为亲民，均由纽约设计师将塔库恩奢华的走秀款式改为较实用耐穿的服装。

◄ 出自2010年，大圆领雪纺绸印花连衣裙，有很多不同的款式和比例，且运用收褶、穿插的手法营造层次感。

2006

塔库恩的第二季时装秀继续延续其低调妖娆的风格。

运用错视法的紧身胸衣绸缎连衣裙，裙身饰以垂直的口袋，打底衫部分与其形成鲜明的对比，搭配的贝雷帽则展现了巴黎人端庄的时髦。享有专利的靴子也是本场秀的特色，搭配利落的白色收褶亚麻上衣，或袖口用雕刻的皮料装饰。裙边和衣边则以白色丝带或蕾丝装饰，为刻板的服装增添了几分时髦。短袖或七分袖则着重展现手腕上的精美饰品。收腰外套的方形露肩领及白色锦缎西装的柔软衣领，则延续本场秀的端庄风格。

2011

闺房风格的性感系列打造连贯的故事情节。

裸色丝绸质地的缩褶宽松直筒连衣裙，用束腹衣的钩眼扣带装饰。与之形成鲜明对比的是利落的白色凸纹收腰骑士夹克，露出内搭的亚麻衬衣衣边。英国风刺绣收腰连衣裙，用钩眼纽扣带收腰，非常精致，且镶嵌的旅行风格透明口袋也表现出设计的用心，内着轻薄的雪纺衬裙。小枝叶图案的薄纱上衣用细绑带固定；搭配的宽松白色纬缎裤装上也印有相同的图案。

2009

本次春 / 夏系列中，轻柔的不真实触感与塔库恩惯常的风格颇为不同。

柔软的印花水晶欧根纱收褶连衣裙，上面以透明的多层横条纹分割，披肩领。该系列还配有靴子和高跟凉鞋，而香奈儿风格的开衫套装则以收褶雪纺代替经典花呢。拘谨的蝴蝶结衣领衬衫在哈伦裤的衬托下，多了几分生动气息。该系列的色彩以静谧的中性色为主，只有一件短款绸缎印花防尘外套是鲜艳的红宝石色，套在印有小枝叶图案的比基尼式晚装外。插肩袖大衣则运用抽褶和活褶来弱化颈部的缝合线。风衣以透明的宽绑带为特色，而晚礼服则饰以一层褶边雪纺。

汤米·希尔费格

TOMMY HILFIGER

usa.tommy.com

汤米·希尔费格（1951—）以常青藤经典风格的男装为基础，设计了领尖带扣的衬衫、卡其裤和运动上衣等休闲运动装，其红、白、蓝标识是典型的美国风。希尔费格在其设计过程中强调推陈出新，而不是空中楼阁。其设计年轻化且具亲和力，价格也亲民。

希尔费格的经历是成功逆袭的绝佳案例。20世纪70年代后期，希尔费格在北部创建了连锁店，由于管理松散而倒闭。之后，他迁居至纽约，开启了自己自由设计师的生涯。1985年，汤米·希尔费格在莫汉·梅真尼的资助下推出男装品牌。1988年，希尔费格买下梅真尼所有汤米·希尔费格品牌的股权，并与香港制造商曹奇峰结盟。1992年，该公司上市，并进入快速扩张期，每年支出2000万美元用于打造品牌知名度。1996年，希尔费格推出女装系列。该品牌当年营业额超过5亿美元。

希尔费格品牌的产品结构扩展至童装、眼镜、香水、运动装及室内装饰品。2004年，高端产品线H·希尔费格问世。此后，希尔费格被风投公司安佰深收购；而后，又被安佰深以30亿美金的价格出售给卡尔文·克莱恩的东家PVH集团。该品牌近期的设计成就得益于设计师邓志明：他对品牌的经典元素稍加改造，进而吸引了一批高端客户，比如詹妮弗·洛佩茨和克里斯蒂娜·汉卓克斯。

◀ 出自2008年，红、白、蓝的爱国主义风格，借鉴了各种哥萨克元素。

1997 该系列展现了品牌标识的重生过程；蒙德里安的图形风格既界定了产品，也定义了品牌。

通过高额的营销预算，聘请名模和说唱明星代言，希尔费格的品牌知名度进入新高度。整个以运动装为基础的系列，其主题就是品牌本身：商标的颜色与图案构成完整的产品线结构，从而使红、白、蓝标识永远深入人心。品牌标识的反复强调还表现在夸张的各种线条中，在说唱风格的男装（夸张的粗布工作服和滑雪衫）中尤为凸出。

1988 希尔费格挖掘美国的传统文化元素，该系列运用了典型的美国雅皮士配色。

深蓝色衬衣扎入及膝百褶裙内，外搭红色开衫；最外层天鹅绒衣领的深蓝色外套，其黄铜纽扣为服装增添了几分生动气息。20世纪80年代中期，希尔费格品牌的广告营销活动（由印度设计师莫汉·梅真尼资助）所传达的理念为：通过购买希尔费格品牌所体现的“价值”，以此彰显自己的身份与品位。

2007 希尔费格通过运用细条纹、法兰绒粗呢大衣、俱乐部风格领带和牛津布衬衫等元素打造克拉克·肯特的学院风意象。

该季男装及女装系列以各种形式的格子面料为主，并利用经典英式男装面料加以补充。有纹理的打底裤、利落的凸纹布围裙、有角质架的眼镜，以及男装的半温莎结，均隐含着常青藤的着装风格。男装的氏族花纹格子呢多种多样，其中包括蜡染布质地的苏格兰高地警卫团格纹、斯图亚特皇室格纹连衣裙及格纹裤装。炫丽的红色长手套、原色的船型高跟鞋，以及搭配的连胸围裙则展现出女性服装的华丽。日常着装的主要单品则通过重新设定比例和夸大细节来保持新鲜感，如短款粗呢大衣就比A字型大衣更具动感。

汤丽·柏琦

TORY BURCH

www.toryburch.com

美国设计师汤丽·柏琦（1966—）凭借她对时尚市场敏锐的商业意识和对客户的准确了解，精准地确立了其品牌定位。基于其个人的经验与偏好，舒适时髦是她对现代服装的一贯理念，因此，她会借鉴一些现代运动服装的元素，但并不局限于此。柏琦一直保有她自己的美式时尚敏感度，她会在设计中融入波西米亚风的色彩、印花和纹理，也会在美式时装中加入一些完全不同的元素，如图形印花、鲜明的色彩（充满生气的橘色和橄榄绿色）和民族特色的细节。该品牌产品线涵盖成衣、手包、鞋履和珠宝系列。

柏琦在费城城外的一个农场长大，先后在拉夫·劳伦、王薇薇和罗意威工作过。这些工作经历让她发现了价格亲民的奢华精美服装这一空白市场。汤丽·柏琦的前夫克里斯·柏琦是一位风险投资人。2004年，她在克里斯的资助下，在其曼哈顿的公寓中推出自己的品牌，而克里斯至今仍是该品牌的联合主席。一年后，奥普拉·温弗瑞在节目中将柏琦誉为“时尚界的下一个大人物”，使得该品牌家喻户晓。汤丽·柏琦的精品旗舰店开设于纽约市中心，该精品店布置得更像柏琦的私人住所，而不同于传统的零售商店。2005年，该精品旗舰店获得国际时尚集团颁发的“最佳零售理念新星”奖。她的所有精品店均饰有橘色的亮漆门和镜面墙。2007年，柏琦成为美国时装设计师协会会员。希拉里·斯万克、卡梅隆·迪亚茨和乌玛·瑟曼等明星也都是该品牌的粉丝。

◄ 出自2009年冬季奢华系列：白色皮草装饰的马甲内搭金色亮片装饰的连衣裙。

2007 便于穿着的百搭系列，配以芭蕾舞平底鞋。

针织连衣裙搭配精美的针织开衫，内衬印花泡泡袖衬衫，打造出微妙的层次，展现淑女的正式着装风格。该系列服装还包括直筒连衣裙、收口风衣、搭配前开扣半裙的印花两件套。所有服装均搭配圆头芭蕾平底鞋，鞋头均有T字圆形浮雕标识，并以设计师母亲的名字列娃命名。

2011 橘色调为20世纪70年代风格的裙装注入现代休闲服装的活力。

类似瑞士童话女主角的荷叶边紧身连衣裙，其抽象印花灵感源于豹纹，展现出成熟魅力。本次春／夏系列中，对装饰元素较为克制：垂坠的双绉橘色有领衬衫搭配轻佻的及膝半裙，或前褶皮裙，或竖条纹西裤。

2010 本次秋／冬系列融合了斑点和窗格花纹元素，不对称的花呢和轻柔的针织衫打造装饰精美且剪裁考究的高端休闲时装。

低腰蓝色牛仔裤搭配肩线加固的蕾丝细针针织毛衣，再配上露指手套、厚重的靴子，以及柏琦最爱的亮橘色防雨帽装饰。单面平纹针织上衣衬在金属色束腰连衣裙内，腰部用盔甲形状的腰带束起。该系列其他款式中，有纹理的光皮、麂皮、羊皮，以及缩绒羊毛打造出夹克、短裤、短裙及毛衣。印有“DIVINE DIVINE DIVINE”（非凡）粗体字样的毛衣表现穿着者的与众不同。借鉴抽象表现主义的喷溅和涂鸦为连体裤增添几分灵动气息，外搭深宝蓝色派克大衣。平纹针织打底衫衬在富有光泽的皮草披肩或海狸皮毛马甲内。驼色七分袖外套内搭有纹理的做旧花呢上衣；同样面料的西裤则搭配短款箱型夹克。

温加罗

UNGARO

www.ungaro.com

伊曼纽尔·温加罗（1933—）是20世纪60年代高级定制时装的设计先锋，与安德烈·库雷热和帕科·拉巴纳齐名。1965年，温加罗在埃琳娜·布鲁纳·法西奥和瑞士艺术家索加·纳普的帮助下开设了自己的高级时装屋。尽管温加罗此前曾师从高定设计大师巴伦西亚加，但他并未遵循高定时装设计的传统，而是追求精简的结构与简洁的廓型，与20世纪60年代的极简主义步调一致。他还将裙装剪短至前所未有的长度，并使用鲜艳的色彩。1973年，男装品牌Ungaro Uomo问世，10年后，他推出自己的首款香水Diva。

20世纪80年代高级定制时装的复兴、美元体系的强大，以及成衣的高价都预示着该工作室的成功。期间，温加罗与香奈儿、迪奥、纪梵希、圣·洛朗齐名为“五大品牌”。温加罗所特有的极女性化连衣裙，色彩鲜艳，图案生动，完美地包裹身体，又颇具垂坠感——迎合了当时对特定场合奢华服装的需求，进而获得国际认可，尤其受美国客户欢迎。

2005年，温加罗将品牌出售给互联网企业家阿西姆·阿布杜拉后退休。此后，许多设计师相继离开。2007年，哥伦比亚裔设计师伊斯特班·科塔萨尔因拒绝与林赛·罗韩合作而被解雇。随后，颇受争议的罗韩被任命为该品牌的艺术顾问，而正是这一决策毁掉了该品牌的声誉。2010年，英国设计师贾尔斯·迪肯出任该品牌的创意总监。

◄ 2009年，伊斯特班·科塔萨尔重现温加罗标志性的褶边紧身连衣裙。

1965

温加罗推出大胆创新的日常着装。

从头开始包裹整个上半身的连帽披风和配套的灯笼裤，表现出温加罗对正统时尚的抗议。设计师故意避开晚装这一高定女装的主要品类，在自己的首秀中仅展示日装。20世纪60年代，因成衣业的发展，时尚体系发生了很大的变化。

1972

复古的春 / 夏日装，具有运动风的饱和白色表现出几分活泼；整套服装在未来主义的家居背景下拍摄。

剪裁考究的白色连衣裙，其前中心门襟开至臀部，及膝裙的细褶也正从此处开始。与连衣裙同材质的细腰带修饰腰线。20世纪70年代早期，时装风格受到20世纪40年代风格的影响，该套装展现出复古风，其配饰风格更突出：包裹的头巾、串珠装饰，以及20世纪40年代风格的系带粗跟鞋。温加罗此前的艺术风格均剔除了现代主义，而该系列中微收褶的衣袖、束紧的长袖口和松散的大蝴蝶结，则保留了当代低调的实用主义。在时尚不断变化的时期，温加罗受反传统文化至上的理念影响，通过提供与时俱进的定制时装而保持了自己在高定时尚体系中的重要影响力。

1988

“新巴洛克式”系列，迎合了20世纪80年代的过度消费态度。

紧身连衣短裙、肩部的夸张装饰，体现出温加罗的标志性风格——这阶段也是温加罗的事业成功达到巅峰时期，为纽约诸多富有的社会名流设计时装。对角垂褶、裙身收褶、夸张的肩部和羊腿型衣袖，均通过宝石色泽的真丝提花面料来展现，印花与织花图案混合。20世纪80年代的这一阶段，权力着装开始有所淡化。

1996

奢华的服装、华丽的面料打造高调的时尚盛宴。

亮红色及地全长礼服在大腿中部分层，接合处用花朵蕾丝边修饰，裙边用鹳毛装饰，再配以黄色透明披巾和手套。该系列涵盖公共场合的日常着装、酒会礼服、晚礼服，以及礼仪着装，层次感是贯穿始终的主题。繁复的花朵、镶边蕾丝，通过夹克和大衣这类简洁的款式来调和。围裹裙与收腰外套搭配，偶尔出现在该系列中。

2003

闺房风格系列，灵感源自影片《红磨坊》。

绚丽的网纱帽向上翘起，轻盈的睡衣和桃红色绸缎斜裁长袍成套展出，结构紧包身型——该系列展现出美好年代（指第一次世界大战前，巴黎歌舞升平的年代，译者注）的奢华无度。设计师将渐变花朵茶会礼裙改裁成垂褶低领紧身上衣。深V领白色玫瑰印花连衣裙饰以真丝绢网泡泡袖，再搭配一串黑玉项链。修身短外套搭配印花哈伦裤，饰以一根香烟从红唇上落下的超现实风格贴花。

2001

秋/冬高级时装定制系列，灵感源自多种历史与文化素材。

外形类似兽皮的单肩连衣裙，随意包裹身体。动物图案通过各种形状的亮片和棕色系的伪装色在本场秀上反复出现。胯部饰以镶嵌装饰的宽腰带，用圆形铜扣扣紧，颈部用穗状串珠、玛瑙贝壳装饰。该系列中还融入了其他多种文化元素：全长的西顿古装、刺绣围裙，以及垂褶短袖上衣。透明的蕾丝鱼尾裙摆连衣裙，颈部用羽毛装饰；刺绣真丝和天鹅绒长大衣则体现出设计师深受保罗·波烈的影响。

2005 由文森特 · 达尔设计的秋 / 冬系列，端庄高雅。

焦橙色洗水真丝女衬衫饰以宽大的羊腿袖；同样引人注目的颈部蝴蝶结搭配黑色羊毛半裙，饰以灵动的毛球。皮草装饰这一元素在翠绿色羊毛大衣中以皮草花朵贴花展现。该系列其他款式中更正式一点的搭配：紧身大衣内搭几何图案针织套裙，并饰以细腰带。

2006 挪威设计师彼得 · 邓达斯打造高调的优雅。

弗拉门戈舞蹈式的拖尾裙，其阶梯式的绸缎褶裥荷叶边沿无肩带松石绿色衣身部分落下。

2011 贾尔斯 · 迪肯的首场秀，展现出该品牌向灵动优雅的方向回归。

该系列以荷叶边与奢华装饰为特色。蕾丝衬衫领口的长领结扎入搭配的八分裤中。

华伦天奴

VALENTINO

www.valentino.com

意大利设计师瓦伦蒂诺·加拉瓦尼（1932—）的设计吸引眼球，细节精致，颇受追求奢华享乐的社会上流人士的喜爱。他们纷纷签约订购瓦伦蒂诺的设计，为瓦伦蒂诺带来了良好的国际声誉。精美绝伦的设计是瓦伦蒂诺半个世纪的设计成果。其设计生涯始于他离开家乡，在巴黎艺术学院和巴黎时装业公会学校学习。在巴黎的这段时间，他曾为让·德塞的杰奎琳·德·里布当学徒，此后在姬龙雪工作。

1959年，瓦伦蒂诺回到罗马，开设了自己的小型工作室。次年，他将工作室搬到孔多蒂街，其事业进入新高度。瓦伦蒂诺的长期生意合作伙伴詹卡洛·贾梅蒂凭借其商业才能，推动了他们以罗马为总部的高端时装屋的发展。1967年，推出的知名“纯白”系列和“V”品牌标识，赢得了久负盛名的内曼·马库斯奖。1969年，瓦伦蒂诺在米兰开设了自己的首家成衣店；随后，在罗马开设了第二家。此后，该品牌在20世纪70至80年代迅速扩张。

2006年，瓦伦蒂诺被授予法国荣誉军团勋章；2007年，从事了50年设计工作的瓦伦蒂诺退休。在巴黎的告别秀上，一群身着华伦天奴特有的红色服装的模特簇拥着这位设计师。此后，前古驰设计师亚历山德拉·法基内蒂接任首席设计师一职。法基内蒂在2009春／夏时装秀后，被曾共同设计该品牌配饰的设计师玛丽亚·格拉齐亚·奇尤里和皮耶尔·保罗·皮乔利所取代。

◄ 由玛丽亚·格拉齐亚·奇尤里和皮耶尔·保罗·皮乔利共同设计的2011春／夏高级定制时装。

1970 嬉皮士的高级时装版，在罗马的君士坦丁凯旋门前拍摄。

迷嬉装的奢华版，瓦伦蒂诺在其设计中融入了当代流行元素：民族风的色彩和图案，有纹理的拼接外套。贴身剪裁的大衣饰以高耸肩和高腰线；同时，细腰带和简洁的高领则进一步凸显其修长的版型。宽檐高顶帽这一元素表现出嬉皮士风已融入高端时尚。

1968 华伦天奴享誉盛名的“纯白”系列——带有著名“V”品牌标识的纯白春／夏系列在罗马展出。

这套“纯白”系列在罗马的公寓内展示，由美国非具象艺术家塞·托姆布雷指导布置。女士套装为镶嵌珍珠的外套，套在全长连衣裙外；饰有褶边的男式衬衣则搭配尼赫鲁式外套——男女套装风格匹配，优雅迷人。该系列其他款式中，及膝A字型修身大衣，其上方两边的对称口袋上装饰有标志性的“V”型镂空花纹；此外，该外套的另一特色是上腹部的车缝褶装饰。两种套装都配有高顶帽，配以合适的蓬松发型。直至20世纪60年代中期，瓦伦蒂诺都被视为意大利高级时装无可争议的先驱，成为富豪的御用设计师，其客户包括伊丽莎白·泰勒和马里莎·贝伦森。1968年，杰奎琳·肯尼迪与亚里士多德·奥纳西斯的婚礼上，杰奎琳就身着瓦伦蒂诺设计的白色蕾丝连衣裙。

1989 华伦天奴在巴黎的高级定制秀，打造T台上的终极优雅。

德沃尔式的蕾丝披肩搭配性感的鸡心领无肩带黑色天鹅绒晚礼服。真丝塔夫绸三角形插片在大腿处接合，并饰以蝴蝶结，直至脚踝，突破整件连衣裙的线条连贯性。让人联想起银幕女神丽塔·海华斯的礼服，加长的手套更是强调了电影《吉尔达》（1946）里的场景。

1995 高级定制系列的小黑裙和剪裁考究的日装。

由娜奥米·坎贝尔展示的挂脖连衣裙，其裙身部分用垂褶丝硬缎装饰，配以蝴蝶结长手套和黑白羽毛头饰。该系列其他款式中，闺房风格的酒会礼服，紧身上衣为扇形边黑色蕾丝，裙身两边的衣片上用精美的褶皱雪纺绸拼接。日常着装则主要为剪裁考究的粉色系方肩西服，扣至颈部，搭配配套的铅笔裙。

2005 奢华的面料将精致的都市风融入乡村经典之中。

双排扣羊毛大衣配以柔软的腰带装饰，也有奢华的羊驼绒质地的同款。此外，本系列还有：厚实的阿兰花本色羊毛毛衣；翻驳领修身开衫搭配经典的格纹花呢、细条纹或灰色法兰绒。V形图案的无袖皮草马甲饰以罗纹针织高领，套在工作服外；油布披肩则起到了保护作用。

2003 独树一帜的“华伦天奴红”主题秀——享有专利与注册商标的深红色，首次出现是在1959年该设计师的处女秀上。

全长修身晚礼服成衣系列，斜裁细褶打造飘逸的效果。裙褶末端用双层宽丝带包边，增加裙边的宽度——这一技法贯穿整场，在晚礼服或日装的长款或短款中均有应用。华伦天奴标志性的红色连衣裙，其腰部用塔夫绸宽腰带装饰，上衣部分用染成同色的鸵鸟羽毛制成。此外，红色礼服系列还有斜裁连衣裙；细肩带直筒荷叶边连衣裙；浓郁的帕尔玛紫罗兰绸缎风衣内搭配套的短裙和蕾丝上衣；黑色与古铜金色使奢华晚礼服带来视觉冲击力。

2007 亚历山娜·法奇雷蒂的首场高定时装秀。

修身铅笔裙搭配塑型外套，其方形口袋用纽扣固定在外套的正前方，宽立领用绸缎镶边，并在一侧饰以蝴蝶结。法奇雷蒂摒弃了瓦伦蒂诺以前的设计，通过一些手工艺细节着重突出内敛的结构，如对奢华面料（包括皮草）表面的重点处理，而颜色则采用灰色和蓝色为主的冷色系。

2010 飘逸的连衣裙选用轻盈的面料，打造浪漫风格系列。

柠檬色真丝欧根纱连衣裙，多层漩涡在腰部聚拢，呈瀑布状向四周展开，波涛起伏，直至裙边。

2011 由奇尤里和皮乔利为华伦天奴设计的成衣系列，极具女性魅力。

白色蕾丝上衣用珍珠镶边，搭配黑色蕾丝半裙。该系列的廓型端庄典雅，通过服装的透明度和装饰来凸显效果。

凡妮莎·布鲁诺

VANESSA BRUNO

www.vanessabruno.com

凡妮莎·布鲁诺（1967—）为偏爱波西米亚风的成熟的职业女性创造了成衣时尚，其客户凡妮莎·帕拉迪丝、夏洛特·兰普林、夏洛特·甘斯布完美诠释了其设计风格。布鲁诺以其精确的剪裁、精巧的层叠手法而闻名，而她设计的配饰尤其受大众追捧。布鲁诺设计的大手提包和柔软的半月形皮包（以其女儿的名字命名）是每一个系列必不可少的配饰。她所特有的时尚敏感度源自其家庭背景与学习经历。布鲁诺的母亲是一位丹麦模特；她的父亲创立了Emmanuelle Khanh这一颇具影响力的品牌，该品牌也是法国20世纪60年代成衣运动的先驱。布鲁诺15岁时就成为了一名模特，但之后还是选择设计为自己的职业，并在巴黎的多罗蒂·比斯和伊都锦接受专业训练。

布鲁诺的设计于1996年首次在巴黎高端百货商店乐蓬马歇百货出售，并赢得一批忠实的客户。与同道的法国品牌阿尼亚斯贝一样，布鲁诺的设计颇受日本人喜爱。她的首个精品店于1998年在巴黎开张；随后，分店在东京、澳大利亚、中国台湾、韩国和科威特开设了专卖店。2010年，伦敦分店开业。她的同名品牌增设了Ath é 副线产品，以低调休闲服饰为主，在展现流行趋势的同时，价格更为亲民。布鲁诺还为乐都特和法瑞儿设计了产品系列。

◄ 出自2010年，灵感源自闺房风格的图案设计，以朴素的蕾丝和皮袖口为特色的蛛网系列。

2007

维多利亚时代的哥特风邂逅现代都市人，同时重现了浪漫极简主义。

剪裁严谨的短外套内露出连帽斗篷式上衣，其拼接的围巾围住肩部。该系列几乎全是单一色：从雪白色到炭灰色；偶尔闪现的驼色让人过目即忘。芭蕾舞者风格的交叉绑带高跟鞋为刻板的外形增添了几分柔美；羊绒、绸缎和羊毛等面料的应用也起到了同样效果。伊莎多拉·邓肯式丝巾搭配保守的纽扣式衬衣。多款大衣和连衣裙都在腰部配以收紧的腰带，而系带的和服则将此特色发挥到极致。

2011

帆布包上印有20世纪50年代风格的印花，夏威夷风情的花环，增添其女性魅力。

剪裁考究的橙色短裤、镂空蕾丝上衣、紧身的连体衣、简单的夏装连衣裙，以及20世纪50年代风格的花朵图案家居服，都配以醒目的印花大手提包。布鲁诺还将粉蓝色卡沙雷尔风格印花应用于直筒连衣裙、短裤、过臀外套和精美的凉鞋中，且均以配套的面料褶皱包裹装饰。引人注目的鹦鹉蓝色调刺绣T恤搭配七分裤和印花马靴。晚装则是淡紫色和红铜色的短裤套装。

2009

日间为西装短裤套装，晚间则为54俱乐部的怪异着装；该春／夏系列将20世纪70年代的垂褶细节与金属色相结合。

直筒短裤的简洁线条，与男友风的宽松耸肩夹克以及其他款式中莉亚公主式的披肩形成鲜明对比。如瀑布般的白色全长露背连衣裙在腰部收紧；直筒宽松连衣裙和牛仔花边则是借用电影《2001太空漫游》（1968）中的元素。布鲁诺最爱的真丝与焦橙色、芥黄色和棕色色调融合，与太空时代的光亮金色形成鲜明对比，引人注目。深黑色连衣裙饰以锯齿状领口，套在宽松的T恤外。

王薇薇

VERA WANG

www.verawang.com

王薇薇（1949—）是奢侈婚纱礼服市场数一数二的品牌。她在寻找完美婚纱未果之后，创立了自己的公司。王薇薇出生于纽约，父母是中国人，最初规划的职业是一名专业滑冰运动员，当时她也在莎拉劳伦斯学院学习，发现滑冰训练要求太高。她曾在巴黎呆过一小段时间，而后在1971年返回美国改学艺术史专业。王薇薇踏入时尚行业的第一份工作是担任《时尚》杂志编辑波莉·梅伦的助理；而后，23岁时成为资深时尚编辑。王薇薇在《时尚》杂志工作了16年；而后，1987年跳槽至拉夫·罗伦，任配饰产品设计总监。

1989年，王薇薇嫁给商人亚瑟·贝克。她在寻找适合自己的婚纱时发现，当时大多数婚纱礼服都以较为年轻的新娘为目标客户，而低调优雅的小众婚纱市场还有空间。1990年，她在纽约麦迪逊大道上高档的卡莱尔酒店展厅推出自己的品牌。王薇薇在竞争激烈的时尚婚纱市场中获得成功，源于她提升了客户的整体体验，融合了婚礼的各方面细节，营造了独特而奢华的场景。

1993年，王薇薇推出晚礼服产品线。2001年10月，作为高端婚纱的权威，王薇薇出版了自己的第一本书——《王薇薇的婚礼建议》。2002年，她与联合利华化妆品国际公司签约推出了自己的首款香水；2004年，推出同系列的男式香水。

◄ 出自2011年，细纱真丝雪纺绸打造的精美褶皱礼服裙。

2003 本次春／夏系列以真丝、绸缎和蕾丝为主要元素，同时谨慎地运用透明手法，展现闺房风的女性魅力。

精美的风琴褶对襟外套在腰部用裸色蕾丝丝带收紧，搭配同色半裙，其荷叶裙边散开，如雪纺卷须簇。此外，柔和色调的印花晚礼服中运用了蕾丝插片，突出了接缝。该系列裙装均以王薇薇标志性的鱼尾裙边收尾；20世纪30年代好莱坞式的优雅连衣裙也同样如此——淡黄色光滑绸缎斜裁鱼尾连衣裙，垂褶的文胸式上衣则用隐形肩带连接。

2000 极简的装饰与干净利落的剪裁是王薇薇婚纱的艺术特征，将奢侈时尚与传统相结合。

突出骨感的婚纱礼服，无肩带紧身上衣向下延展成圆形围裙，层叠在真丝欧根纱蓬蓬裙之上，并配以简单朴素的绢网面纱，沿礼服的线条自然垂下。王薇薇设计的婚纱礼服廓型，使新娘有了更多选择，而不再局限于20世纪80年代千篇一律的皇冠头饰、塔夫绸和带内衬的裙装。王薇薇以其“越少越精”的理念，将无肩带紧身婚纱推向流行。而在此之前，人们会认为在婚礼上露出手臂和肩膀是不得体的。王薇薇设计的直筒廓型婚纱，通常以鱼尾边和简单低调的装饰点缀，为高端时尚婚纱注入了新的优雅理念。

2006 西部大开荒风格被华丽的锦缎和马蒂斯式的色彩所中和。

王薇薇在栗色真丝塔夫绸晚礼服中融入了便服的元素，其灵感源自美国西部酒吧神秘的“寻欢作乐的女子”。该系列其他款式中，波纹塔夫绸和锦缎制成羊腿袖外套和南瓜裙，搭配的皮带和粗跟凉鞋则增添了几分硬朗质感。结构松散的绸缎外套散落在两肩之下，用丝带蝴蝶结收起。

范思哲

VERSACE

www.versace.com

出生于意大利的詹尼·范思哲（1946—1997）以其奢华的设计风格闻名，也是超模时代的幕后推手。1993年，他曾让五大名模——克丽丝蒂、琳达、娜奥米、塔季扬娜和辛迪——同台竞技。范思哲出生于意大利的雷焦卡拉布里亚，1972年开始设计师生涯。他先后为品牌康普利斯（Complice）、珍妮（Genny）和卡拉汉（Callaghan）工作，而后于1978年创立了自己的品牌。

范思哲以美杜莎头像作为品牌标识，暗指设计师的作品中融入了经典历史元素。超级性感的连衣裙，连安全别针也与众不同——在英国名人伊丽莎白·赫莉身着这件礼服参加电影首映式后，范思哲的名字便登上了各大报纸头条。1989年，他推出了Atelier Versace品牌。在此后的10年间，范思哲专门为富豪提供高级定制时装。他将炫目的色彩组合应用于修身服装上，开创了时尚界的先河。1990年，范思哲在妹妹唐纳特娜身上找到灵感，推出了Versus这一更为年轻化的副线品牌，并交由妹妹掌管。

1997年，詹尼·范思哲去世，唐纳特娜·范思哲接管该品牌。在她掌管后，该品牌的风格从詹尼时代的极度优雅转向较为内敛的审美，通过垂褶、收褶等处理手法，以及较少的装饰来展现。唐纳特娜是伦敦“Fashion Fringe”大赛的主席，该比赛旨在发掘并培养时尚新秀。自2009年起，英国设计师克里斯托弗·凯恩任该品牌的创意顾问。

◄ 由唐纳特娜·范思哲设计的金属色皮质连衣裙，兼具动感与魅力，出自2010年。

1991

流动的造型与色彩融入了古典元素，并与超现实主义与流行艺术相结合。

色彩绚丽的印花超短连衣裙，外搭卷边袖超大宽松外套。该系列由正常体型的当代职业女性展示，诠释旧时的好莱坞式优雅，与当时盛行的骨感模特形成鲜明对比。范思哲的设计风格标志着垃圾摇滚风格的落幕，同时确立了名人与时尚的关系。该系列其他款式中，连衣裙上玛丽莲·梦露和詹姆斯·迪恩的头像则表现出范思哲对名人面孔的痴迷。

1992

典型的范思哲式夸张手法将超模带入巴黎时装秀的王国。

由克里斯蒂·特林顿演绎的格纹花呢短外套搭配金色蕾丝芭蕾舞短裙，外套上奢华的装饰凸显奢华无度的皇室风。此外，金色拖地风衣外套，内衬上印有蔚蓝色、黑貂色和金色S型的徽章。琳达·伊万格丽斯塔身着焰红色喇叭裤，搭配简单的白色铆钉T恤，外套金色皮质马甲。在刺激全球炫耀性消费的年代，范思哲品牌创造了一种挥霍的氛围：一切都是金色，从流苏花边到金银线针织西服，再到蕾丝装饰，均为镀金边或金包边。

1994

较为内敛的现代高级定制时装，出自范思哲的春 / 夏高定系列。

新古典主义风格的系列以古罗马风格外袍、飘逸的全长连衣裙为主打。短款金色平纹针织连衣裙，其衣身部分为垂褶，裙身则以收褶装饰。1994年，范思哲因其安全别针连衣裙成为全球时尚媒体的焦点。在他的成衣系列中，安全别针如同珠宝配饰，反复出现，其作用主要是预防开衩的连衣裙走光。范思哲的高定产品系列更为成熟，仅有一些细小的装饰，如紧身衣上的镀金狮头扣。

2000 詹妮弗·洛佩兹身着这件连衣裙走上红地毯时，艳惊四座，完美地展现了范思哲式张扬的性感。

透明飘逸的连衣裙仅在臀部用风钩扣束起，展现出身体的轮廓；其上的丛林印花色彩绚丽，内搭同色系短裤，巧妙地勾勒出身体比例。该系列其他款式还包括：挂脖和极简的包裹式全长连衣裙；黑色、桃红色和橄榄绿色紧身缎面裤装搭配紧身胸衣式上衣、修身麂皮外套或斜条纹无袖上衣，其性感程度也毫不逊色。同样的条纹也应用于前打结的连衣裙上。

2005 里程碑式的系列，标志着该品牌设计风向的转变：将温柔气质融入性感之中。

及膝连衣裙饰以范思哲标志性的金色印花，展现出该品牌的新手法；同样表现出该品牌内敛风格的还有：暗纹印花T恤以及轻柔的垂褶包裹连衣裙，颜色则以牡蛎色、粉色、淡紫色和柠檬色等柔和色彩为主。但是该系列中还有另一种风格的服装：前开扣的绸缎衬衫裙，其衣扣开至大腿处；透明的裸色真丝平纹针织泳装；轻佻的及膝挂脖晚礼服裙从大腿处剪开；淡黄色旅行风格的夹克搭配剪裁讲究的短裤，展现了沙滩外的优雅。

2003 套数较少的高级定制系列，浅色调的连衣裙配以工艺精湛的装饰。

垂荡领，裙身从刺绣肩带处挂起，垂褶横跨胸部，而后斜裁延伸至躯干，饰以金属色刺绣。用于装饰的角巾状插片如瀑布般落至地上，衣袖延伸至手腕，如中世纪的长度。唐纳特娜没有选择范思哲标志性的风格，而是利用奢华面料来展现一种更微妙、更低调的性感。该系列其他款式中，鹳毛短外套遮盖了贝壳粉色对角线褶皱连衣裙裸露在外的部分；淡绿色连衣裙的裙身部分饰以杂乱的鸵鸟羽毛刺绣。

2008 以绸缎单品打造简单优雅的夏季时装。

宽松的粉色落肩袖上衣饰以开口垂褶袖，搭配剪裁精巧的橙色短裤。其他款式中，略微不对称的褶皱应用于短款直筒无袖连衣裙及搭配阔腿裤的包裹式上衣中。

2006 唐纳特娜将真丝绸缎和光亮的马海毛等闪亮元素融入合体的廓型中。

两粒扣修长版闪光绸外套内搭真丝印花衬衣和领带，下配低腰裤。相比之下，灰色精纺羊毛则应用于风衣外套和超大飞行员夹克上。牛仔裤在大腿处收紧，至脚踝处微喇，有灰色和白色，搭配深蓝色两粒扣西服，并饰以领带。黑色皮手套则增添了几分硬朗质感。休闲装系列中，绸缎修身裤以橡胶涂层护膝装饰，搭配连帽毛衣和罗纹长手套。

维多利亚·贝克汉姆

VICTORIA BECKHAM

www.victoriabeckham.com

维多利亚·贝克汉姆具有丰富的品牌管理经验，从流行乐明星华丽转型为红毯设计师。贝克汉姆设计的5个系列均获得行业及媒体的赞誉，并因此在时尚界获得良好声誉，打消了外界的怀疑，证明自己就是该品牌背后的设计师。贝克汉姆首次涉足设计是2004年为Rock & Republic品牌设计的限量版产品，名为“VB摇滚”；随后，于2006年推出太阳镜系列及牛仔品牌dVb Style。

贝克汉姆最初的设计理念是将剪裁考究的修身版型与极简的装饰相结合，从颈部至小腿，完美修饰身型。贝克汉姆的品牌由西蒙·福勒的19娱乐集团控股。随着其连衣裙系列的拓展——从2008年的12件套至2011年春／夏的30件套，该品牌的产品线也随之扩充；旗下产品囊括牛仔服装、眼镜、香水和配饰。贝克汉姆精心打造的优雅裙装——看似单调的社交礼服系列，通过简单版型的细微调整，凸显了健美的完美身型。此后的每个系列均由此标志性的版型改造而来。如今，设计师又将垂褶和创新剪裁工艺融入设计之中，打造更柔和飘逸的廓型。2010年，该品牌与配饰设计师凯蒂·希尔里尔合作，推出手包系列。2010年，贝克汉姆被提名为英国时尚大奖的年度设计师品牌。

◄ 2011年，贝克汉姆扩展了服装品类，除梯形宽松连衣裙外，该系列也包括了外套。

2009

贝克汉姆推出的第二个系列，包含23件廓型硬朗的连衣裙。

该秋／冬系列将正式的过膝连衣裙进行细微的调整，打造流线型轮廓。无肩带紧身连衣裙其上衣部分向后折叠出角度，裙边呈微梯形。其他款式中，整个连衣裙的线条被腰部波浪起伏的裙褶打断，再加上紧身上衣凸显的胸部曲线，共同塑造出如沙漏般的身体曲线。裹胸式的衣身突出肩部线条，更进一步加强了该效果。

2011

该春／夏系列以塔克和褶裥为特色，同时具有垂坠感。

采用轻盈的降落伞绸，运用垂褶、翻褶等手法打造及踝礼服，腰部用松散的衣结收起，而后在胯部散开，展现红毯式的魅力；其他款式中，浓郁的紫罗兰则应用于同版型的短款上。晚装系列的双绉面料连衣裙展现了贝克汉姆标志性的沙漏廓型，巧妙地利用曲线接缝，并延长至脚踝。风格迥异的蛋黄色直筒连衣裙则如同从身体上轻轻拂过一般。

2010

廓型硬朗、修身的系列，运用复杂和微妙的图案处理，借鉴了20世纪30年代的漫画《至尊神探》中的人物造型，通过垂褶、缝褶、马赛克图案等手法带来几分柔和气息。

未来主义风格的连衣裙巧妙地利用臀部的箭形接缝和后背蜿蜒而上的夸张大号拉链，来展现其轮廓；其前中心线移至侧边，形成不对称褶，并延伸至肩部，衣肩与高领连成一线；整件连衣裙被一条宽罗缎腰带分割。该系列其他款式中，焦橙色羊毛绉绸连衣裙则与之风格迥异：长至大腿中部，腰部镂空；颈部和裙边用缝褶、翻褶装饰，衣袖与衣身一体剪裁，形成无缝合线的整体。晚装系列也有同样廓型的无袖连衣裙，其袖口和领口未做包边处理。红毯系列的宝蓝色无肩带连衣裙出奇的简单：沿身体轮廓包裹，胸部以翻褶面料修饰。裸色真丝平纹拖地礼服饰以鱼尾裙摆；不对称的垂褶紧身上衣用罗缎丝带固定。

维果罗夫

VIKTOR & ROLF

www.viktor-rolf.com

维克托·霍斯廷（1969—）和罗尔夫·斯诺伦（1969—）于1992年在阿纳姆美术学院学习期间组成设计团队，并声称要在艺术与服装的结合点上带来巨变；随后，迁居巴黎。起初，他们在马丁·马吉拉等品牌实习，而后制作自己的服装在艺术与时尚圈内展示。1993年，他们推出自己的首次公开秀，将已有的设计进行再制作，并于欧洲青年设计师作品展会上赢得三个奖项。然而，维果罗夫展示的作品和许多同类作品一样，仅是富于华丽的想象，并没有提出如何解决服装的可穿性问题的解决方案。

在1998年的巴黎时装周期间，他们私自推出了首场地下高级定制时装秀，作为一种对媒体的挑衅行为，却非常成功。他们的秀展概念在其整个品牌的发展过程中始终如一：丰富的产品线——成衣系列、男装系列（名为“先生”），以及男式香水和女式香水。该品牌旗下的Le Parfum限量版香水不能打开也没有任何香味。这种难以捉摸的做法与2006年与大众市场品牌H&M的合作背道而驰，H&M在24个国家开设250多家店铺。

维果罗夫在“两个疯子”的怪癖行为引领下，巩固了其在全球华丽服饰设计师品牌中的地位。值得关注的是，因其设计师所具备的艺术家特质，该品牌影响力远远超过大多数设计公司（目前已在多个国家参加了16个展会），其副线产品则更具可穿性，更接地气。

◀ 黑色绢网和褶裥真丝打造的立体廓型，选用浅色的糖果色系，出自2010年。

2003 多领西服套装运用了多种色调和几何结构的手法，是该系列的压轴之作。

该秋／冬系列的开篇是蒂尔达·斯文顿身着赤褐色服装，在漆黑的背景下以哈姆雷特的方式独自出场。她在白色宽松衬衣的衬托下显得格外耀眼。该系列通过对比较有特色的服装部件进行比例调整，或者复制来重新开发，有的套装是由5件夹克组成的。衬衣领和外套翻领向外延伸，数量增加；其他款式中，迷你外套和多扣风衣形成鲜明对比。

2008 单色系列使用经典正式的面料，它们就像一块块画布，在其上随意创作。

灰色风衣外套的正面饰以英语单词“NO”的变形体，隐喻该系列的主题：抵抗时尚行业快速变化的步伐。通过独创的服装尺寸调整手法，以及金属面料的随意运用，将帐篷式外套变成褶边窄底裙，或通过将矩形面料折叠，固定成三角衣片，打造修身半裙。

2007 除了戏剧风格以外，创意也是该品牌的一大特色，主要体现在精致的剪裁与面料上。该品牌通过对服装的拆卸和调整比例，打造整体造型。

该秋／冬系列中的一件连衣裙，上衣身水平方向的抽褶演化成完全张开的袖山。该系列其他款式中，庄重的印花在几何钉珠的修饰下多了几分生气，装饰厚重的颈圈则增添了历史韵味。服装的重心通过多种方式隐含在各种廓型内：完美控制的活褶如漩涡般涌向肩部；提花流苏在腰部聚集，形成精美的荷叶边装饰。服装层次和衣片的尺寸通过直筒包边来界定；平纹短袖制服利用错视法饰以银钉珠贴边。通过仔细观察可以发现面料的精巧性、一致性——衬衫的格纹在印花连衣裙中用来装饰；上衣的钉珠花饰与蓝白相间的木底高跟鞋相互呼应。

薇薇安·威斯特伍德

VIVIENNE WESTWOOD

www.viviennewestwood.co.uk

离经叛道的设计师薇薇安·威斯特伍德（1941—）是20世纪70年代英国朋克运动时期的设计师。当时，社会动荡是前沿时尚的创意催化剂。威斯特伍德出生于德比郡，曾当过老师，而后在1971年与合伙人马尔科姆·麦克拉伦在伦敦的国王路开设了一家名为“尽情摇滚”（Let it Rock）的店铺。1972年，该店铺更名为“人生须臾，芳华辞世”（Too Fast to Live, Too Young to Die）；而后，在1974年又更名为“性”（SEX）；最终，在1976年更名为“煽动者”（Seditionaries）。1981年，威斯特伍德推出自己的首个服装系列，名为“海盗”，展现了她对历史复兴和创新剪裁技巧的痴迷。威斯特伍德在与麦克拉伦分手后，中断了合作，随后迁居至意大利。1985年，她推出“迷你蓬蓬裙”，即现在泡泡裙的前身。

威斯特伍德将17至18世纪的服装廓型进行改良，并在服装上借鉴了让-安东尼·华托和弗朗索瓦·布歇的画作。1987年，她首次将内穿的紧身胸衣改版成外衣。威斯特伍德十分敬重英国传统工艺。她设计的服装使用流传已久的制造工艺，以及本土风格的面料（如苏格兰格呢和约克郡粗花呢），并将严谨的结构和激进的设计融为一体。威斯特伍德的时尚帝国由半定制的“金标”（Gold Label）产品线、“红标”（Red Label）成衣产品线、薇薇安·威斯特伍德男装及副线“英国狂”（Anglomania）组成。2006年，威斯特伍德因其对时尚行业的贡献被授予大英帝国女爵士爵位。

◀ 2010年名为“盖亚行星”（Planet Gaia）的系列，创意源自自我调节的行星。

1981 “海盗”系列开创了新浪漫主义的“创意嫁娶”概念。

此时的威斯特伍德迫切地想从20世纪70年代的朋克运动中摆脱出来，她和麦克拉伦首创了融合多种元素为一体的创意手法，将英国17至18世纪的剪裁和非洲风格的蛇纹印花融为一体。这种多元素的融合预示着此后的系列中对其他文化的借鉴。1982年，该品牌还借用阿芝特克和墨西哥图案打造“野人”系列。

1997 “细节至上”预示着慵懒浪漫风格的流行。

该春／夏系列中，威斯特伍德着重打造沙漏廓型，借鉴法国少女风，塑造典型的轻佻女性形象。端庄简单的黑色修身平纹吊带连衣裙饰以棕褐色宽腰带，外搭花冠徽章装饰的开衫。低领露肩的深红色晚礼服如围裙般缠绕腰间，随后向下延伸成蝴蝶结的造型。

1993 该系列展现了“英国狂”的浪潮，即18世纪80年代法国人对英式剪裁的狂热，大量应用定制格呢、传统针织工艺，以及一些有历史渊源的面料。

格呢图案印花婚纱礼服的衣身部分是威斯特伍德标志性的紧身胸衣，即18世纪风格的束身上衣，裙身部分由缝褶和垂褶打造出花簇装饰。设计师为该系列创造了自己的部落文化，用红色和绿松石色相间的麦卡安德里亚斯格呢展现，以她第三任丈夫兼创意搭档安德里亚斯·克隆赛勒的名字命名，并被苏格兰的劳克卡隆工厂订购。该系列有的单件服装上融合了一种格纹的多种变化形式；各种大小和配色的格纹打造出剪裁讲究的短外套和苏格兰方格呢迷你短裙。过膝长筒袜则应用了传统的菱形格纹。菱形格纹的设计是将线型窗格覆盖于细长的双色菱形嵌花之上，于20世纪20年代首次应用于温莎公爵的服装中。配饰包括松糕鞋，饰以苏格兰狩猎鞋鞋带，穿于平行鞋孔之中。

2002 本系列以苏格兰本土风情的连衣裙和都铎王朝时期风格的紧身上衣和马裤为主打。

苏格兰高地风情再现：苏格兰式狩猎鞋、菱形格纹高筒袜和苏格兰格呢短裙搭配费尔岛风情的两件套。柔和色调的格子呢三件套搭配色调协调的衬衣和领带，通过朋克时代的格呢紧身裤进行对比，再搭配经典的斜纹棉布外套。紧身针织衫的衣边磨损或撕破，露出内层面料，搭配夸张的大号拉绳马裤。

2007 名为“醒醒吧，洞穴女孩”拼接系列，莎拉·杰西卡·帕克在电影《欲望都市》（2008）中穿着的婚纱就出自该系列。

该系列用做旧的针织品、窗帘、毯子和回收的服装，将印花和肌理融入服装的多个层次之中。暗金色的锦缎披肩，其褶铜边与旧窗帘相呼应，搭配提花平纹针织修身半裙、纹理松散的围巾和翻边靴。超大号的格呢打造落肩无袖连衣裙和高领大衣。动物纹印花形成宽松直筒连衣裙上的爬行图案。洞穴画则形成平纹针织连衣裙和短款白色衬衣上的涂鸦。棕色花呢套装用宽立领和高耸肩修饰，搭配短裙、衬衣和厚实的开衫，打造简洁的轮廓。

2005 展现威斯特伍德政治态度的文字若隐若现地出现于垂褶针织衫的层次中。

威斯特伍德认为美国激进主义分子里奥纳德·帕尔蒂耶受到美国联邦调查局的不公正囚禁，因此在本场秀中表明自己要求释放帕尔蒂耶的立场：白色棉布制成的大横幅，印有“宣传”的英文字样，缠绕于剪裁讲究的巧克力色外套上。端庄的晚礼服包括印有“宣传”文字的连衣裙，咖啡色绸缎垂褶沿身体连续螺旋上升。设计师标志性的格呢打造单肩无袖连衣裙；18世纪军旅风格大衣采用错视针织法。

2009

威斯特伍德继续宣扬“自己动手”的主张。

该春／夏系列将普通塑料薄膜升华为高级时装面料，并呈现金色、焦橙色和绿色的渐变效果，打造出系结无肩带紧身连衣裙。此外，彩色条纹真丝贴布贴于巴洛克版型的薄棉纱之上，再以亮片过肩修饰。剪裁讲究的平角裤搭配真丝塔夫绸紧身上衣，一边肩膀以一簇面料装饰。

2010

该秋／冬系列中，凌乱的皇室风是主打。

宝蓝色紧身裤套在条纹平角裤外，写有标语的T恤束入平角裤内，外搭做旧的披肩。

2011

威斯特伍德的标志性元素：创意剪裁、格呢和条纹。

高腰滑冰裙的腰部用丝绸蝴蝶结装饰，搭配淡黄色锦缎衬衣，饰以不对称的荷叶边。

山本耀司

YOHJI YAMAMOTO

www.yohjiyamamoto.co.jp

日本设计师山本耀司（1943—）创造了一种后现代主义外形的中性化服装，将禅宗式的精致表现在品质、美感和不对称平衡之中。1971年，他在东京推出了自己的产品线，通过弱化时尚的观念，进而弱化西式审美观。自1977年Y牌女装系列首次参加时装展，该品牌进入快速扩张期：1979年推出男装品类；1981年成立Y牌男装品牌；同年，设计师首次参加巴黎时装展。在随后的设计师品牌热潮中，山本耀司、“好似男孩”的川久保玲和三宅一生等品牌设计师都推出一些价格较为亲民的产品线。山本耀司是唯一一位获得法国艺术及文学部级骑士勋章的日本时尚设计师；他还获得美国服装设计师协会颁发的国际奖。这些奖项体现了该品牌在国际上的影响力。该品牌旗下现有山本耀司、山本耀司男装、山本耀司黑色系、Y牌、Y牌男装、Y-3和Y牌生活装。

山本耀司的公司在2009年申请破产，正值山本耀司毕业于东京文化服装学院40周年，该品牌的持久性受到考验。该公司在获得英特戈洛投资集团的资助下现已稳定。

◄ 出自2011春／夏系列：腰间由帷布装饰的衬衫，搭配带有衬裙的不对称半裙。

1999

“婚礼系列”表达对仪式的态度，以及丢弃服装的象征。

山本耀司利用情景打造优雅的婚礼闹剧。通过转化、脱掉外层服装展现的小奇迹来引导故事发展，显露事物本质：伴娘、寡妇和新娘的父亲都隐晦地展现里衬服装，发生角色转换。轻飘的矩形绢网随印花衣片一起丢弃，只留下内着的平纹针织紧身衣和绸缎短衬裙。最后，内衣和装置裙环的衬裙交代了新娘的真身。

2010

彻底改造的工作服和制服，以藏蓝色、炭灰色和淡黄色为主色调。

无肩带宽工字褶法兰绒连衣裙其背面紧贴脚跟，正面长至胫骨。该系列借鉴的风格多样：主厨外套、学院风格褶裥收腰外套、粗布工作服、飞行员衬衣、水手上装、渔夫毛衣、衬衫连衣裙、橡皮布防水工作服。解构主义的创意体现在多件服装上：海军蓝风衣外套被凌乱地锯开一半，制成双排扣短裙和短外套；双色连衣裙外套的肩部露出裂开的接缝；双排扣长礼服饰以风格迥异的苏格兰花呢褶裙裙边。

2005

展现爱德华七世时期的风格，既有长流线型的女骑手服，也有廓型硬朗的褶裥晚礼服。

亮红色褶裥单肩连衣裙的肩部以同样面料制成的立体漩涡状装饰点缀，胸部和臀部的雪纺呈波浪状。该系列的色彩丰富，且多为阴郁的暗色调：牛津蓝、深紫褐和黑色。少数套装的对称是为了平衡其他大部分服装的不对称，但都是经过精心的设计：下垂的裙边和饱满的褶裥。及踝半透明连衣裙中，有的用一簇簇雪纺绸在肩上修饰，有的则在裙后以翅膀装饰。

伊夫·圣·洛朗

YVES SAINT LAURENT

www.ysl.com

伊夫·圣·洛朗（1936—2008）是二战后最具影响力的时装设计师之一。他通过普及成衣，将巴黎时尚引向更广泛的消费群体。他能把握时尚风向，并将其标志化。可能早有设计师推出过剪裁考究的女式西裤，但是1966年圣·洛朗的“吸烟装”让人们永久地记住了女式燕尾晚礼服。

圣·洛朗出生于阿尔及利亚，父母是法国人。他曾在巴黎高级时装协会接受训练，而后成为克里斯汀·迪奥的助理，1957年，迪奥去世后，他接任其职位。随后，他应征入伍，但因精神崩溃在军队医院度过一段时日。他在迪奥的职位也被马克·博昂取代。

1962年，伊夫·圣·洛朗与伴侣皮埃尔·贝尔热共同创立了同名品牌伊夫·圣·洛朗。该品牌的首个系列仅限于展现时髦魅力，直到1965年，圣·洛朗才将左岸的放荡不羁引入高级定制时装。1966年，他在圣·洛朗左岸品牌下推出一系列价格较为亲民的服装。1993年，该公司出售给赛诺菲集团。1998—1999年间，其成衣线由阿尔伯·艾尔巴茨设计。1999年，古驰收购了该品牌。汤姆·福特负责设计，直至2004年被斯特凡诺·皮拉蒂取代；期间，圣·洛朗继续高级定制系列的设计。2002年，圣·洛朗退休，高级定制工作室也随之关闭。

◄ 由首席设计师特凡诺·皮拉蒂设计的“实用时髦”系列，出自2010春/夏系列。

1967

燕尾礼服成为时装的一种主要款型，为女性着西裤套装赋予了时尚权威。

首套吸烟装在1966年的高级定制时装系列中展出；随后推出成衣版。以黑色的羊毛或天鹅绒制成的燕尾礼服搭配褶边白衬衣，颈部饰以黑色蝴蝶结和绸缎装饰带。1975年，由赫尔穆特·牛顿拍摄的绸缎条纹阔腿裤、标志性的黑白吸烟装打造了中性化形象。在随后的30年中，圣·洛朗相继推出燕尾礼服的各种变化款，而“吸烟装”也自此成为一切系黑领带服装的代名词。

1965

“蒙德里安”系列借鉴画家皮特·蒙德里安的彩色几何结构。

结构简单的平纹针织直筒连衣裙，其线条从肩部至膝部笔直而下。圣·洛朗将其用作油画布，展现引领风格主义艺术运动的蒙德里安的作品。该系列使用的基本形式为矩形，而使用的基本色彩是原色，即红、黄、蓝三色。圣·洛朗还借鉴了现代艺术和当代流行文化元素，并参考20世纪60年代盛行的流行艺术运动中的元素，以及安迪·沃霍尔和罗伊·利希滕斯坦的作品。

1988

1988/1989年秋/冬的高级定制系列选用伊夫·圣·洛朗标志性的鲜艳色系。

粉红色、金色和紫红色块拼色绸缎耸肩短外套，胸前饰以白色假马甲，再配以显示地位的镀金纽扣。前倾的帽子神气十足，接近军装风格的细节与侍者制服风格相呼应，尤其是棕色半裙。此外，鲜艳的亮红色对襟夹克中，一簇羊角状外表坚硬的花朵和果实如瀑布般从肩部落下，凸显出内搭的深V领宝蓝色连衣裙轮廓，臀部的一串带藤的葡萄与此相呼应。

1999 由阿尔伯·艾尔巴茨设计的系列将细条纹套装与珠宝色相结合，表示对圣·洛朗的敬意。

高领毛衣扎在剪裁考究的前褶西裤内，搭配的皮草袖短披肩融入奢华风。其余款式中的裤装多为侧开口阔腿裤，细腰带饰于自然腰线处。随后出场的服装，桃粉色扑面而来：光面外套搭配同色系打底裤和鞋。富有光泽的绸缎晚礼服，颜色有墨蓝色、紫红色、浅黄绿色和宝蓝色，款式则有单肩、无肩带或带袖款，均以极简细节修饰。除上述色彩以外，石灰绿色也纳入该系列的色调中，被应用于外套上。

2004 该系列注入汤姆·福特的风格：将性感魅力与有棱有角的中性风相融合。

裸色雪纺绸从菱形焦点处落下，展现20世纪30年代好莱坞式的魅力，体现出福特在诠释圣·洛朗西裤套装的同时，融入了更多女性化特质。其他款式中，绸缎耸肩短外套的腰部用扭曲的半腰带收起，内搭低领薄透背心，下配陀螺形裤装，于脚踝处收紧。修饰身形的绸缎半裙搭配几乎透明的三角形上装，用几串装饰球束起。

2002 伊夫·圣·洛朗的第200场秀暨告别秀，回顾设计师的职业生涯，展示其标志性的服装。

1976年首次展出的“俄罗斯”系列，灵感源自莱昂·巴克斯特设计的俄罗斯芭蕾舞服装，均采用工坊工艺，其中包括勒萨热刺绣工坊。数以百计的圣·洛朗服装展现在2000名来宾面前，表现出对设计师创意的赞誉，凸显他在20至21世纪时装设计业界中的重要地位。该系列包含蒙德里安连衣裙、吸烟装、1968年的狩猎风格系列和同年的薄透晚礼服。1988年的“立体派”系列的图案则通过紫色和橙色等鲜艳色块并置展现。

2006

飞行员夹克搭配双前褶西裤，由斯特凡诺·皮拉蒂设计。

20世纪40年代风格的双排扣礼服短外套为修长包臀的版型，饰以宽绸缎翻驳领，搭配宽松裤装，或外搭蓬松鸵鸟皮革外套，并饰以皮草领。灰色和浅赤土色羊毛花呢短外套打造较为柔和的秋/冬廓型，搭配淡黄色裤装，腰部用夸张的大号安全别针将上衣和裤装一起收拢。

2008

该系列以披肩和黑色短款连衣裙为特色，由皮拉蒂设计。

一排排真丝立体褶边打造蜂窝状披肩上衣，套在中黄色短款A字裙外。

2011

完美的剪裁彰显伊夫·圣·洛朗特色的春/夏系列，由皮拉蒂设计。

结构简洁的半裙搭配方形露肩上衣，褶皱蝴蝶结增添了几分柔美。其他款式中，雪纺衬衫搭配荷叶边半裙也别具风味。

面料指南

阿尔伯特·菲尔蒂

ALBERTA FERRETTI

见36~37页

浪漫的垂褶、褶裥连衣裙上奢华的装饰，均为传统手工工艺，是阿尔伯特·菲尔蒂品牌的梦幻魅力之源。其装饰包括镶嵌水晶的蕾丝、塔克、细褶、钉珠和刺绣，材质则为意大利米卡多丝绸、铂金线和亚宝石。

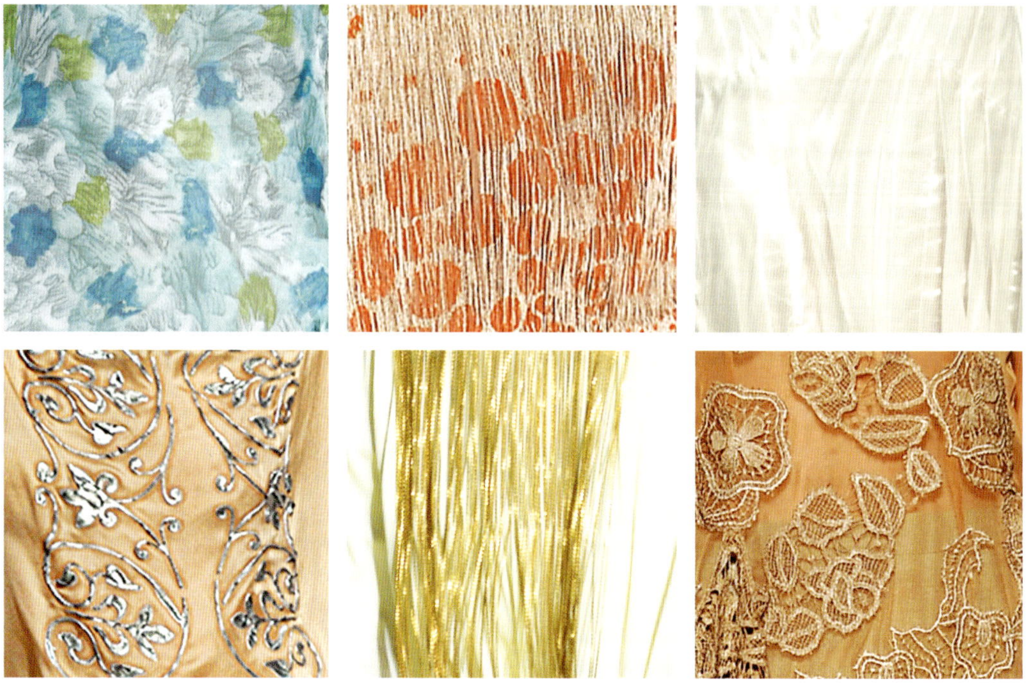

亚历山大·麦昆

ALEXANDER MCQUEEN

见38~41页

亚历山大·麦昆的夸张视觉效果与众不同，概念引导的时尚审美将惊悚与美一同带上T台。这位英国设计师认为，无论是天堂鸟印花还是其标志性的骷髅图案，这种表面的装饰都是一种必不可少的元素。

安娜·苏

ANNA SUI

见44～45页

美国设计师安娜·苏，将装饰艺术图案和甜美的冰霜色相结合，外加前卫的后朋克黑色来定义自己的设计风格。其结果就是波西米亚复古风与天真少女的摇滚时髦风相融合，再带有一点媚俗的视觉表达，通过印花与面料纹理来展现。

安蒂克·巴蒂克

ANTIK BATIK

见46～47页

安蒂克·巴蒂克的作品基本都源自印度、巴厘岛和穆鲁的乡村工坊的手工工艺，并在其产品中融入波西米亚特色风情。对面料装饰精巧工艺的突出强调，让人联想起嬉皮士旅行者挖掘宝藏的手法，同时展现出折衷主义。

阿施施

ASHISH

见52～53页

出生于新德里的阿施施·古普塔擅长使用印度手工刺绣，将服装形式中需要设计的装饰元素固化。阿施施品牌的特色在于大量使用形象化亮片装饰，将源自流行文化和时尚范本的诙谐离奇、风格各异的元素相融合。

百索和布鲁克

BASSO & BROOKE

见64～65页

布鲁诺·百索和克利斯托弗·布鲁克选用现代印花技术，来表现万花筒式的多色图案，其图案来源丰富，涵盖从童话故事到多种文化中的图形元素。这些复杂多样的印花面料拼接成款式简单的服装，以凸显其精湛的印花工艺。

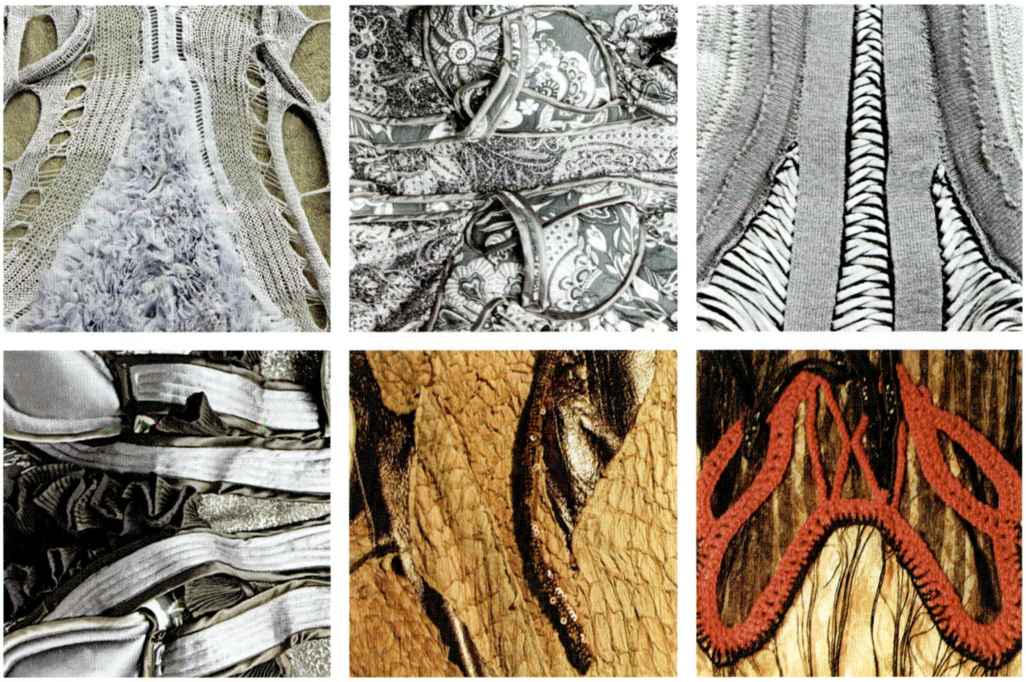

保拉·阿克苏

BORA AKSU

见70～71页

出生于土耳其的保拉·阿克苏充分利用束身胸衣的制作工艺和中性色调，打造浪漫的线条，利用模糊的层次和复古的锦缎营造女性化氛围，而网眼打底裤和流动的图案装饰则打造现代时尚造型。

蔻依

CHLO

见90～91页

蔻依轻飘、放荡不羁的服装吸引了几代摇滚女孩。卡尔·拉格菲、斯特拉·麦卡特尼和菲比·菲罗这几任设计师着力打造飘逸的连衣裙，闺房风的面料和纯洁的花朵果实图案营造出这种朦胧的氛围。而汉娜·麦克吉本则弱化装饰，为该品牌打造极简主义形象。

黛安·冯芙丝汀宝

DIANE VON FURSTENBERG

见106～107页

经典的平纹针织包身连衣裙，由美国设计师黛安·冯芙丝汀宝于1973年首次设计，此后一直是当代女性衣柜里的必备时尚单品。该品牌不断使用新的面料，并以大胆的印花设计为主导，打造了全套的高端成衣产品线。

杜嘉班纳

DOLCE & GABBANA

见110～113页

多梅尼科·多尔切和斯蒂芬诺·嘉班纳将西西里的女性魅力融入当代时尚之中。该品牌将内衣外穿，同时结合男性服装结构、生动繁茂的花朵图案、标志性的豹纹等元素，打造了红毯式的魅力。

德赖斯·范诺顿

DRIES VAN NOTEN

见116～117页

德赖斯·范诺顿的审美通过使用大量色彩艳丽、表面带有纹理的复杂面料来展现。这些面料通过印花和刺绣装饰打造成宽松、垂褶、多层、硬朗的服装。他将色彩、面料和服装形式糅合，打造舒适、流畅的整体美，独具特色。

艾雷岸本

ELEY KISHIMOTO

见118～119页

艾雷岸本时装的特色为大量使用独特的图案设计，通过巧妙设计的循环图案，作为对服装版型的补充。该品牌的服装设计感强，选用饱和色调和图案来增添服装或配饰的吸引力。他们标志性的“闪电”图案设计与其品牌标识一样广为人知。

艾尔丹姆

ERDEM

见120～121页

艾尔丹姆品牌以其逼真的花朵图案和复杂的抽象图案闻名，诱人的色彩和迷人的外形相得益彰。奢华的印花均通过数码设计并印制，以丰富面料，而并非崇尚数字化的未来主义。

艾绰

ETRO

见122～123页

艾绰早在成为时尚品牌以前就因其丰富的东方纺织面料而颇受业内认可。艾绰最初是米兰的奢侈面料供应商，专供高端设计师品牌。艾绰在发展过程中继承了此前极具视觉冲击力的元素，将其引入奢华的配饰中，完成其T台系列。

贾尔斯·迪肯

GILES DEACON

见130～131页

贾尔斯·迪肯通过图案来表现自己标新立异与主观的时尚设计手法。他选用的图像反映了典型的英式幽默和另类，如猴子、蜘蛛和迷幻的睡鼠——均体现了设计师出人意料的色彩组合方法。

爱马仕

HERMÈS

见146～149页

爱马仕是世界上历史最悠久的品牌之一，也是全球奢侈配饰的代名词。该品牌的上等原料和一丝不苟的工艺，打造的上乘产品，与其历史一脉相承。从手工印染的丝巾到工匠皮箱，均彰显出该品牌的投资价值。

霍莉·富尔顿

HOLLY FULTON

见150～151页

霍莉·富尔顿对20世纪30年代、60年代和80年代的图形样式和图案颇感兴趣，并由此创造了装饰艺术、流行文化和曼哈顿天际线图案的融合体。在富尔顿所处的年代，印花是时尚的主导元素，她将自己的标志性风格也用于大胆的珠宝配饰设计中，其中有一部分是为高档时装品牌浪凡设计的。

三宅一生

ISSEY MIYAKE

见158～159页

自20世纪70年代三宅一生品牌创立时起，该公司就持续推出独创的服装，以开发利用创新织品和面料的潜在效能。版型与面料的相互衬托是该设计师哲学的宗旨，尤其体现在里程碑式的“三宅褶皱”和“一块布”系列中。

高提耶

JEAN PAUL GAULTIER

见164~167页

高提耶的设计具有叙事特性，其反讽与颠覆性源自其突破了服装和面料的性别特征。因此，服装面料的多样性是高提耶风格的核心——如麦当娜身穿的丝硬缎紧身胸衣或设计师标志性的布列塔尼条纹。

杰瑞米·斯科特

JEREMY SCOTT

见168~169页

颇受争议的原色图像印花为杰瑞米·斯科特的设计平添几分生气，其图像风格融入了后朋克风与20世纪60年代晚期的流行艺术夸张手法。此外，图像主题广泛，如小天使、快餐和老式电话等，还曾极具趣味性地颠覆应用木刻淡底印花亚麻布这一经典法式装饰面料。

约翰·加利亚诺

JOHN GALLIANO

见172～173页

约翰·加利亚诺是时尚界最擅长舞台表现的浪漫主义设计师之一，他注重外表的华丽与构成元素间的隐约呼应。这位设计师也是面料组合的行家，擅于为自己的时尚系列选择最佳的面料搭配。

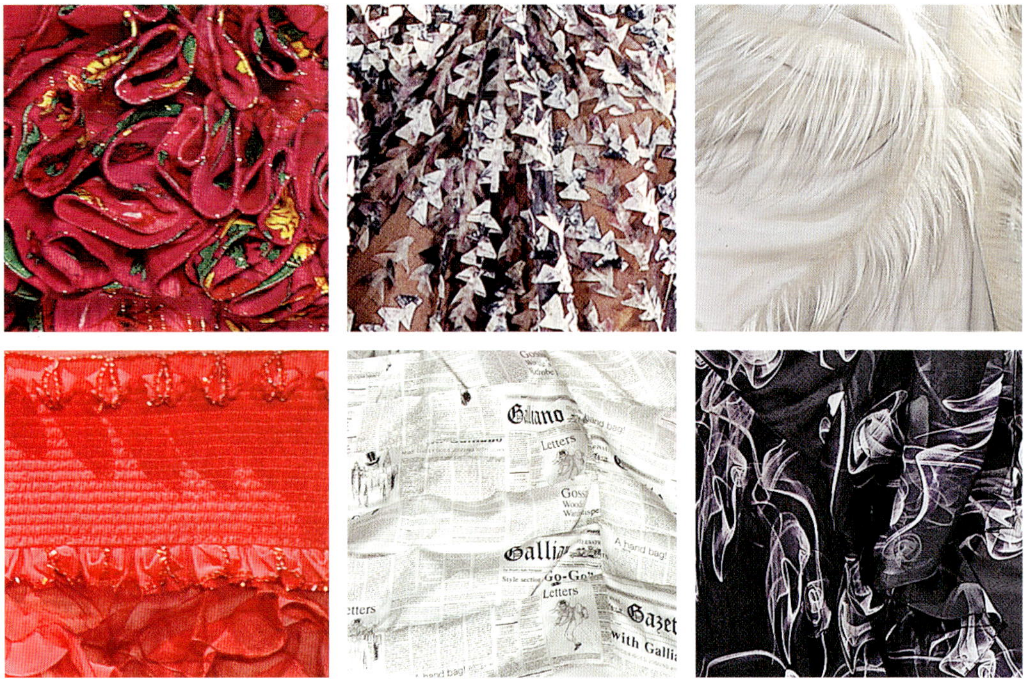

约翰·罗查

JOHN ROCHA

见174～175页

罗查在其漫长的职业生涯中探索试验了大多数面料——花呢与绢网、羊绒与钩织品、直贡织物与天鹅绒，但其配色始终都以中性色为主。他通过纹理、透明度和体量间的相互作用来营造戏剧性的效果——如激光切割的重叠叶片和饰有羽毛的手工针织品。

约翰·史沫特莱

JOHN SMEDLEY

见176～177页

约翰·史沫特莱品牌以其精美的美丽诺羊毛和海岛棉针织品闻名。直至20世纪90年代，时尚单品仍局限于三色条纹，约翰·史沫特莱首创了几何图案嵌花针织品。

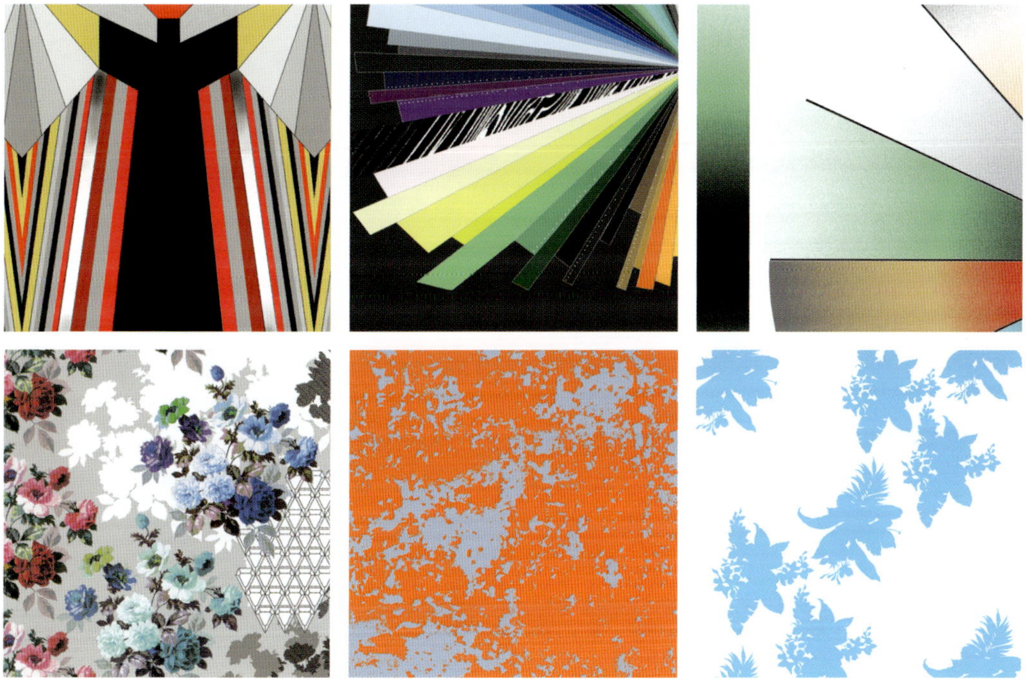

乔纳森·桑德斯

JONATHAN SAUNDERS

见178～179页

乔纳森·桑德斯深谙几何学的大小与比例，运用色彩的深浅与亮度，使修身连衣裙展现出理性的优雅。他对质地与线条的处理游刃有余，使用出人意料的素色印花来达到最佳效果。

朱利安·麦克唐纳德

JULIEN MACDONALD

见180～181页

朱利安·麦克唐纳德通过选用绸缎、金银线织物、蜡光绸和亮片等有光泽的面料来打造视觉效果，对其最初使用的针织工艺进行了深度开发。此外，他还同时应用毛茸茸的马海毛、丰满的浣熊毛和鸵鸟毛。近来，这位设计师又借用轻盈蕾丝薄纱这种内衣面料打造红毯时尚。

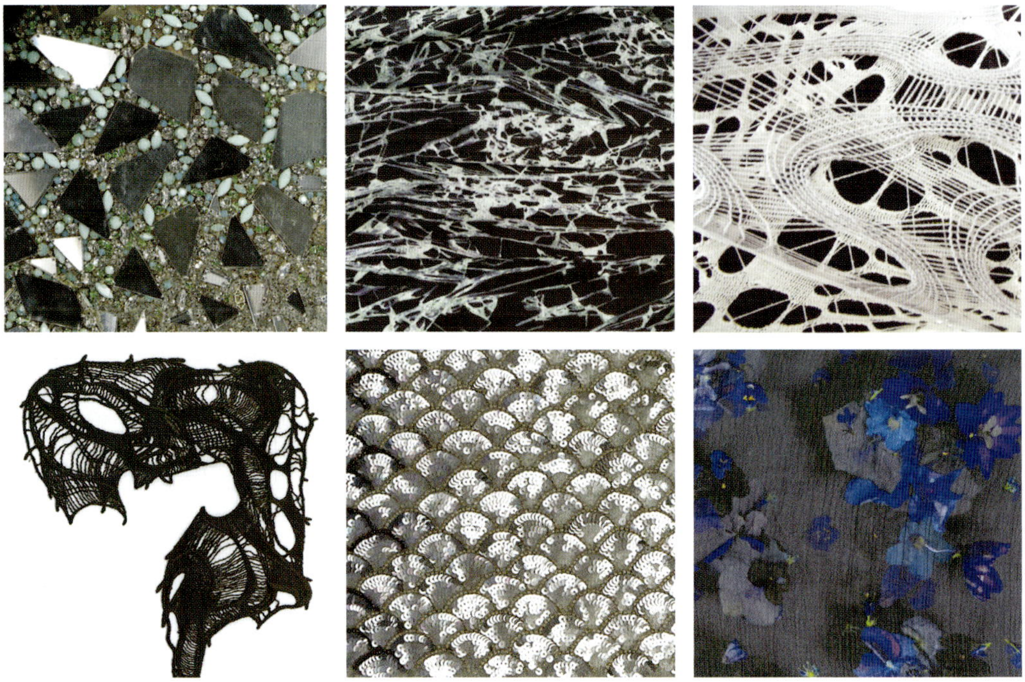

利伯提

LIBERTY

见188～189页

利伯提起初是进口亚洲的纺织品和艺术品的经销商，同时将19世纪设计师威廉·莫里斯创作的作品产品化。这家百货公司陈列了20世纪50年代设计师露西安娜·戴的作品，20世纪六七十年代间新艺术运动的代表作，以及同时期的设计师伯纳德·内维尔的定向印花作品。

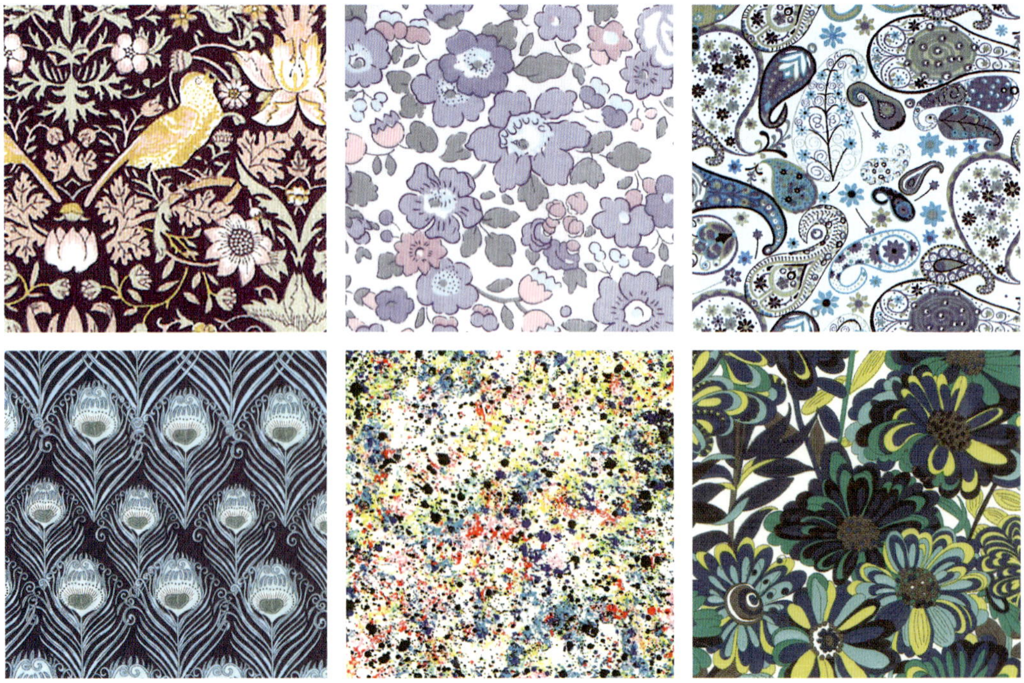

马修·威廉姆森

MATTHEW WILLIAMSON

见210~211页

自1997年起，图案成为英国设计师马修·威廉姆森每个系列所必不可少的元素。他大胆尝试，将精心设计的图案和浓郁的色彩相结合，并成为浪漫波西米亚风的代表，其服装的结构与图案已达到微妙的平衡。

米索尼

MISSONI

见218~219页

20世纪60年代末期，米索尼品牌通过其独特的设计，确立了行业标杆。万花筒式的色彩与极端图案的组合，已成为品牌特色，主要通过经编针织品的形式来展示，并通过精湛的染色工艺和纺织结构来凸显效果。

莫斯奇诺

MOSCHINO

见222～225页

融合智慧、生命力和视觉双关语的意大利高端品牌莫斯奇诺，常用文字来颠覆主流时尚概念。莫斯奇诺品牌擅于运用基本色块、生动醒目的图案、已过盛期的花朵和莱茵石装饰（硬币大小的波点是其最爱）。

奥兰·凯利

ORLA KIELY

见234～235页

奥兰·凯利简单、风格化的树叶和根茎标识图案，展现出这位爱尔兰设计师在图案及色彩运用方面的天赋。风格化的图案是她服装系列、配饰和家居产品的主导元素。她融合复古的版型与单一的鲜艳色彩（尤其是橙色与绿色），体现了20世纪中期的艺术审美。

保罗与乔

PAUL & JOE

见238~239页

苏菲·欧布的标志性产品线保罗与乔以及副线品牌保罗与乔姐妹，以适宜日常穿着的服装为主，结构简单的垂褶、褶裥连衣裙和随意的裤装是其常见产品。“巴黎人”系列则以复古印花为特色，如褪色的多色佩兹利图案毛织品和印花棉布，精细的装饰艺术、文字、几何图案和怪异的动物印花。

保罗·史密斯

PAUL SMITH

见240~241页

条纹是最讨喜也最常见的印花图案，其变化可通过比例与色彩的调整来实现。保罗·史密斯标志性的多色条纹令人过目不忘，无论是轮廓清晰的平滑直线条纹，还是融入数字化花朵设计中的条纹。此外，风俗画图案是另一特色，如风景画和旗帜。

彼得·皮洛托

PETER PILOTTO

见242～243页

设计师彼得·皮洛托和克里斯托弗·德沃斯使用抽象的结构图案和有纹理的结构，并通过套印工艺将服装分割成多个不对称的垂褶区域，单色渐变面料的应用进一步衬托服装版型。大面积使用多色渗透效果，增强服装外形的流动感。

璞琪

PUCCI

见260～261页

艾米里欧·璞琪是20世纪最具影响力的图案设计师之一。在20世纪60年代，他设计的炫丽服装成为喷气机时代的代名词，是社会地位的象征，颇受时尚引领者和社会名媛的喜爱。他设计的抽象图案以及耀眼色彩组合的迷幻漩涡图案为他赢得“印花王子”的头衔。

罗伯特·卡沃利

ROBERTO CAVALLI

见272～273页

卡沃利风貌的主旨是将动物复制于服装之上，偶尔也会复制花朵。兽皮和蛇皮通过印花、织锦和针织的方式展现在服装之上；光面皮和起毛皮革混用；原始主义徽章通过拼接、贴布、锯齿状和层叠等手法体现，打造颓废的着装风格。

索尼亚·里基尔

SONIA RYKIEL

见280～281页

享有“针织女王”之称的里基尔将套头衫改造为标志性的单品，同时自创外缝边、“无边”和“无内衬”的服装，展现其复古的新时尚哲学。该品牌中黑色、条纹、蕾丝、假钻石装饰、怪异的图标元素与文字装饰的毛衣，迅速成为巴黎风情的使者。

索菲亚·可可萨拉齐

SOPHIA KOKOSALAKI

见282~283页

在可可萨拉齐的作品中，其固有的装饰元素展现的东地中海文化，最早源于希腊，同时融入克里特岛和古埃及的装饰图案。塔克和褶裥雪纺塑造的漩涡，螺纹针织、钉珠及其他表面装饰展现地方特色主题，如希腊七弦琴和贝壳。

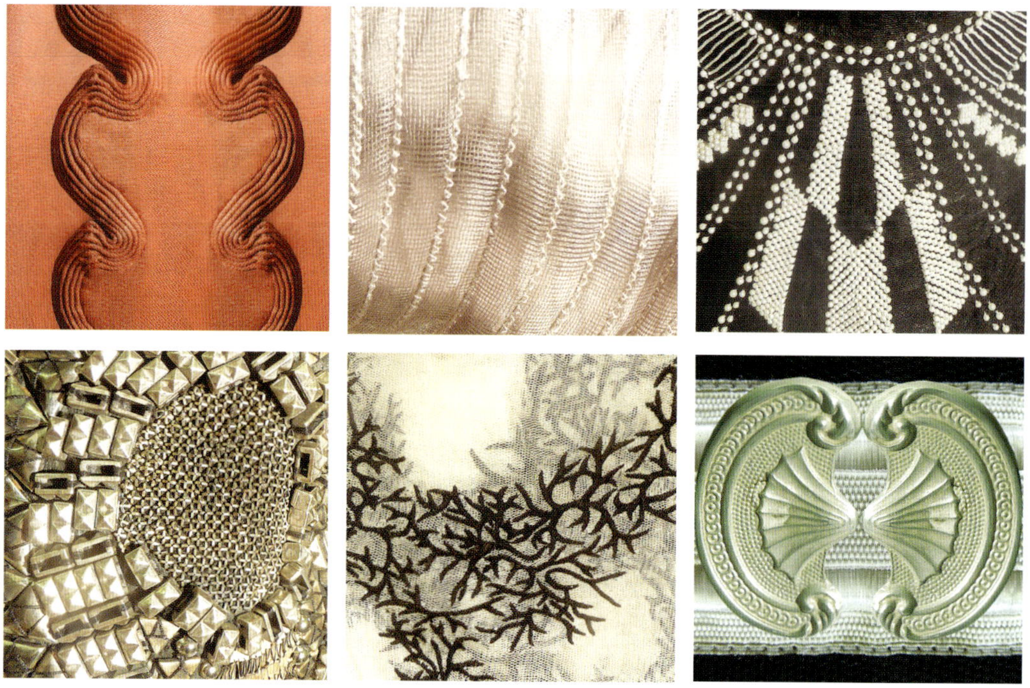

坦波丽·伦敦

TEMPERLEY LONDON

见286~287页

崇尚原生态的英国设计师爱丽丝·坦波丽致力于推广伦敦风尚，将奇特的波西米亚设计与高端时装的制造手法相结合，其装饰均出自自有的钉珠、印花设计及刺绣工作室。织花图案与鲜艳的图像及嵌花针织相结合，并选用喷溅的花朵印花和程式化的动物印花面料来凸显设计效果。

汤丽·柏琦

TORY BURCH

见292～293页

亲民的奢侈品牌汤丽·柏琦打造当代都市形象，用较为随意的手法打造休闲服装，展现纽约风情。其设计通过间隔使用浓郁的色彩、图像印花和“T”字变化体的各种组合和纽扣，以及布满T字品牌标识的芭蕾舞鞋来展现。

薇薇安·威斯特伍德

VIVIENNE WESTWOOD

见314～317页

从非洲印花到法国洛可可式艺术，薇薇安·威斯特伍德汲取多种文化之精华，将表面图案和纹理融入其17至18世纪风情的连衣裙中。这种利用现有资源组合的理念，展现在创意结构的设计之中。

专业术语

工作室（Atelier）：附属于高级成衣品牌的工坊，由技艺精湛的工匠组成。

贴布（Appliqué）：将零散面料缝合于底布之上，用于装饰。

袖窿（Arm scye）：衣身与衣袖的缝合边缘。

巴拉西厄（Barathea）：一种柔软的方平斜纹面料，表面呈现细密的纹路。

贝莎领（Bertha collar）：一种宽圆领，外形似披肩，常见于19世纪的低领口服装。

定制（Bespoke）：按需求定做。

斜纹（Bias）：纺织物上呈45° 角的对边直线。

织锦（Brocade）：一种表面带有装饰的织物，起初均由真丝织成。现在泛指所有提花织物。

女士无袖衬衫裙（Chemise）：以往是指女式内衣，现在也用于描述宽松直筒连衣裙。

胸衣（Chemisette）：维多利亚时期，塞入低领口连衣裙的一片面料（通常为蕾丝），以示端庄。

旗袍（Cheongsam）：一种源自中国的修身连衣裙，20世纪20年代起风靡世界。

雪纺绸（Chiffon）：一种轻薄织物，常用真丝、人造丝、棉或尼龙等混合纤维织成。

希腊式长袍（Chiton）：侧边敞开的宽松束腰外衣，由两大片矩形面料缝合而成。

印度风格短袖上衣（Choli）：宽松短袖女士衬衣，通常衬于纱丽内。

压光（Ciré）：将面料经重滚筒挤压处理后，表面呈现光亮效果。

泡泡纱（Cloqué）：带有凸起编织纹路的棉、真丝或人造丝面料，表面呈起泡或绗缝效果。

风俗画印花（Conversational prints）：可识别图像的印花，如风景印花。

绉纱（Crepe）：密集合股纱梭织面料，表面呈鹅卵石状，适用于塑造垂褶效果。

衬裙（Crinoline）：穿着在圆形喇叭长裙内，起支撑作用，不易变形。

压花丝绒（Crushed velvet）：经由滚筒挤压处理的丝绒面料，呈现不规则纺织纹理。通常由真丝、棉或混合纱线制成，也可通过纺织机器织出类似的压花效果。

锦缎（Damask）：源于大马士革的一种真丝面料。由棉、亚麻或混合纱线紧密编织而成，表面呈现编织纹理，平滑光亮，饰有花朵图案。

省道（Dart:）：收起多余面料从而使服装更修身的一种结构。

低领口（Décolleté）：露出颈部和肩部的领口。

烧花（Devoré）：通过分解天鹅绒面料中的部分化学元素，使之形成凹凸图案。

阿尔卑斯裙（Dirndl）：源自德国南部的一种传统连衣裙，20世纪40年代开始流行，以其臀部的水平缝线和两个垂直口袋为辨认标识。

结拉巴长袍（Djellaba）：一种带帽宽袖长袍，北非马格里布地区的一种服装。

土耳其长外套（Dolman）：袖窿宽大的外衣，衣袖逐步缩小，至袖口处收紧，通常与衣身部分无缝接合。

丝硬缎（Duchesse satin）：紧密编织的丝绸，轻盈光亮，表面平滑、富有光泽。

双宫绸（Dupion）：一种硬朗的梭织面料，纱线中有不规则竹节，形成有肌理感的表面。

罗缎（Faille）：一种带有垂直罗纹的精美真丝面料。

三角形披肩（Fichu）：一种三角形丝巾，从肩部垂直落下，在低领口服装上填充肩颈处的裸露部位。

裙饰（Furbelow）：打褶、收褶皱边或荷叶边。

华达呢坯布（Gaberdine）：由托马斯·巴宝莉在19世纪末期发明的一种耐磨面料，用于户外服装。

透纱（Gazar）：一种稀疏的轻薄真丝织物。

乔其纱（Georgette）：一种通透轻薄的面料，由真丝、棉或混合纱线织成。

羊腿袖（Gigot）：19世纪30年代和90年代非常流行的一种夸张袖头，因其外形似羊腿而得名。

苏格兰式狩猎鞋（Gillies）：一种浅口无舌系带鞋，脚背上的线圈替代鞋孔，有时系至脚踝。

插片（Godet）：尖细的锥形衣片，插入平直的缝线中，以增加服装体量。

希玛纯（Himation）：古希腊宽松矩形衣钵，通常为羊毛或亚麻质地。

皮条编织鞋（Huaraches）：一种墨西哥皮拖鞋。起初是农民穿着的一种拖鞋，在20世纪30年代开始成为时尚单品。

领口装饰（Jabot）：瀑布状的褶皱装饰，最初用于遮盖衬衣领部的开口部分。

提花（Jacquard）：一种在特殊织布机上织出的面料，具有精美复杂的花文设计。

平纹针织布（Jersey）：一种具有伸缩性的柔软面料，用圆织机织成。

库尔塔衫（Kurta）：一种宽松的及膝衬衫裙，源自亚洲的传统服装。

金银线织物（Lamé）：一种用金属线织成的面料，其聚光功能营造出流动的金色和银色混合效果。

亚麻（Linen）：一种凉爽轻盈的面料，质地稍硬，由亚麻树的纤维织成，能保持服装外形，但容易起皱，所以通常需上浆。该面料常与其他面料混纺，从而更易塑型。

紧身泳衣（Maillot）：背心上衣和直筒裤腿组成的平纹针织连体泳装。

千层的（Millefeuille）：词源为法语，形容层次丰富。

波纹丝绸（Moiré）：罗纹真丝，经由滚筒挤压处理后，其罗纹延伸至不同的方向，形成“水波纹”效果。

网（Net）：一种具有精美六边形洞孔的网眼结构透明织物，也被称为细丝网、绢网和薄纱。

渐变（Ombre）：词源为法语，用于描述色调的逐步加深、加强，或不同颜色的相互渗透。

玻璃纱（Organdy）：一种轻盈精美的白色棉织物，外表笔挺光亮，常用于袖口、衣领等细节装饰。

欧根纱（Organza）：一种透明面料，比玻璃纱重、硬，不易变形，常用于塑造夸张的版型。

珠片（Paillette）：夸张的金属、塑料亮片装饰。

阔腿裤（Palazzo pants）：裤腿宽松的直筒裤装。

裙撑（Pannier）：一种椭圆形的支架，用于支撑裙边，向裙身两边延展，前后不变，材质通常是金属、藤条或木材。

硬挺塔夫绸（Paper taffeta）：一种质地坚硬的真丝塔夫绸，能像纸一样折叠，也像纸一样起皱。

沙滩巾（Pareo）：源自法属波利尼西亚，这种包裹式衣裤在印度被称为“Sarong”，在萨摩亚被称为“Lava lava”，在夏威夷被称为“Kikepa”，在斐济被称为“Sulu”。

镶边（Passementerie）：手工制作或用窄版纺织机编织的流苏、穗带、编织带，通常用于镶边装饰。

双面横绫缎（Peau de soie）：一种柔软精美的高品质丝绸，光泽度较低。

腰部裙饰（Peplum）：向外展开的衣片，常用于短外套或连衣裙腰间装饰。

珠地布（Piqué）：一种紧密的梭织棉布，呈现精美细腻的横条纹编织纹理，常用于袖口和衣领。

门襟（Placket）：服装加固的开口处，常见于裤装或半裙的上侧，或衣领、衣袖处。

羽毛工匠（Plumassiers）：为时装设计师或室内设计师提供羽毛的工匠。

波洛内兹舞裙（Polonaise）：源自18世纪晚期，跳波洛内兹舞时所穿着的礼服，其版型受波兰民族服装的启发，衣身为紧身胸衣，下摆的垂褶半裙被裁成圆角。

公主线连衣裙（Princess-seam dress）：从肩部至裙边的不间断垂直缝合的连衣裙。

插肩袖（Raglan）：连接至衣领的衣袖，从腋下至领口沿对角线缝合。

纽襻（Rouleau）：用斜裁的窄布条制成的环，通常用于固定纽扣。

吊裆裤（Sarouel）：宽松低腰裤，裤腿逐渐变小，至脚踝处收紧。

绸缎（Satin）：紧密的真丝梭织面料，表面光滑，具有反光效果。

披肩毛毯（Serape）：源自墨西哥的马鞍垫，色彩鲜艳。

山东绸（Shantung）：由柞蚕丝织成的一种质地较硬的面料，表面粗糙不平整。

抽褶（Shirr）：用活动的丝线将面料收紧成平行的条状。

斯宾塞（Spencer）：源自18世纪90年代的羊毛外套，以斯宾塞伯爵二世乔治·斯宾塞（1758—1834）命名，此后广泛应用于女士连衣裙。

施特劳斯（Strass）：一种人造钻石，由格奥尔格·弗里德里希·施特劳斯（1701—1773）发明。

塔夫绸（Taffeta）：一种光滑的紧密梭织普通真丝面料，不易变形。

坯布（Toile）：制作高级成衣时，第一步所用到的面料，用于制作原型并测试其合身程度。

绢网（Tulle）：一种透明织物，类似网眼结构，具有精美的六边形洞孔，质地通常为真丝、尼龙或人造丝，也被称为网、绢网、薄纱。

柞蚕丝（Tussah silk）：一种平纹梭织面料，选自野生蚕丝织成，因其厚度不一，故面料表面不平整，且色彩不一。

天鹅绒（Velvet）：一种短割绒厚实面料，毛茸茸的表面打造暖和、柔软的触感。丝绒是一种昂贵的面料，也可用棉、人造丝或混合纤维制造。

补充阅读书目

Beaton, Cecil
The Glass of Fashion: A Personal History of Fifty Years of Changing Tastes and the People Who Have Inspired Them
Weidenfeld & Nicolson, 1954

Bell, Quentin
On Human Finery
Hogarth Press, 1947

Bender, Marilyn
The Beautiful People: The Marriage of Fashion and Society in the 60s
Coward-McCann, 1967

Blum, Dilys E.
Shocking! The Art and Fashion of Elsa Schiaparelli
Yale University Press, 2003

Bolton, Andrew
Wild: Fashion Untamed
Yale University Press, 2004

Bolton, Andrew
Alexander McQueen: Savage Beauty
Yale University Press, 2011

Breward, Christopher
Fashion
Oxford University Press, 2003

Bryan, Robert E.
American Fashion Menswear
Assouline, 2009

Buruma, Anna
Liberty and Co. in the Fifties and Sixties
ACC Editions, 2008

Charles-Roux, Edmonde
Chanel and Her World
Weidenfeld & Nicolson, 1981

Chenoune, Farid
A History of Men's Fashion
Flammarion, 1993

Chenoune, Farid
Yves Saint Laurent
Editions de la Martinière, 2010

Coleridge, Nicholas
The Fashion Conspiracy: A Remarkable Journey Through the Empires of Fashion
Heinemann, 1988

Chase, Edna Woolman & Chase, Ilka
Always in Vogue
Victor Gollancz Ltd, 1954

Craik, Jennifer
The Face of Fashion: Cultural Studies in Fashion
Routledge, 1994

Dior by Dior
Weidenfeld & Nicolson, 1957

Evans, Caroline
Fashion at the Edge
Yale University Press, 2003

Fogg, Marnie
Boutique: A 1960s Cultural Phenomenon
Mitchell Beazley, 2003

Fukai, Akiko
Future Beauty: 30 Years of Japanese Fashion
Merrell, 2010

Gerschel, Stephane
Louis Vuitton: Icons
Assouline, 2006

Grosicki, Z.J.
Watson's Advanced Textile Design
Longmans, Green & Co, 1913

Hulanicki, Barbara
From A to Biba
Hutchinson, 1983

Jackson, Lesley
Twentieth-Century Pattern Design: Textile & Wallpaper Pioneers
Mitchell Beazley, 2002

Jenkyn-Jones, Sue
Fashion Design
Laurence King, 2002

Johnson, Anna
The Power of the Purse
Workman Publishing, 2002

Laver, James
Costume and Fashion: A Concise History (World of Art)
Thames & Hudson, 1969

Lee-Potter, Charlie
Sportswear in Vogue Since 1910
Condé Nast Publications, 1984

Mears, Patricia
American Beauty
Yale University Press, 2009

Merceron, Dean & Elbaz, Alber
Lanvin
Rizzoli International Publications, 2007

Milbank, Caroline Rennolds
New York Fashion: The Evolution of American Style
Harry N. Abrams, 1989

Morais, Rishard
Pierre Cardin: The Man Who Became a Label
Bantam Press, 1991

Quant, Mary
Quant by Quant
Cassell & Co, 1966

Steele, Valerie
Fifty Years of Fashion: New Look to Now
Yale University Press, 1997

Tungate, Mark
Fashion Brands: Branding Style from Armani to Zara
Kogan Page, 2005

Vercelloni, Isa Tutino
Missonologia: The World of Missoni
Electa, 1994

Walker, Myra
Balenciaga and His Legacy
Yale University Press, 2006

Wilcox, Claire
The Art and Craft of Gianni Versace
V & A Publications, 2002

Wilson, Elizabeth
Adorned in Dreams: Fashion and Modernity
Virago Press, 1985